厚德博學
經濟匡時

匡时 青年学者文库

近代地方银行的运营机制和职能功效（1930—1949）

——上海市银行剖析

畅童娜◎著

Jindai Difang Yinhang De

Yunying Jizhi He Zhineng Gongxiao

(1930—1949)

上海财经大学出版社

本著作受上海工程技术大学学术著作出版专项资助

图书在版编目(CIP)数据

近代地方银行的运营机制和职能功效(1930－1949):上海市银行剖析/畅童娜著.—上海:上海财经大学出版社,2019.5
(匡时·青年学者文库)
ISBN 978-7-5642-3222-1/F·3222

Ⅰ.①近… Ⅱ.①畅… Ⅲ.①地方金融事业-经济史-上海-1930-1949
Ⅳ.①F832.96

中国版本图书馆 CIP 数据核字(2019)第 047917 号

□ 责任编辑　李志浩
□ 封面设计　张克瑶

近代地方银行的运营机制和职能功效(1930－1949)
——上海市银行剖析

畅童娜　著

上海财经大学出版社出版发行
(上海市中山北一路 369 号　邮编 200083)
网　　址:http://www.sufep.com
电子邮箱:webmaster @ sufep.com
全国新华书店经销
上海华教印务有限公司印刷装订
2019 年 5 月第 1 版　2019 年 5 月第 1 次印刷

710mm×1000mm　1/16　14.00 印张(插页:2)　194 千字
定价:56.00 元

目 录

第一章　绪　论

第一节　研究意义与目的

南京国民政府时期的金融发展初具规模，相对比较成熟。国民政府建立了以“四行两局”为主体的垄断金融体系，实施废两改元和币制改革，推动了金融制度的发展。同时，中国银行业也迎来了黄金发展的 10 年，新设立银行的数量稳定增长，而停业银行数量却始终很少，累计银行数量呈现快速上升的态势。不仅如此，先后成立于 1932 年和 1933 年的上海银行业联合准备委员会和票据交换所，标志着金融制度的进一步完善。南京国民政府时期，金融中心的作用增强，金融市场繁荣。其中，上海的金融实力为全国之首，并对全国产生强大辐射作用。上海拥有世界闻名的标金期货市场、远东最大的证券交易所、同业拆借市场、贴现市场以及活跃的内汇和外汇市场等。因此，对于国民政府时期金融制度、金融市场及金融机构的研究，特别是银行业的研究具有历史的价值。

金融史是近代经济史的重要组成部分，受到很多学者的关注，其中关于银行史的研究成果尤多。主要原因是银行业的发展对经济发展起着至关重要的作用，而在国民政府时期，银行业的发展更是涉及方方面面的经济和政治利益。然而，目前的研究成果多集中在国家银行及私营银行领域，对地方银行则较少涉及。虽然地方银行的数量不及私营银行，分支机构数量不及国家银行，但其对近代地方财政的支持、对地方经济建设和发展的作用不可小觑。因此，对近代地方银行历史的研究在近代经济史和金融史方面具有重要意义。

在近代和当代都有学者对地方银行做过一些论述，而对地方银行运营机制和职能功效的深入研究较少。因此，对近代地方银行加以深入研究，可以弥补这方面研究的不足。上海市银行(文中简称市银行)作为国民政府时期一家地方银行，其性质体现了地方银行的显著特征——官办性，其运营体现了一般银行的明显特质——商业性，尤其是其职能功效主要表现出积极的一面。这不仅与上海市银行所处的地理区位、金融环境等相关，而且也与其自身的运营和治理特点及其外部关系有关。上海市银行是国民政府时期运营较为成功的少数地方银行之一，对当时其他地方银行产生了一定的示范作用，因此，在国民政府时期的地方银行中，选择对上海市银行进行个案研究具有典型意义。

作为近代地方银行个案的研究，本书从近代地方银行的历史角度出发，运用经济史学的方法整理、考辨、梳理上海市银行发展过程；根据第一手文献资料，阐述和分析上海市银行的运营和治理模式，并对上海市银行职能功效的利弊进行剖析，客观地评价其在地方财政、公共事业发展和居民福利水平等方面的作用：肯定其积极的作用，总结其成功的经验，同时揭示其存在的弊害，吸取失败的教训，旨在以史为鉴，为当代银行业的发展提供历史借鉴。本书运用了相关的现代经济学原理和方法；在分析上海市银行建立和发展原因及机理时，应用了制度经济学的原理；在分析治理机制和运营管理方面，涉及管理学和金融学的相关理论；在阐述职能定位时，运用财政学的相关理论；在论证影响地方银行效益的因素时，采用了计量史学的研究方法；等等。这是对以往这方面研究的些许突破。

第二节　文献综述

一、近代银行史研究综述

(一)对银行业整体的研究

以银行业整体作为论述对象，主要有周葆銮的《中华银行史》(1919)，马寅初的《中华银行论》(1929),吴承禧的《中国的银行》(1934),中国银行总管理处经济研究室的《全国银行年鉴》(1934—1937),朱斯煌的《银行经营论》(1939),张郁兰的《中国银行业发展史》(1957),黄鉴晖的《中国银行业史》(1994),朱荫贵的《两次世界大战之间的中国银行业》(2002),李飞、赵海宽等的《中国金融通史》(2003),王玉茹、燕红忠、付红的《近代中国新式银行业的发展与实力变化》(2009)等。其中,有从宏观角度,以时间为线索,阐述银行发展的,如《中国银行业史》《中国金融通史》;有些则涉及微观层面,关于银行业的经营、银行制度及与政府或同业之间关系等的问题,如《银行经营论》《中国的银行》《中国银行业发展史》《两次世界大战之间的中国银行业》《近代中国新式银行业的发展与实力变化》;有资料汇编性质的,如《中华银行史》《全国银行年鉴》。

对银行业发展中某些具体问题的讨论,主要有银行与各方的关系,其中包括银行与政府或财政的关系。杜恂诚在《近代中国政府财政与银行业的相互关系》(1989)中认为,中央政府对全国失去控制时,银行业趋于独立,如北洋政府时期;当其握有控制权时,银行业往往沦为财政的附庸,如国民政府时期;其在《近代中国经济的悲剧——财政与银行合一》(1993)中指出,新式银行产生伊始即从属财政需要,北洋政府初期成为财政的出纳,军阀失控后,银行才独立,但到南京国民政府时期,两者重新合一,并认为银行发展到相当规模后,政府将银行作为财政出纳机关是同市场经济背道而驰的。贺水金的《1927—1952 年中国金融与财政问题研究》(2009)以"由乱至治"为中心议题,从南京国民政府财政金融走向合一、货币政策、国际资本流动、汇率变动与中国经济、通货膨胀和新中国对通胀的治理等方面对金融事件进行考察,反映了这一时期财政状况和金融嬗变。吴景平的《上海金融业与国民政府关系研究(1927－1937)》(2002)以专题形式,通过上海金融业对蒋介石及国民政府筹措资金的态度,反映了上海金融业对蒋介石政权的支持与反抗,同时通过阐述政府的政策及采取的行动反映其对金融业的影响。

关于银行与同业关系的研究,杜恂诚在《北洋政府时期华资银行业内部关系三个层面的考察》(1999)一文中认为，北洋政府时期银行业内部有以中交两行为核心的中心外围关系、“南三行”“北四行”等协作行关系和同业组织银行公会三个层面的关系；他在《抗战前中国金融业的两种集中趋势》(1990)一文中注意到金融业内部的相互投资，银行间董监事相互任职的现象。李一翔的《传统与现代的柔性博弈——中国经济转型过程中的银行与钱庄关系》(2003)认为，银钱业的关系经历了合作与支持、竞争与排斥，到最终双赢的演迁过程，其原因是近代中国传统与现代经济并存的转型经济体制。何益忠的《变革社会中的传统与现代——1897—1937年的上海钱庄与华资银行》(1998)认为，传统的钱庄与现代的银行业并非水火不容，虽然二者有竞争，但也不乏合作，钱庄的衰落是由于社会经济环境变迁和国民政府的金融政策，而非银行业的发展。

关于其他外部关系的研究，李一翔在《近代中国工业化进程中的银行与企业关系》(1995)中认为银行业在初始阶段与产业的关联度很低，随着民族工业的发展，两者趋于同步，抗战前已出现相互融合的趋势。杜恂诚在《20 世纪 30 年代的华资银行与中国实业》(2003)中也认为 20 世纪 30 年代，华资银行业对民族工矿业贷款增强，并且与工商业之间相互投资，相互兼职。

关于银行制度的研究，范源濂的《银行制度之研究》(1919)在比较外国银行制度的基础上，结合近代中国财政、社会情形特征，指出近代中国银行制度的问题所在。佟灿章在《我国银行制度之检讨》(1935)中介绍了近代中央银行、特种银行及普通商业银行的资本来源、组织形式、银行监管等制度，分析了银行的弊端和社会经济对银行的需要等问题。刘平的《近代中国银行监管制度研究(1897—1949)》(2008)从银行监管的法律、主体、客体、市场准入、业务等方面考察近代银行监管制度。

(二)关于国家银行的研究

近代中国的华资银行主要包括三种类型：中央政府主导的国家银行，

如中中交农[①]；地方政府主导的地方银行，如浙江地方银行、上海市银行、南京市民银行等；私人资本主导的私营银行，如“南三行”“北四行”。因此对于银行个案的研究，亦可分为这三种类型。

首先，关于国家银行的文献较多，分为中央银行和其他国家银行的研究。洪葭管主编的《中央银行史料（1928.11—1949.5）》（2005）整理了旧中国中央银行的档案和文献资料，将其分为抗日战争之前时期、抗日战争时期以及抗日战争之后时期三编，反映了中央银行的性质、地位、经营特点、职能以及影响。刘慧宇所著之《中国中央银行研究（1928—1949）》（1999）从银行的职能角度出发，分别从中央银行作为发行的银行、政府的银行、银行的银行及其监管职能和宏观调控职能方面展开论述，并总结出近代中央银行职能演变中的正面效应和负面效应。李桂花的《试论中国中央银行的形成时间、制度类型与功能演进》（2001）提出中央银行产生的前提条件，中央银行的形成时间及职能演进，并探讨了中央银行独立性的问题。石涛在其博士论文《南京国民政府中央银行研究——1928—1937年》（2010）中系统论述了中央银行设立的背景、组织结构、业务发展，并具体分析了其在法币改革中的角色。

中国银行行史编著委员会编著的《中国银行行史（1912—1949）》（1995）将中国银行的发展分为南京临时政府和北洋政府、南京国民政府、抗日战争、抗战胜利至新中国成立四个时期，分别介绍每个阶段的业务状况、机构变动、地位变化、与同业和政府之间的关系，并对个别重大事件进行论述。董昕所著的《中国银行上海分行研究（1912—1937）》（2009）阐述了中国银行上海分行的机构变化、发行、内外汇及存放业务，解释了该行的职能、与总行和同业组织之间的关系，以及在上海金融风潮中起到的稳定金融的作用。中国人民银行金融研究所编著的《中国农民银行》（1980）梳理了1933—1949年有关中国农民银行设立的沿革及收场、设立的目的、与国民党军政的关系及其农贷、发行、信托、典当等业务、人事班子、规

① 中中交农是指中央银行、中国银行、交通银行、中国农民银行。

章制度等资料，整理了历年资产负债表、损益计算书和重要业务变化表，将其定位成为蒋介石反共反人民服务的银行。邹晓昇《试论中国农民银行角色和职能演变》(2006)论述了中国农民银行的初始角色、国家农业银行地位的确立过程及其统一农贷和专业化的形成。

(三)关于私营银行的研究

关于私营银行文献，其中以著名的南三行和北四行为最多。康金莉所著的《北四行研究(1915—1937)》(2010)将北四行作为一个整体从北洋政府和国民政府两个时期的资产负债业务、经营策略调整和联营事业演变方面进行研究，对其定位是：在中国工商业不发达的特殊时期，近代银行家借助官僚资本与特权力量创设的近代化商业银行。中国人民银行上海市分行金融研究所编著的《上海商业储蓄银行史料》(1990)辑录了上海商业储蓄银行从1915年至抗日战争爆发为止的有关资料，通过论述其资本来源、存放款及外汇业务、营业方针等方面反映其产生和发展过程中的一些问题，以及经营管理方面的特色。同时对该行的内部管理、附属企业和陈光甫的经营思想分别加以分析。薛念文所著的《上海商业储蓄银行研究(1915—1937)》(2005)从时间顺序分析上海银行的发展特点，通过分析资金来源、放款和投资活动揭示其经营特色。中国人民银行上海市分行金融研究所编著的《金城银行史料》(1983)辑录了1917—1952年金城银行存续期间的有关资料，其中涉及业务活动、人事变迁、资本家进行的相关政治及社会活动等内容。刘永祥的《金城银行——中国近代民营银行的个案研究》(2006)通过阐释金城银行的兴衰历程，探讨兴盛与衰弱的内外因素，阐述其经营状况和特点，分析银行资本向产业资本渗透的趋势及其对经济的影响，并总结出民营银行在中国现代化进程中的地位和作用。李国胜《浙江兴业银行研究》(2009)从机构设置、内部治理、外部关系、经营业务、信息管理方面，分析了浙江兴业银行1907—1957年的发展历程，指出只有在公平竞争的条件下，以市场为手段，稳健经营才有可能有利于单个银行的长远发展。王丹莉所著的《银行现代化的先声——中国近代私营银行制度研究(1897—1936)》(2009)考察了近代中国私营银行的内部制度、外部制度环境，详细论述了私营银行的组织形式、组织体系、经营运作机制以及与政府、竞争对手的关系等问题。

二、地方银行研究综述

关于近代地方银行的专著屈指可数，主要有姜宏业所著的《中国地方银行史》(1990)，徐学禹、丘汉平编著的《地方银行概论》(1941)，刘佐人所著的《省地方银行泛论》(1946)，郭荣生编著的《中国省银行史略》(1975)和《中国省地方银行概况》(1945)，莫文闰著的《县银行之理论与实务》(1944)等。

《中国地方银行史》是全面系统地研究地方银行的著作，分为清末的地方官银钱号，民国的地方省市银行，根据地的革命政权银行和少数民族地区的货币经济。其中第二编的中国地方省市银行，对各个地方银行的沿革、业务、组织机构等方面进行详细的介绍。在介绍上海市银行的部分，简要地说明其成立时间、资本总额、宗旨及主要业务，摘录其中两年的资产负债和损益情况，介绍其主要负责人及分支机构，认为“上海市银行在上海金融业中没有声望”“不引起人们的注意”。[①]《地方银行概论》定义地方银行的营业区域为一省、一市、一州、一县之地域为界限，因此包含了许多近代外国地方银行的描述，同时在国内部分的论述上甚为详实，包括省银行、市银行和县银行的沿革、法务、经营，以及与国家银行的关系。其中提到上海市银行，介绍了其成立的时间，经营的业务以及认为其他银行在资金规模上“难以望其项背”。[②]《省地方银行泛论》介绍了当时经济危机的严重和健全金融的必要性，指出省银行在地方金融中的主导作用和所肩负的任务，得出省银行的定位：上承国家银行的领导，中为商业银行的表率，下启市县银行的努力，实为整个金融系统的津梁，地方金融的福祉。同时，分析了地方金融及省银行面临的困难和发展的途径、省银行的业务范围和制度组织，最后在比较其他国家的地方银行已经不存在的

---

① 姜宏业：《中国地方银行史》，湖南出版社 1991 年版，第 493 页。

② 徐学禹等：《地方银行概论》，福建省经济建设计划委员会出版，1941 年，第 110 页。

情况下，分析我国地方银行的制度特征和将来。《中国省银行史略》探讨了省银行的意义、特质及任务；省银行的演进，包括民国元年、抗战期间及胜利后，省银行的发展情况。《中国省地方银行概况》涉及省银行与省府的关系、省银行业务、机构组织及省地方银行存废等问题。

有关地方银行的文章可以分为将地方银行作为整体和地方银行个案两类研究。杨亚琴在《旧中国地方银行的发展》(1997)中以辛亥革命、1927年、1937年和1949年为分界点，分别概括了每个阶段地方银行的功能和主要业务。总结出旧中国地方银行的发展特点以及作用，进而得出旧中国地方银行发展的启示：如何处理好政府与地方银行的关系是地方银行能不能发展的一个关键问题，地方银行的发展一定要有商业银行的发展思路。时广东的《1905—1935：中国近代区域银行发展史研究——以聚兴诚银行、四川美丰银行为例》(2005)梳理了从1897—1937年间中国近代银行的发展历史，深入分析了银行业的功能一直未能在正常的金融环境下发挥作用的深层历史原因，并以聚兴诚银行和四川美丰银行为例，综合评价了1935年以前中国银行业，特别是四川区域银行业发展史中的进退得失。张秀莉的《限制与利用：南京国民政府时期省银行发行权的沿革》(2010)一文介绍了南京国民政府的各项货币政策，以政策的制定过程、经济环境的变化、中央政府和地方政府关系的演变为分析的重点。辛子波等在《地方政府干预地方银行行为分析》(2001)中论述了改革开放以来地方银行和地方政府的关系变迁，重点分析了地方政府干预地方银行的成本和收益。并对每个变量的影响因素进行了具体分析，最后得出在地区经济状况不佳时，政府更倾向于强力干预地方银行，政府干预的合理途径是提高决策的科学性并保护地方银行的合法权益。史继刚对县银行做了一系列研究，在《民国前期县地方银行的创设》(1999)中论述了县银行成立的政治经济背景，体现县银行成立的原因，重点介绍了县银行产生于北洋政府的原因。在《县(市)银行与抗战时期西南、西北金融网建设》(1999)中研究了县(市)银行与抗战时期西南西北金融网建设，认为西南西北经济薄弱地区，依靠其他银行广设分支机构是不可行的，县(市)银行的推设很大程度上弥补了其不足,但作用也十分有限。在《论抗战时期国民政府大力推广县(市)银行的原因》(2003)中讨论了抗战时期国民政府大力推广县(市)银行的各种原因,如调剂地方金融,复兴农村经济;配合政府完成各地金融网建设;协助政府的"新县制"建设等,其中最根本的是厚植抗战和政权建设的物质基础。金东的《我国 20 世纪 40 年代县银行资本考论》(2010)以 1940 年国民政府颁布县银行法之后,大量县银行的设立及其资本普遍薄弱的状况为背景,进一步阐述了县银行资本筹措过程中遇到的权力落入地方强权人士之手或强行摊派等弊端,以及县银行公股和商股比例的变化过程,说明在恶劣的经济环境下,在农村设立现代金融机构的困难。在《20 世纪 40 年代县银行存贷款业务论析》(2010)中说明县银行的业务违背了县银行设立的初衷,认为县银行作为营利性的金融机构,政府的控制或扶植制约了其发展。孙建华的《民国时期县银行的变迁、缺陷及启示》(2011)论述了县银行在抗战前、抗战期间以及解放战争后期的发展状况和缺陷,重点指出战时县银行勃兴的原因及存在的问题。

对地方银行个案的研究亦可分为关于个别地方银行的综合论述和银行经营中具体问题的分析。伍常安的《近代江西地方银行业的几个发展时期》(1990)将江西近代地方银行业的发展大致划分为起步、复兴、中落、稳定四个时期,认为它与地方工商产业的联系并不很紧密,却与政府财政结下了不解之缘。作为江西近代工商经济支柱的地方银行业本身并不强硬,维持多于发展,江西地方经济薄弱是其不发展的原因,也是结果。萧良武的《贵州银行研究(1941—1949)》(2007)分析了贵州银行的公司治理结构、资本构成与增资改组的经过,从存款、放款和汇兑等方面分析了业务经营状况和业务网络,最后进行综合绩效分析。汪昌桥在《安徽地方银行史略》(1991)中将安徽地方银行从 1936 年到 1949 年的发展以抗战为界,分为三个阶段,分别从组织机构方面和业务方面加以介绍,从中得出,该行作为安徽唯一的省级地方金融机构,对安徽经济发展曾起过一定的作用,在经营管理上也有可借鉴之处,但仍是安徽地方官僚资本银行,其本质是剥削人民，为地方官僚集团服务的。张乃琴的《上海市银行研究(1929—1949)》(2006)对上海市银行的筹建和经营状况、各项业务及其与各方关系进行论述。作者认为，上海市银行的经营和发展，推动了上海市政建设，促进了上海城市的发展。

张朝晖、刘志英对浙江地方银行做了多方面的研究。《近代浙江地方银行与政府之关系研究》(2006)认为地方银行是政府的职能机构和管理对象，同时也是市场经营中的金融机构。两种角色会产生冲突，但是在相当时期里，浙江地方银行履行了其作为政府的职能机构与作为市场经营中的金融机构的双重职能，政府、地方银行与地方经济形成良性循环。《民国时期浙江地方银行的农贷研究》(2007)论述了浙江地方银行的农贷业务，以及对地方经济的贡献，但认为对其地位和作用不宜过高估计。《浙江地方银行与近代浙江工商业》(2011)主要以浙江地方银行1908—1949年的历史进程为主线，研究其与地方工商业相辅相成的关系，在促进地方经济发展的同时，自己也成为独树一帜的地方银行。但是由于国民政府的内战政策，最终导致浙江地方银行与地方工商业都走向了崩溃。马陵合的《地方银行在农村金融中的定位与作用——以民国时期安徽地方银行为例》(2010)在总结农业贷款缺陷的前提下，阐述了安徽地方银行在农村金融中的模糊定位，及其农村业务边缘化的原因。白兆渝的《刘湘与四川地方银行》(2002)论述了四川地方银行在币制混乱的背景下产生，通过1934年至1949年间的不断发展，在统一币制、商品流通等方面对推动四川经济具有重要的意义。何品《从官办、官商合办到商办:浙江实业银行及其前身的制度变迁(1908—1937)》(2006)从制度的层面考察浙江实业银行及其前身的历史变迁，探究从官办到官商合办再到商办这段复杂的历史变迁过程中，银行制度在资本结构、组织机构、人事、业务等各个方面的变化和传承。万振凡等的《论"政府主导模式"对中国近代地方银行发展的制约——以民国江西裕民银行为中心》(2009)分析了江西地方政府通过加入官股、派遣管理人员，建立全省金融网络等措施，全面控制裕民银行的过程，通过对各个时期的银行业务进行限制，把裕民银行置于地方政府“钱袋子”的地位。认为政府的过度管控，制约了银行的发展，只有市场化、专业化才是健康的。

三、对地方银行研究的评述

近代国家银行和私营银行相比地方银行而言，受到了学者更多的关注。这些银行业文献一方面为本研究提供了丰富的背景资料，使得对地方银行的分析更加全面，更重要的是，在进行比较分析时，为现有的研究提供了极大的便利。有关其他银行的研究，总结其特点主要是对于史料的挖掘，丰富而全面，从各个角度呈现了一个银行较为完整的面貌，并对其进行了深入分析。研究内容包括了在其发展的每个阶段有关经营业务的状况、组织机构、职能发挥、与政府及同业的关系、对经济的影响等各个方面，囊括了档案、报刊、信函等各种史料。相比之下，关于地方银行的研究不仅显得薄弱，而且已经取得的一些成果还存在不少问题，具体如下：

第一，关于地方银行的专著较少，地方银行个案的专著更少。由于史料局限性，关于近代地方银行的研究往往从不同的银行搜寻论据，研究一个主题；而对于一个银行的系统研究却因为资料的缺乏，只能反映其某个方面的问题。

第二，对史料的归纳总结多于理论分析。以往的分析倾向于运用史料学的方法，而对经济理论的应用甚少，因此，对史料的分析难以达到一定的深度。同时，仅仅局限于史料总结，容易就事论事，不易于发现事物发展的规律性。

第三，某些分析过程带有一定的感情色彩。由于地方银行的官方背景，与政府的联系不免多于其他银行，一些研究对其评价时，不能站在客观角度，过于强调政府的负面作用，而对其积极作用则论述较少。

第四，对地方银行的定位不清。有些研究将地方银行的定位与商业银行相混淆，过度强调盈利目标，将辅助地方经济的行为视为地方政府对地方银行发展的阻碍，对地方银行的作用认识片面。

第五，对地方银行作用的判断有待商榷。地方银行在某些方面的确具有不可或缺的作用,但在整个金融系统中,尚未达到“中枢”或“中坚”的地位。而近代的很多研究将“重要作用”等同于“主要作用”,带有片面性。

综上,发掘更多更详细的史料,呈现一个完整的近代地方银行,客观地描述其产生、发展、结束的历程,运用更多的理论深入分析其运营机制和组织形式,全面地评价其职能功效以及对经济发展的影响,对于研究近代地方银行是十分必要的。本书主要针对上述问题,以一手的档案、报刊等资料为依据,试图全面考察国民政府时期的上海市银行,重点研究其作为官办银行的运营特点及其发挥的职能功效,希望能够给予地方银行客观的评价,从而为现代银行业发展提供借鉴。

第三节　研究的内容和方法

一、研究框架和内容

本书以上海市银行为研究对象,将历史分析与理论分析相结合,围绕上海市银行历史演变及其运营和职能功效展开论述;运用定性和定量分析相结合的方法,剖析上海市银行运营过程,揭示其官办机构的性质和商业运作的特点,分析其职能功效。本书共分为七个部分,具体安排如下。

第一章绪论部分主要介绍与地方银行有关的文献、研究目的和意义、研究框架及方法。在总结已有研究成果的基础上,对上海市银行进行针对性的研究。

第二章介绍近代地方银行的历史沿革。本章分为三节,第一节对地方银行进行界定。第二节介绍地方银行兴起和发展的历史背景。第三节总结国民政府时期地方银行的特点。

第三章介绍上海市银行的历史沿革。本章共分三节。第一节阐述上海市银行的兴建和第一阶段的发展。第二节介绍上海市银行的复业经过和复业后的发展情况。第三节分析上海市银行的作用和抗战前后两个阶段的特征。

第四章论述上海市银行的内部治理结构和运营特点。本章分为三节。第一节介绍上海市银行的组织形式。主要介绍其前后两阶段的组织形式及其形成原因、官利制度对上海市银行的影响,及其内部组织体系与其他银行的不同。第二节阐述其内部治理。主要介绍内部治理结构,分析每层委托代理关系的激励相容机制。第三节考察其资产负债管理的特点。在上海市银行的官办背景下,阐述其资产负债结构与私营银行存在的不同,讨论其管理资产负债的具体方法。

第五章分析上海市银行运营的外部关系。本章分为三节。第一节分析上海市银行与中央政府的关系。主要分析政府政策对上海市银行业务的影响,以及后者在中央政府实现政策目标时,给予配合的过程。第二节分析上海市银行与地方政府的关系。后者主要包括上海市政府及市属各机关,其中与市财政局关系最为密切。第三节论述上海市银行与同业组织及其他组织的关系。通过与私营银行同业关系的对比,反映地方银行相对独立的外部关系,而其他同业组织所起的作用降低了上海市银行的交易成本和运营风险。

第六章对上海市银行的职能功效进行深入分析。本章分为四节。第一节研究上海市银行的财政和金融功效,主要包括市银行在协助政府筹集财政收入、代理市金库、发挥财政职能以及推行中央政府金融政策方面的作用。第二节分析上海市银行的城市建设功效,具体分为其在码头、轮渡等交通业、水电煤等公用事业,以及住宅建设和公共服务方面的功效。第三节介绍其在科教文卫事业方面的功效,通过市银行对教育、卫生等相关单位的贷款比例及利率优惠来反映。第四节是上海市银行的公益性功效,其中包括救济灾民、代理捐献业务、平抑物价以及民食调节等救济功效,对社会福利事业的支持等内容。

第七章对上海市银行运营和职能进行定性和定量分析。本章分为三节,第一节定性分析上海市银行的运营和职能,包括其自身的特殊性和所包含的地方银行共性。第二节对上海市银行的经济效益进行统计和比较分析,包括对自身经济效益的统计分析,以及与其他地方银行和商业储蓄银行的比较分析。第三节为财政因素对上海市银行盈利的影响，与上一章的定性分析相对应，定量分析财政对上海市银行经济效益的影响，从而直接证明上海市银行的职能定位。

最后的结论部分包括本书的结论、借鉴意义和有待进一步研究的问题。结论主要概括上海市银行作为国民政府地方银行之一，是强制性制度变迁和诱致性制度变迁相结合的产物；既包含自身的特殊性，也体现了国民政府时期地方银行的共性；它对经济发展和城市建设的积极作用大于消极影响；有关上海市银行的研究对当代银行业改革和城市商业银行建设具有借鉴作用。

二、研究方法

首先，本书运用历史分析的方法，阐述近代地方银行的历史沿革和上海市银行的演变过程。充实的史料论据是史学研究必不可少的部分，上海档案馆馆藏的上海市银行档案2 030卷，内容丰富，形式多样，是本书的主要参考资料，与近代的报纸杂志共同构成了本书论证的主要依据。因此，本书运用传统的史料学方法，通过研究上海市银行的文献资料，对抗战前后两个阶段上海市银行在主要业务、组织机构、管理体制、资本构成等方面的变化进行历史分析。

其次，理论分析对于经济史的研究来说是不可或缺的，本书运用制度经济学原理、委托—代理理论、资产负债管理理论，探讨上海市银行的制度变迁，分析上海市银行的内部治理结构和管理特点，突出其地方银行的运营特征。

再次，本书运用定性分析的方法，以第一手文献资料为依据，结合运用财政学及城市经济学的相关理论，重点研究上海市银行在财政金融、城市建设等方面的作用，反映其地方银行的职能定位和功效。

最后，本书运用定量分析的方法，整理历史文献资料的有关数据，将上海市银行与其他银行进行统计和比较分析，通过计量方法验证影响上海市银行盈利的因素，及其对上海市银行职能功效的作用。

第二章　近代地方银行的历史沿革

地方政府经办银行，在中国的金融史上是一个独特的现象，放眼世界，也仅有美国等少数国家有此历史现象。因此，深入研究这种性质的银行及其历史背景，在近代经济史和金融史研究中都具有重要的意义。近代中国的地方银行发轫于清末光绪年间，经过北洋政府时期的发展，到国民政府时期逐渐步入正轨，其产生和演变经历了从逆向交替到正向交替，再到逆向交替的过程①，在每个发展阶段都有其不同的特点，对地方社会经济环境造成了相应的影响，其中包括积极的，也包括消极的。

第一节　地方银行的界定

一、地方银行的定义

关于地方银行，学界一直没有一个标准的定义，近代及当代学者给出了多种界定方法。徐学禹将地方银行分为两种，其一，地方银行相对国家银行而言，国家银行为一国中央政府所经办之银行，同时地方银行则为省政府、州政府或市政府所经办之银行。第二种地方银行之概念以其营业范围为一省，一市，一州，一县之地域为界限，或显然以之作主要营业区域者，则皆得视为地方银行。② 郭荣生认为，省银行在习惯上含有两种意义，"第一：就其资本之来源言：省银行为与国家银行相对待之名词。'中

---

① 正向交替指强制性制度变迁以诱致性制度变迁为基础，逆向交替指强制性制度变迁不以诱致性制度变迁为基础。

② 徐学禹等：《地方银行概论》，福建省经济建设计划委员会出版，1941 年，第 11、12 页。

中交农’之为国家银行,因各该行系由中央政府拨资创设。省银行之为省地方银行,因其为省地方政府拨资设立。国家银行含有国立之意,省银行含有省立之意。第二:就营业性质与地域言:国家银行之营业地区,为行政权所及之全国领土(有时亦在国土之外设立少数分支机构),其业务为全国性的。省银行之营业偏重于本省境内,其业务为地方性的;”并由此将省银行界定为“省政府拨资或吸收一部民商资金所创设,以调剂本省金融,扶助本省经济建设,开发本省生产事业,协助中央推行财政金融政策,并以本省省境为主要营业地区之银行”。[①] 与此类似,周伯棣亦从经营主体和营业区域两个方面说明地方银行的意义,指出地方银行是与地方政府相附丽的公营事业或官商合办事业,营业受地域限制,包括省银行、市银行和县银行三种。[②] 徐继莊指出省地方银行的特点是与省财政关系密切、业务范围受地域的限制并赋有发行小额钞券的特权。[③] 姜宏业将地方银行的前身地方官银钱号定义为“中国地方政府官方设立的信用机构”。[④]

综合各种定义来看,地方银行有广义和狭义之分,广义的地方银行仅就营业区域而言,狭义的地方银行是由地方政府设立,营业范围以地方政府所辖区域为主。近代中国的地方银行指的是狭义的地方银行,不包括私营的地方性银行。与此同时,结合近代中国地方银行的发展历史,其主要特征可以归纳为:其一,地方银行不以盈利为最终目的,而以地方政府的目标为营业方针。虽然地方银行的使命是调剂地方金融,扶助地方经济,开发地方生产事业,但是,地方银行隶属于地方政府,在缺乏有效监管的情况下,当政治经济环境不断变化时,地方银行的经营方针也随之变化。北洋政府时期,地方银行主要以为各地军阀筹措军费为目标,南京国民政府成立后至抗战前,国内局势趋于稳定,一些地方银行开始为地方经

① 郭荣生:“中国省银行史略”,载《近代中国史料丛刊续编第十九辑》,文海出版社有限公司1975年版,第1、2页。

② 周伯棣:《地方银行之理论的发展》,《广东省银行季刊》1942年第2卷第3期。

③ 徐继莊:《我国省地方银行问题》,《金融知识》1942年第1卷第6期。

④ 姜宏业:《中国地方银行史》,湖南出版社1991年版,第3页。

济服务，抗战爆发后，全国进入非常时期，地方银行随即协助地方政府执行战时经济政策，战后，受恶性通胀的影响，有些地方银行便转向投机事业。其二，地方银行的业务分为普通业务和特种业务，并且以后者为主。普通业务为存款、放款、汇兑及买卖有价证券等与其他银行相同的业务；特种业务，亦称为委托业务，指经理地方金库、负责地方公债的发行及还本付息事宜，保管机关公共团体财产及基金等，由特权衍生的各种业务。由于特种业务直接体现了地方银行设立的目的及职能定位，因此所占比重更大。值得注意的是，个别省政府设立的省地方银行并非只有一家，如江苏省政府设立了江苏省银行、江苏省农民银行，并且都代理省金库；广西省设立了广西银行和广西农民银行，但后者并不代理省金库。1945 年国民政府颁布《省银行条例》，其中第 2 条规定“省银行以一省一行为限，其重复设立者应予裁并”。①

由此可见，近代地方银行与地方性的商业储蓄银行有明显的区别。最主要的区别在于资金来源不同，地方银行以地方政府资本为主，而地方性商业储蓄银行的资本则来源于私人。其次，业务范围不同。地方性商业储蓄银行仅经营普通银行业务，没有政府委托的特种业务。再次，功能定位不同。地方性商业储蓄银行以盈利为目的，地方银行则以管理地方财政，调剂地方金融为宗旨。最后，名称不同。地方银行一般直接以省市命名，如“广西银行”“湖南省银行”“南京市立银行”“河南农工银行”等；地方商业储蓄银行名称则没有明显标志，如“浙江商业储蓄银行”“恒利银行”“中和商业储蓄银行”等。

二、地方银行的类型

近代中国的地方银行根据不同的标准可以分为多种类型。按照发展阶段不同可以分为清末时期、北洋政府时期和南京国民政府时期。清末时期的如广东官钱局、伊犁官钱局等，北洋政府时期的如河南省银行、江

① 《省银行条例》，《银行周报》1946 年第 30 卷第 9、10 期合刊。

西地方银行等，南京国民政府时期如浙江地方银行、广州市立银行、上海市银行等。

按照区域范围不同可以分为省银行、市银行和县银行三类，省银行如河北省银行、湖北省银行等，市银行如上海市银行、南京市立银行等，县银行如平阳县农民银行、绍兴县农民银行等。

按照组织性质不同可以分为股份有限公司、股份两合公司和无限责任公司。股份有限公司类型如江西裕民银行、河南农工银行等，股份两合公司如广西银行等，无限责任公司如四川地方银行等。

按照资本来源可以分为官办和官商合办，前者如河北省银行、上海市银行等，后者如南昌市立银行、广西银行等。

第二节 地方银行的兴起和发展

一、清末地方银行的萌芽

近代地方银行以省银行、市银行和县银行的形式存在，其中又以省银行的历史最为悠久。在新式银行出现之前，清末地方政府设立的金融机关称之为官钱局或官钱铺，并且在不同的阶段，职能也有所不同。清代咸丰初年，政府以太平天国之乱，军需孔急，而度支告匮，户部乃议准发行银票钱票，由库发给成本银两，并户工两部交库卯钱，以为推行银钱票的票本，此为中央设立官钱局之发轫。① 咸丰三年(1853 年)六月朝廷通知各省招商成立官钱铺，推行户部官票，但只有福建、陕西予以响应，大部分省份借故拖延，因此，清廷在咸丰四年(1854 年)五月和五年(1855 年)十月分别催办，“勒限三个月”“将应立官号一律开设”。② 由于这些地方官银钱号的开设目的是协助朝廷推行官票，于地方政府的利益无切实的增加，

---

① 朱圣庠:《省地方银行的回顾与前瞻》,《广东省银行月刊》1946 年第 2 卷第 5 期。

② 《清文宗实录》卷一八零咸丰五年十月癸卯，转引自叶世昌等著:《中国古近代金融史》，复旦大学出版社 2001 年版，第 183 页。

因此各地的态度都很被动，至甲午战争之前，各省设立的官银钱号仅有12家，按照成立先后分别为永丰官钱局（1853年）、陕西官银钱铺（1854年）、甘肃官钱铺（1854年）、大美字号官钱总局（1854年）、吉林通济官钱局（1856年）、浙海新关官银号（1861年）、恒通字号官钱铺（1862年）、瓯海新关官银号（1877年）、喀什官钱局（1888年）、伊犁官钱局（1889年）、迪化官钱局（1889年）、秦丰官银钱铺（1894年）①，这是地方银行的雏形。这些官银钱号通过协助各省将每年出入巨细正杂款目，通盘计算，规定文武官员薪俸、养廉、工程、杂支等项，按核定成数搭发官银票；满汉兵丁饷银、马乾、草折、红白赏需各款，按核定成数搭发官钱票。并且，通过各种捐税搭收搭放。② 而在执行过程中，地方官吏利用官银钱号，投机敛财，流弊百出。许多地方不准以官票搭交正杂钱粮，却在解交时搭交官票。咸丰五年正月，河南即发生不搭收钞票、人民杀差抗粮案。河南学政张之万奏折称：百姓之完纳，仍是用银，州县之报解，则以银易钞。以现时银价与钞价计之，每银一两易钞一两，可涨至二三钱，实无益于民，有损于国，而徒饱私囊。③ 同时，亦有官钱铺伙同私铺减价收买大钱以渔利，或官员私开钱铺，挪用银钱，或隐匿铁钱，销毁账册。多数官银钱号票本空虚，当军民承领票银，官局则乏钱应付，福建永丰官局，在咸丰八年（1858年）奏请捐输归补官局票本，并于九年（1859年）正月停局，十年（1860年）收缴官票。④ 同治元年（1862年）十一月初七，“允户部奏，筹拨来年京饷并各省地丁等项，一律停收钞票”。⑤ 可见，初期的地方官银钱号，没有利益的驱使，亦无法律的约束，更谈不上经验，因此，不仅没有达到推行官票的目的，反而成为地方官员鱼肉百姓的工具。

---

① 姜宏业：《中国地方银行史》，湖南出版社第1991年版，第3页。

② 《中国近代金融史》编写组：《中国近代金融史》，中国金融出版社1985年版，第40页。

③ 中国人民银行总行参事室金融史料组：《中国近代货币史资料》第一辑上册，中华书局1964年版，第441页。

④ 中国人民银行总行参事室金融史料组：《中国近代货币史资料》第一辑上册，中华书局1964年版，第462页。

⑤ “东华录”同治16，第21页，引自杨端六编著：《清代货币金融史稿》，三联书店1962年版，第113页。

到了清朝末期，由于外力入侵，特别是庚子之战，一方面给经济社会带来了空前的灾难，另一方面给清政府造成了巨额的战争赔款的负担，同时国内革新的呼声日盛，要求兴办学校，修筑铁路等事业，清政府陷入内外交困的境地，迫使其减少军费和官吏的开支，增加税收。但是，考察清末的财政状况可见，开源节流的政策并未起到明显的效果。漕粮、盐厘和土药等税还有巨额减少，这除了表示国内经济凋敝以外，还说明了中央政权失堕，各省督抚没有全部把税收"起运"。清廷为筹措赔款，曾令各省分担，当时各省实缴数额实际只及分担额的 68%。[①] 中央政府权力的衰落增加了地方政府的独立性，加之当时通货短缺，省级财政十分困难，通过官银钱号发行官银钱票，既能弥补流通环节中通货的不足，又能解决财政亏空，因此，光绪二十二年(1896 年)，张之洞首先奏请设立湖北官钱局，并发行钱票银圆票，各地方政府也纷纷设立地方官银钱号。自甲午战后至庚子战前，各省增设的官银钱号有 8 家，自庚子战后至清朝灭亡，各省增设的官银钱号有 19 家，是官银钱号发展的全盛时期。[②]

此时的官银钱号与前期已有很大不同，不仅经营一般的存放汇等银行业务，而且发行官银钱票，管理地方财政，接近新式的地方银行业务，被称为地方政府的"外库"。其中，存款来源以官款所占比例为最大，一般地说，官款在存款总额中约占 80%—90%的比重。[③] 在发行业务方面，较前一时期有了一定程度的进步。基于咸丰年间滥发官票宝钞，造成恶性通货膨胀的历史教训，各地在发行时要求具备一定的现银准备。所以，多数省份能够维持兑现。

然而，这一阶段的发展亦存在问题。首先，各地官银钱号发行的纸币，种类繁杂，面额多样。黑龙江官银号的银圆票分为 1 角、2 角、5 角、1 元、5 元、10 元等，福建官钱局的分为 1、3、5、10、20、30、100 和1 000元。[④] 发行纸

---

① 郑伯彬:《清末财政与财政制度的改革》,《中央银行月报》1946 年第 1 卷第 10 期。

② 姜宏业:《中国地方银行史》,湖南出版社 1991 年版,第 4 页。

③ 谢杭生:《清末各省官银钱号研究》,载于彭泽益等:《中国社会经济变迁》,中国财政经济出版社 1990 年版,第 693 页。

④ 魏建猷:《中国近代货币史》,黄山书社 1986 年版,第 162 页。

币虽然增加了流通中的通货，但是毫无规则的滥发，不仅加剧了清末币制的混乱状况，而且兑换的不便导致纸币的流通局限在一个省或者更小的区域，严重阻碍了区域之间的商品和货币流通，使得地方割据情形更加严重。其次，地方官吏将地方官银钱号视为敛财工具，中饱私囊。宣统三年，大清银行监督叶景葵奏称："吉省官贴之滥，行之有年，不肖官吏之农产公司、水泥公司、林业局、官轮局、官电局、造纸公司、制糖公司之类或积欠公款、或全部失败、或历年亏损，其来也官贴，其去也官贴。"①再次，受地方财政的影响，某些官钱号借以发钞作为挹注。例如伊犁的兵饷由其所设官钱局开票支发，年复一年，开票愈多，赔累愈重。"现在(宣统三年三月十八日)钱局票存已过百六十万，每年只得此五十万现银，纯系空架支撑，并无实际。"②鉴于当时极其混乱的货币状况，清政府在设立国家银行后，于宣统元年颁布《通用银钱票暂行章程》，规定新设之官商银钱行号，概不准发行银钱票。要求无论官商行号，所发纸票必须有四成现款和六成公债或可靠之股票作准备，并"自宣统二年起，每年须收回票数二成，限以五年全数收尽"③，在第二年颁布《兑换纸币则例》，试图由大清银行统一发行，然而未等这些规章制度发挥作用，清政府的统治就结束了。各地的官银钱号根据政治背景的不同，有的清理关闭，有的改组为地方银行，有的则继续保留。例如，山西晋泰官钱局在辛亥革命爆发后，被阎锡山属部抢劫一空，因而停业。而 1908 年成立的贵州官钱局则是因为滇军唐继尧政府令其改名为贵州银行，遂于 1912 年奉令改组。对于广东官银钱局而言，由于辛亥革命之后，广东军政府将其收归已有，因此得以继续保留。④

---

① 中国人民银行总行参事室金融史料组：《中国近代货币史资料》第一辑下册，中华书局 1964 年版，第 998 页。

② 中国人民银行总行参事室金融史料组：《中国近代货币史资料》第一辑下册，中华书局 1964 年版，第 1106 页。

③ 中国人民银行总行参事室金融史料组：《中国近代货币史资料》第一辑下册，中华书局 1964 年版，第 1076 页。

④ 参见姜宏业：《中国地方银行史》，湖南出版社 1991 年版。

通过观察清末地方官银钱号的相关状况发现，作为地方银行的雏形，其在发轫阶段呈现出以下特点：首先，清政府设立地方官银钱号时，管理机构和相关规则缺失，导致地方官银钱号的发展全系地方官吏。若其致力于地方经济的发展固然好，否则无异于对地方财力的搜刮和百姓财富的转移。其次，营业内容从单一走向多样化，盈利途径趋于正当。咸丰年间的地方官银钱号，多数买空卖空官票宝钞，通过投机获利。最后，地方官银钱号的职能单一。清季的地方官银钱号基本上只具备增加财政收入的职能。无论是发行还是放款业务，与钱庄票号并无明显区别，可见其目标是盈利，功效也就只有增加财政收入一项了。背后的原因，一方面由于整个政治局势的动荡，地方官银钱号无暇顾及经济环境的改善，只得关注短期利益；另一方面在广大群众的生存状况受到影响时，不会产生提高生活环境质量的诉求。

二、北洋政府时期地方银行的兴办

鸦片战争后，英国的新式银行率先开始在中国开展金融活动。第一个进入中国的是丽如银行，于 1845 年在香港和广州设立分支机构，两年后又将分支机构扩展到上海。紧接着在 19 世纪 50 年代，又有 4 家来华设立分支机构，分别是汇隆银行、呵加剌银行、有利银行和麦加利银行。这五家银行至 19 世纪 50 年代末，先后设立了 13 个机构，上海 5 个，香港和广州各 4 个①。这些银行设立的目的均为便利各国商人在远东经商，故其最初经营的业务，均以存款、放款及汇兑为主，为纯粹的商业银行。②由于中国封建社会的自然经济和传统家庭手工业根深蒂固，外国的产品融入中国经济须经历一个漫长的过程，因此，初入中国的外国银行并非一帆风顺。

鸦片战争在打开国门、引来外资银行的同时，也为国人带来了新的思想。1859 年，洪仁玕在著名的《资政新篇》中已经提出“兴银行”，并

---

① 洪葭管：《中国金融史》，西南财经大学出版社 1998 年版，第 149 页。

② 郭孝先：《上海的外国银行》，《上海市通志馆期刊》1935 年第 2 期。

针对发行业务称“此举大利于商贾士民”。[①] 到了19世纪末期，兴办新式银行的呼声更是此起彼伏。1892年，郑观应的《盛世危言》第4卷有专门叙述银行的一章。1894年，盛京将军依克唐阿奏请发行钞票并设立银行称“方今时事急迫，仓卒聚亿万之财，收亿万之利，舍钞票别无良图；欲行钞法，舍银行无以取信”。1895年，顺天府尹胡橘棻上奏折“一面于京城设立官家银行”“购极精之器，造极细之纸，印行钞票，而存其现银于银行”。1896年9月26日，盛宣怀在“条陈自强大计折”中附上“请设银行片”，陈述设立银行之必要性——“商务枢机所系，现又举办铁路，造端宏大，非急设中国银行，无以通华商之气脉，杜洋商之挟持”[②]，同时拟定银行章程22条。1897年，总理衙门在询问盛宣怀关于开办银行的相关问题后，许可其开设银行的提议。于是，光绪二十三年(1897年)四月二十六日，中国通商银行在上海成立。此后，1905年8月、1908年1月两个国家银行——户部(大清)银行和交通银行相继成立。同时，完全由私人资本创办的银行也在1906年开始出现。清末的地方官银钱号虽然接近于新式银行，但正式以银行命名的是1902年成立的直隶省银行，总行设于天津。这是我国成立最早的省地方银行。除此之外，清末成立的地方银行还有两家分别为四川省浚川源银行和浙江银行。[③]

北洋政府时期，无论是清末官银钱号改组的，还是地方政府新设的金融机构，大部分都已经称为银行，即使仍称为官银号，其业务已经与地方银行无异。这一时期新设立的地方银行或地方官银号有30家[④]，除了经营一般的银行业务外，还包括发行钞票，代理地方金库，代发公债，代办粮食土特产采购、储藏、运销及经营附属企业等。[⑤] 这一时期的地方银行延

① 杨松等：《中国近代史资料选辑》，三联书店1954年版，第136页。
② 《愚斋存稿》第1卷，第14、15页。
③ 凌羽：《省地方银行发展论》，《广东省银行季刊》1942年第2卷第3期。
④ 叶世昌等：《中国古近代金融史》，复旦大学出版社2001年版，第233页。
⑤ 姜宏业：《中国地方银行史》，湖南出版社1991年版，第158页。

续了清末地方官银钱号单一的财政职能,虽然业务范围较前阶段有所扩大,但都是为了配合地方财政,增加财政收入的途径罢了,根本没有将地方经济利益放在眼里。除了江苏、浙江等少数地区外,最为世人诟病的发行业务成为地方银行的核心。军阀混战,抢夺和维护地盘是唯一目的,毫无顾忌地发行钞票,一次次地洗劫百姓财富已经习以为常。

山西军阀阎锡山设立的山西省银行是被军阀操纵的典型代表。据统计,截至 1928 年年底,10 年间共发行纸币1 300万元,平均每年 130 万元,之后随着战争规模的扩大,印钞机也更加忙碌,至 1930 年 10 月底,纸币发行量骤增至近 1 亿元。战败后,所发行的晋钞"像飞蝗一样涌回山西"[①],导致物价骤然暴涨,给山西人民带来了敲骨吸髓的灾难。其他省份的遭遇也如出一辙。广西军阀陆荣廷在广西银行库存银仅三四万元的情况下,于 1914 年发行纸币 700 万元,1917 年至 1919 年增发 890 万元,1920 年和 1921 年又发行 600 万元,结果不得不折价流通,最终变成一文不值的废纸。除此之外,各地军阀垄断当地经济,对金融、工商业也造成极大的破坏,从奉系军阀张宗昌对山东省经济的破坏可见一斑。在其成立山东省银行之前,山东的金融业日趋繁荣,仅济南一地就先后成立了 23 家银行。省银行成立后,其他银行顿时受到排挤,被强行代兑省钞、取缔发行权。据统计,济南大多数银行在 1925 年上期决算时尚有盈余,但在同年 7 月省银行成立后,特别是 1927 年,全部赔累。全省的银号、钱庄原有1 000多家,到张倒台前,只剩 318 家;典当业原有 200 家,1928 年也只剩 21 家了。[②] 这些都归咎于张宗昌所采取的一系列打击金融业的措施。

北洋政府时期,地方银行的发展只能用畸形来形容。首先,其仅利用了新式银行的外壳,没有形成银行的内部管理制度,而成为真正的银行。1912 年成立的贵州银行,虽名为银行,但仍沿用贵州官钱局的一系列规

---

① 中国社会科学院近代史研究所等:《阎锡山和山西省银行》,中国社会科学出版社 1980 年版,第 2 页。

② 姜宏业:《中国地方银行史》,湖南出版社 1991 年版,第 408 页。

章制度。财政部亦沿用民国二年颁布的《官银钱行号监理官章程》向地方银行派监理官，由监理官一人独掌监督一切行务的大权。山西省银行则沿用山西票号的许多管理制度，例如，票号的“铺保”制度，即新职员须被有声望的人推荐才可入行，以及新进职员的培养训练等方法。其次，地方银行的兴衰以军阀政权的交替为周期。某些地方银行在初期往往能正常运营，然而，一旦财政濒临破产，地方银行往往也难逃厄运。地方政府设立地方银行势必有财政的职能，并且在乱世之中不断加强，为了军阀的军事目的和个人利益，不惜牺牲地方银行。最后，北洋政府时期的地方银行对百姓和地方经济的损害是空前的。北洋军阀的权力是清末地方官吏不能比拟的，“军阀们几乎开辟了一切想得到的财源，使得人民遭到了极大的苦难”。[①] “土皇帝们”对地方事务的控制游刃有余，在其统治地位没有保障时，民生亦得不到保障，更谈不上地方经济发展了。所以，正如徐学禹等人的评价，这一时期的地方银行显然是极其失败的，因为省银行为社会公共之金融机关，应负推进一省经济生活之使命，倘其不能直接间接完成此种任务，不能谓非失败。若或措施乖谬，形成行政当局敛财之机枢，剥削之工具，则其属于失败之例，尤不待言。[②]

三、国民政府时期地方银行的发展

历来的统治者要保障政权的稳固，强大的资本做后盾是必不可少的，北洋政府如此，国民政府亦如此。地方银行在清末时期很不幸地沦为地方政府敛财的工具，在北洋政府时期所扮演的角色已经发生了变化，但其性质并未根本改变。在蒋介石建立政权之前，江浙资本家为了资产阶级的利益和银行业未来的发展，寄希望于蒋介石建立统一政权，都积极为蒋介石筹措经费。银行公会和钱业公会分别垫借200万元和100万元，[③]并

---

① Donald G Gillin：《军阀：1911—1949年阎锡山在山西省》，普林斯顿大学出版社1967年版，第138页，转引自托·罗斯基：《民国时期的中国经济：导言》，《中国近代史研究资料》(4)，上海社会科学院出版社1988年版，第100页。

② 徐学禹等：《地方银行概论》，福建省经济建设计划委员会出版，1941年，第40页。

③ 《中国近代金融史》编写组：《中国近代金融史》，中国金融出版社1985年版，第170页。

且在蒋介石成立的江苏兼上海财政委员会的委员选择上面，也大多是江浙资本家，目的就是谋求其财力支持。果不其然，国民政府刚成立不久，便需要财政委员会出面发行江海关二五附税库券，结果3 000万元的发行额全部由江浙资产阶级承购。[①]

江浙财团对蒋介石的大力支持并未换来预期的结果。一方面，蒋介石并未将筹措的经费用于经济发展，而是用在军事内战方面。金融资产阶级对此终于忍无可忍，向南京国民政府提出，将财政彻底整理，完全公开，并且不再向各商业团体举债为内战及政费之用。[②] 1932 年，上海的金融商业组织还发起废止内战大同盟，但这些抗争均无济于事，反而遭到蒋介石的强行勒索。另一方面，蒋介石正着手建立国家垄断资本主义，统制全国的金融和经济。国民政府成立初期，权威尚未树立，即使欲施行垄断也力所不能及，1931 年的《银行法》即是充分证明。由于银钱业的一致抵制，《银行法》最终未能成行。与此同时，国民政府建立政权的初期，只有在长江下游区域的政权是稳固的，而在其他地方，其控制程度各不相同，很多地方只是有名无实[③]，地方银行也因此维持旧状。

然而，到了 1935 年，情况就完全不同了。通过增加官股比例，国民政府将中国银行和交通银行成功改组，纳入国家银行体系，设立中国农民银行和中央信托局，改组扩大邮政储金汇业局；并实施了币制改革，在建立国家垄断金融体系方面取得了完胜。正是在这一年，国民政府颁布了《设立省银行或地方银行及领用发行兑换券暂行办法》(十三条)，规定地方银行的设立、领用中央银行兑换券、向其缴存准备金及发行权核准等事宜。第二年十月又公布《省银行或地方银行印制辅币券暂行规则》(六条)，将印制权利收到财政部，保管权及准备金的收缴交给中央银行。事实上，在南京国民政府成立翌年的经济会议上，地方银行就已经受到政府的关注，

---

① 洪葭管:《中国金融通史》第 4 卷，中国金融出版社 2008 年版，第 50 页。

② 千家驹:《旧中国公债史资料(1894—1949 年)》，中华书局 1984 年版，第 21 页。

③ 阿瑟·恩·杨格:《1927 至 1937 年中国财政经济情况》，中国社会科学出版社 1981 年版，第 11 页。

包括其设立数量、发行权、代理金库和营业范围等。[①] 只是限于当时的环境，实行上存在困难，因此未能执行。1935 年禁止地方银行发行 1 元及 1 元以上兑换券，只能发行 1 元以下的辅币券，虽然有些地方未能立即贯彻，但随后也陆续执行了。省银行的资本除少数参有商股，或由地方公股凑集，抑或由国库直接拨给外，均由省政府投资。[②]

在 1937 年抗战前夕，尚在营业的地方银行有 23 家，其中资本全部由省政府拨付的有 19 家，由省政府和商民共同担任，且维持不变的，有 4 家，占全体的 17%。[③] 市银行中除了南昌市立银行和青岛市农工银行外，其他市立银行均由市政府出资或因商股难以募集，实质仍为市政府资本设立。当时的县银行尚与一般商业银行无异，所以暂且不论。抗日战争之前，虽然内战尚未完全免除，但国内局势渐趋稳定，地方银行的各项业务也渐渐步入正轨。

地方银行的主要业务包括代理地方金库，发行地方公债，管理地方政府及附属机关的资金。这一阶段最大的特点是针对公共设施建设、贫民生计、农贷等促进地方经济发展的业务有了初步的进展。例如，浙江地方银行、安徽地方银行向各省的铁路、公路网以及通信网发放了大量贷款；江苏银行开展工商业小本贷款；青岛市农工银行以乡民和渔民为对象，开办田产或农产品抵押等放款业务，助其摆脱高利贷的盘剥，1935 年上半年的资产负债表显示，乡村抵押放款占所有放款（透支放款、定期放款和抵押放款）的 36.4%。[④] 湖北省银行于 1931 年即奉省政府令成立湖北省农民借贷处，其后的农民贷款部、农业仓库，无不为地方农业的发展尽心尽力。[⑤] 因此，地方银行作为调剂地方经济、辅助农工商业发展、推进公共事业建设的功效始有显现。

---

① 《财政部报告经济会议议决要点呈国民政府文及附件》，《全国经济会议专刊》，1928 年。

② 沈长泰：《省县银行》，大东书局 1948 年版，第 22 页。

③ 徐学禹等：《地方银行概论》，福建省经济建设计划委员会出版，1941 年，第 91、92 页。

④ 姜宏业：《中国地方银行史》，湖南出版社 1991 年版，第 425 页。

⑤ 《湖北省银行二十周年纪念特刊》，载于张研等：《民国史料丛刊（经济金融）》第 478 册，大象出版社 2009 年版，第 142 页。

抗战军兴,国内来之不易的稳定局面再次被打破,金融机构也不得不随着政府迁往大后方地区。这一时期,根据虞和平的统计,后方银行业中,由国家、省、县市经营的官营银行发展势头远远强于民营银行。① 其原因或许可以从战时国民政府的经济政策中看出些端倪,这一阶段,政府政策的数量与详尽程度在历史上是不多见的,地方金融机构在政策的落实方面也显得比较配合。1938 年 4 月 29 日,财政部公布了《改善地方金融机构办法纲要》,要求地方金融机构加大支持农业和工商业的力度,只要是领券的地方金融机构,除旧有业务外,应增加十二项有关农业和工商业的经营、贴现和放款业务。② 湖南省银行于 1938 年下期举办农仓贷款,但因局势紧张,办理两个月,即行停止。③ 1939 年 3 月 6 日,各省地方银行及中中交农四行首脑人物在重庆举行第二次地方金融会议,讨论发展经济力量,加强金融组织,维护币制信用,便利物产收购,平衡物价涨落以及如何接济粮食的问题。④

为便利物产收购,一些地方银行开始设立信托部,如湖南省银行 1940 年投资 159 万元,代省政府及中央抢购十余种物资,同时致力于信托投资,截至 1941 年底共投资省粮仓、贸易局、桐油公司和民食购销处等单位1 030余万元。⑤ 湖北省银行亦于 1939 年元月遵照第二次地方金融会议方案,划拨资金 100 万元设信托部,代购物资、代销棉花土布、代理接运省粮、代理采购军粮等。⑥

1940 年 5 月 23 日,行政院公布《地方金融机关办理小工商业贷款通

---

① 虞和平:《抗战时期后方的金融、财政及其投资》,载于朱荫贵等:《近代中国:经济与社会研究》,复旦大学出版社 2006 年版,第 652 页。

② 《改善地方金融机构办法纲要》,《中央银行月报》1938 年第 5 期。

③ 湖南省银行经济研究室:《湖南省银行五年统计》,载于张研等:《民国史料丛刊(经济金融)》第 478 册,大象出版社 2009 年版,第 359 页。

④ 《第二次地方金融会议议案内容》,《财政评论》1939 年第 5 期。

⑤ 湖南省银行经济研究室编:《湖南省银行五年统计》,载于张研等:《民国史料丛刊(经济金融)》第 478 册,大象出版社 2009 年版,第 366 页。

⑥ 《湖北省银行二十周年纪念特刊》,载于张研等:《民国史料丛刊(经济金融)》第 478 册,大象出版社 2009 年版,第 164 页。

则》,要求地方金融机关(省市银行总分行处)办理小工商业贷款,以辅助其发展和增加日用必需品的供应。其中,第十七条为地方金融机关依照本通则办理小工商业贷款,资金不足时,得向中中交农四行联合办事处商借之;第十八条要求各地方金融机关按照规定格式,按月将办理情形报财政经济部备查。[①] 抗战发生后,国内各港口被封锁,进出口贸易受到限制,后方经济自给自足的压力增加,国民政府只能仰赖众多地方银行的竭力配合,必要时中央随时给予帮助。这一点还反映在为了新县制的推行,1940 年公布的《县银行法》,希望县一级的地方金融机构亦能调剂地方金融,扶助经济建设,发展合作事业,从而维护基层政权的稳固。由此可见,地方金融机关在战时经济发展中起着举足轻重的作用。

国民政府之所以重视地方金融机关的作用,原因有二:一是地方银行相对于国家银行,更易于深入到全国的各个区域,活动范围广阔。在财政部《完成西南西北及邻近战区金融网之二年计划》中,规定在地点稍微偏僻的区域,四行在短期内,容或不能顾及,则责成各该省省银行,务必前往设立分支行处。在各省金融网的敷设中,尤以省地方银行设置更为普遍。[②] 二是相对于商业银行,地方银行更便于政府掌控。这一点突出体现在地方银行发行权的变化中,1935 年,为了配合法币政策的实施,规定地方银行只能发行 1 元以下的辅币券;1940 年,由于日伪套取外汇的阴谋,四行便未充分发行,而抢购战区物资,供应战地,在需要增加发行时,不能不利用省地方银行钞票,代替一部分法币的行使,遂又允许地方银行发行 1 元主币券及辅币券[③];1942 年,行政院又通令各行执行《统一发行办法》,法币发行统由中央银行办理[④],彻底取消地方银行的发行权。

除此之外,从各种法令中不难看出,这一阶段国民政府对地方银行的

---

① 《地方金融机关办理小工商业贷款通则》,《经济部公报》1940 年第 3 卷,第 13、14 期。

② 杨荫溥:《五十年来之中国银行业》,载于中国通商银行:《五十年来之中国经济》,上海通商银行 1947 年,第 46 页。

③ 陈禾章等:《中国战时经济志》,文海出版社 1973 年版,第 11 页。

④ 宋汉章:《五十年来中国金融之演进》,载于中国通商银行:《五十年来之中国经济》,上海通商银行 1947 年,第 26 页。

干预也在进一步加大，从批准设立、资本构成，到经营范围、业务内容以及盈利状况，均须报财政部查核。并且设置地方银行监理员，监督其业务、发行或领用钞券是否合规。国家对战时银行业的控制之严，从财政部1940年8月7日公布的《非常时期管理银行暂行办法》中可见一斑。其中，规定银行运用存款，以投资生产建设事业及联合产销事业为原则；银行不得直接经营商业或囤积货物，不得以代理部、贸易部或信托部等名义，自行经营或代客买卖货物；承做汇往口岸汇款，以日用必需品及抗战必需品之款为限；财政部得随时派员监察银行账册簿籍、库存状况及其他有关文件。①

这一时期，在抗战为首要任务的大背景下，地方银行的主要职责首先是协助政府推行各项经济金融政策，主要体现在地方银行业务范围的扩大。例如，大多数地方银行在战时，针对农贷和工商业贷款的种类和数额均有增加；并且为了实施政府的具体政策，地方银行积极地开展相关业务，比如，为了支持战时经济基本方针，各地方银行对沦陷区物资的抢购和抢运；配合政府实施的盐专卖制度，一些地方银行代办购运食盐；代理财政部贸易委员会收购外销物资等。这一时期代理各种物产收购运销等事业也成为大部分地方银行的主要收入来源。值得一提的是，1942年，财政收支系统由三级制改为二级制，省财政归并中央，省库投资及省办产业由国库接收，省银行资本也随之改属国库②，这固然是中央为集中财权应对抗战，但同时也反映地方银行此时已经直接配合中央行动。

其次，调剂地方经济的作用更加明显。战时国民经济各个部门都受到不同程度的影响，地方银行的责任也相应增加。浙江地方银行为救济杭州市面，发放临时救济贷款，以保证银线业、丝绸业和米业等关键行业的正常运行③。

再次，在抗战之余继续支持公共服务及基础设施建设。例如，成都市

---

① 《非常时期管理银行暂行办法》，《中央银行月报》1940年第8期。

② 沈长泰：《省县银行》，大东书局1948年版，第22页。

③ 姜宏业：《中国地方银行史》，湖南出版社1991年版，第214页。

银行对自来水、电气公司等公用事业单位放款的增加，为解除学生的困难，推行汇款优惠。然而，在抗战的中后期，物价上涨之势愈演愈烈，地方银行的经营尤为艰难。诚如成都市银行所形容：一般商业银行，犹可用种种方法，直接间接做各种各样的经营，弥补其损失，而地方银行在严格的法令监管下，又有官股董监、财政厅、中央银行、监理官、财政部层层监督，不允许法外经营①。不可否认，有些地方银行仍然从事国民政府禁止的商业经营，或通过投机买卖获得利润，这与地方银行越来越困难的处境是密切相关的。

抗战胜利后，随着财政恢复三级制，1947 年，国民政府公布《省银行条例》及修正条文，省银行再次归属省政府，然而，此时的地方银行已经今非昔比。抗日战争爆发后，国内沿海发达城市相继沦陷，致使中央的财政收入遭受极大的影响，即使不考虑通货膨胀因素，1940 年的税收也只相当于 1936 年的 30%②。虽然国民政府大量举借内债和外债，但是，收效甚微，远远无法弥补其庞大的军费开支，战时的财政赤字一般都占财政总支出的 70%多，1945 年 1 月至 10 月竟高达 87%③。因此，只有发行货币才能快速有效地解决财政问题，然而，在 1939 年前，通货膨胀速度尚且比较缓慢，没有显著地超过法币的发行速度。但是，到 1940 年后便进入恶性通货膨胀阶段，并且越来越严重。虽然政府曾实施抛售黄金、外汇，发行金圆券等抑制通胀的政策，但发行额的不断增加，使得任何措施都是徒劳，尤其是抗战胜利后，恶性通胀的势头一直延续到 1949 年。1937 年 6 月至 1949 年 5 月，上海的物价上涨倍数高达36 807 692 307 691.3倍。④在这种情况下，人们往往囤积实物，而不使用现金，更谈不上存入银行；工

① 《成都市银行的事务与法理》，载于张研等：《民国史料丛刊（经济金融）》第 478 册，大象出版社 2009 年版，第 568 页。

② 贺水金：《1927—1952 年中国金融与财政问题研究》，上海社会科学院出版社 2009 年版，第 195 页。

③ 杨培新：《旧中国的通货膨胀》，三联书店 1963 年版，第 30 页。

④ 洪葭管：《旧中国的通货膨胀》，载于黄逸平：《中国近代经济史论文选》下册，上海人民出版社 1985 年版，第 858 页。

商各业也深受通胀之苦,朝不保夕。

这一阶段的地方银行也大多从鼎盛走向了衰落,地方银行的发展状况表现为:首先,分支机构增加,1937 年 6 月省营银行及市县银行的分支行数为 464 家,1946 年 12 月,仅省营银行的分支行数就达到1 064家。[①] 虽然地方银行的机构数增加不少,但并不意味着其业务发展顺利,恰恰相反,吸收存款艰难,且大多是活期存款,无法利用,地方银行只能借此揽做汇款。

其次,非法投机事业盛行。例如,广西省银行为规避中央银行检查,设置"内账",并从中拨出一部分资金,炒买炒卖金、银、外汇。主要原因除了正常的存贷业务无法开展外,地方银行的主要资金来源——代理的地方金库也入不敷出。安徽地方银行在 1946 年 7 月恢复代理省金库后,库款就入不敷出,代理的国库支库,差额更巨,使其亏累不堪。[②] 甘肃省银行也直接参与商业投机活动,1946 年度库款支出大于收入 10 亿多元。[③]

再次,虚盈实亏。有些地方银行在绝对数字上即显示出亏损状况,如浙江地方银行等,而有些地方银行虽然绝对数字呈现盈利,但除去通货膨胀因素,收益已经与以前不可同日而语,如贵州省银行等。当然,这一时期亦有个别地方银行发展相对较好。比如广州市立银行,其放款仍然侧重于市政建设方面,1948 年上期的各项放款中,协助市政建设用途的约占放款余额的 94%。后因财政部加强金融业务管制而受到影响,但代理的市金库业务也始终收入大于支出。[④]

总的来说,抗战胜利后,大部分地方银行在为生存而苦苦挣扎,调剂地方经济,扶助市政建设等功效根本无从谈起,有些甚至进行商业投机,致使地方经济状况更加恶化;仅一小部分地方银行仍然凭借不算雄厚但相对稳定的资本,支持地方各项建设事业的发展。

---

① 洪葭管:《中国金融通史》第 4 卷,中国金融出版社 2008 年版,第 480 页。
② 汪昌桥:《安徽地方银行史略》,《安徽史学》1991 年第 4 期。
③ 姜宏业:《中国地方银行史》,湖南出版社 1991 年版,第 386 页。
④ 姜宏业:《中国地方银行史》,湖南出版社 1991 年版,第 372 页。

第三节　国民政府时期地方银行的特点

一、近代地方银行的共性

无论是清末时期、北洋政府时期，还是国民政府时期的地方银行，它们都具有一定的共性，均受到以下几个因素的影响：

第一，政府的能力，包括中央政府和地方政府，它们的能力是此消彼长的关系。因此，在历史发展的某一阶段，两级政府中必然有一个的能力较强，主导地方银行的力量与之相对应。当中央政府主导地方银行时，如清咸丰年间与战后的国民政府时期，地方利益服从国家利益，如若对地方经济有些许帮助的话，也是为了维护统治者政权的稳定，而非出于地方经济长远发展考虑。当地方政府力量占主导地位时，结果又因时而异。如果地方政府的统治受到威胁时，作为其工具，地方银行自然无暇顾及经济发展，比如北洋军阀时期；相反，如果地方政府面对相对稳定的政治局面，地方财政相对有了保障，地方经济也就被纳入其考虑范围之内，如 1935 年前的国民政府时期。政治规则决定经济规则在此体现得非常明显，所以，地方银行的发展及其职能的发挥，政府的作用是至关重要的。

第二，法律秩序。首先，在规范地方银行的法律条例极少的情况下，地方银行被个人利用的风险增加，更容易成为地方官员敛财的工具，并衍生出多种威胁银行生存的风险和投机业务，例如对官僚企业的过度投资；其次，即使相关法律增多，但却频繁变动时，同样对地方银行的发展不利。在地方银行发轫时期，法律制度落后是不可避免的，到了国民政府时期，相关法律逐渐增多，但由于中央维护政权的需要，朝令夕改，极大地影响了地方银行的业务开展，并完全剥夺了其独立性。地方经济的建设需要循序渐进的长期投入与支持，这一过程一旦被打断，必然会影响地方银行的发展与职能的发挥。

第三，经济环境。地方银行作为金融机构，首先要保障自身的生存。

地方政府固然会提供支持，然而，当地方财政入不敷出时，地方银行一味依赖于地方政府就会连带地威胁其生存。所以，经济环境的稳定繁荣，一方面为地方财政提供源源不断的收入基础，从而间接地保障地方银行的主要资金来源；另一方面可以直接促进地方银行正常业务的开展，提高其资金的运用效率，同时增加流动性。如国民政府的战后时期，地方经济陷入恶性通胀的漩涡中，地方银行的资金来源与运用皆被阻断，不得不从事投机事业来维持生存。

由此可见，地方银行的发展和职能的发挥受到众多因素的影响，其中，最根本的因素是政府的作用。如果是无限政府，即政府的权力没有制约，地方银行便不能保持一定的独立性，只能沦为其工具，因而也不能发挥应有的功效；反之，如果政府的权力受到其他力量的制衡，使其不得不为地方经济的发展考虑，这时地方银行不仅可以发挥媒介作用，提高财政的效率，而且保持一定的独立性，为自身长远的发展而自主经营。

自古以来，中国的私有产权相对于国家主权而言，都得不到相对有效的保护。政治因素在中国经济发展的历史中扮演着极其重要的角色，经济发展状况往往根据政权稳定与强弱程度而有所不同。杜恂诚曾经提出“政治性周期”，即政治因素所引起的经济制度、产权结构等方面的周期性变化，并且政府在经济发展中起主导作用。① 无独有偶，张杰在分析中国金融制度的变迁时，亦认为中国的制度结构十分独特，只有发达而富有控制力的上层结构和流动性强且分散化的下层结构，缺乏协调两者的中间结构，在封建制度解体后，下层结构的经济自由与产权形式的不稳定导致其不会与经济增长建立长期紧密联系，经济增长因此只有依赖国家的推动。② 地方银行制度的产生与发展过程是对上述观点的印证，作为局部的某一类特定制度的变迁，国家的宏观政策倾向以及其他的制度变迁也对其产生了重大的影响，这也是地方银行周期性产生和结束的主要原因。

① 杜恂诚：《中国近代经济的政治性周期与逆向运作》，《史林》2001年第4期。
② 张杰：《中国金融制度的结构与变迁》，中国人民大学出版社2011年版，第1、3页。

二、国民政府时期地方银行的特性

国民政府时期的地方银行与之前的地方银行相比，由于制度环境发生了深刻的变化，体现出不同于清末和北洋政府时期地方银行的特点。国民政府成立后，在各个领域实行国家垄断资本主义。在金融领域，成功建立了中央银行制度，改组了中国、交通两行，实现了“四行两局”为主体的国家垄断金融体系。然而，国家行局限于规模，在落实国家政策、调剂地方金融方面，不能深入全国的各个省县，因此，需要众多地方银行的协助，这为地方银行的发展及完善提供了机会。

清政府时期设立地方银行受到太平天国运动的影响。清廷为镇压太平天国筹措军费所发行的大钱，推行不利，故而要求各地方政府设立官银钱号，以利推行。但是，各个地方政府本身都是一个经济人，它们的利益与最高统治者的利益绝不会完全一致。在中央政府没有有效的监管制度时，地方政府就可能选择增加自身收益而损害中央政府的制度。在地方银行制度初创时，地方政府只是中央政府的政策执行者，并且没有相应的激励相容机制保证地方政府实施比不实施政策、政策推行成功比推行失败更能增进自身的利益，因此，地方政府首先表现出消极地设立地方官银钱号；同时，想方设法利用其中饱私囊，不惜鱼肉百姓，最终将地方银行引入歧途。清朝末期官钱局的再次设立和北洋政府时期地方银行的设立面临相似的制度环境，即在中央政府权力衰弱的情况下，地方政府对地方银行有强烈的需求，目的是管理地方财政，成为地方政府的外库。清末地方银行业务范围的扩大，财政职能的强化表面上是制度进步的表现，然而，一项制度安排是否有利还取决于其他相关制度。清末由于有关地方银行的法律出现时，清政府即将结束，致使地方银行的发展一直以地方政府的意愿为转移，因此，产生了币制混乱、转移公款等消极影响。地方银行管理地方财政本无可厚非，但在局势动荡的条件下，未来趋势无法预期，地方政府为求自保，着眼于短期利益，牺牲地方银行也在所不惜，故而北洋政府军阀滥发钞票，使得地方银行信用扫地，将百姓的财产洗劫殆尽。所以，清末和北洋政府时期，地方银行的设立并非经济发展的需要，而是国家或地方政府的需求。

相比之下，国民政府时期则存在对地方银行的制度需求。从地方银行制度的供给方面来看，强调地方银行的主要职能应该是管理地方财政，维护地方经济的稳定，协助地方经济的发展，具体体现在提供公共服务、基础设施，扶助小工商业，安定贫民，稳定物价等方面。显然，地方银行所提供的服务带有某种程度的公共品性质，即非竞争性和非排他性，由此个人收益小于社会收益导致单纯依靠市场自发供给是不够的。前文所述国民政府时期地方银行产生时，经济和社会背景体现出对地方银行制度产生了强烈的需求，但是，各个银行的主要业务和宗旨却鲜能满足这种需求，缺少地方银行的金融系统存在明显的制度缺陷。

中中交农是协助南京国民政府完成国家垄断资本主义金融体系的一部分，各自有不同的职能。中央银行自然是发行银行、政府银行和银行的银行，而在国民政府时期，中央银行主要的职责是为中央财政服务。1928年，中国银行改组成为国际汇兑的专业银行，在国际贸易方面发展也很迅速。1928年国民政府将交通银行改组为“发展全国实业之银行”，主要在工商业领域开展业务。中国农民银行的前身是1933年成立的豫鄂皖赣四省农民银行，为了救济农村和为“剿共”筹集军费而设立，之后亦致力于农村金融，统一农贷，配合国家农业金融政策的实施。由此可见，中央政府意欲从各个领域实现全面的金融统制而创办银行。这不仅反映在“四行”的职能定位上，亦反映在其官商股比例的变动中，国民政府通过不断增加官股比例，使其完全成为国家垄断金融和弥补中央财政短缺的工具。显然，地方政府欲通过国家银行筹措及运用资金，是与中央政府竞争资源，很难满足其需要。

对于商办银行来说，商办银行对有关政府的业务并不见得有兴趣。一些商办银行曾经有官商合办的经历，由于官商理念及权利的冲突，对于与政府的往来甚是诟病，上海商业储蓄银行20世纪30年代初的营业方针中，明确指出“不可接近官场”，唯恐“平日基础全毁于空中楼阁之官场，而非筑于永久坚固之社会”[①]；同时，私人银行追求低风险高收益，这恰恰与政府经营的诸多公共事业以及不定时的垫款要求相冲突。比如，举办贫民借本处，“一·二八事变突起，市郊各借本处皆受战事影响，事业无从进行，而闸北之第二贫民借本处尤为战事冲要之区……借户逃避一空。截至五月八日为止，所有贷出款项本息银九千三百六十六元四角四分，完全到期，无法收回”。[②] 因此，声誉卓著的商业银行多以实业为基础，如：浙江兴业银行以“服务工商业为宗旨”，上海商业储蓄银行以“辅助工商实业，发展国际贸易”为营业方针。所以，地方政府的诉求依靠国家银行和商办银行是不能满足的，国民政府时期地方银行的产生是经济社会发展对银行体系的客观需求。

除此之外，相对清末及北洋时期，国民政府时期的国内政治局势相对稳定，使得政府对地方银行制度给予了更多的关注。1928 年的全国经济会议上，地方银行的组织形式、资本来源、发行权、营业范围等已经由金融股提出讨论。随后又有专门针对发行业务的条例，如《设立省银行或地方银行及领用发行兑换券暂行办法》《省银行或地方银行印制辅币券暂行规则》《改善地方金融机构办法纲要》；有针对其具体业务的规定，如《地方金融机关办理小工商业通则》；专门针对地方银行职能作用的地方金融会议；以及《省银行条例》和《县银行法》；等等。有关地方银行法律的陆续实施，一方面说明国民政府时期地方银行体系逐渐趋于成熟，地方银行制度较清末及北洋政府时期相对完善；另一方面说明地方银行的职能范围更为广泛，对地方经济发展的作用更加重要。

三、国民政府时期地方银行制度变迁的考察

如果运用制度经济学的原理，进一步剖析国民政府时期地方银行制度变迁，那么，我们就会更清晰地认识其产生和发展的根本原因。

---

① 中国人民银行上海市分行金融研究所编：《上海商业储蓄银行史料》，上海人民出版社 1990 年版，第 330 页。

② 《上海市政府公报》1932 年第 121 期，第 88 页。

林毅夫曾经将制度变迁分为两种类型——强制性制度变迁和诱致性制度变迁。强制性的制度变迁是指国家在追求租金最大化的目标下,通过实施政策法令,自上而下进行的制度变迁。诱致性制度变迁是指在制度不均衡时,追求获利机会而产生自下而上的制度变迁。它具有边际革命和增量性质,是一种渐进的、不断分摊运行成本的演进过程。近代地方银行的产生和发展,是一个强制性制度变迁的过程,但却不都是正向交替的,即不都是以诱致性制度变迁为基础的。

强制性制度变迁往往导致"决策者或影响决策的利益集团会利用制度供给的机会为自身牟利",在信息不对称的情况下,"搭便车"行为不可避免,政府的制度安排,基于经验,而有可能不是根据现实的需要,不适应制度环境而出现低效率的现象。这种强制性制度变迁产生的低效率状况在国民政府之前的地方银行表现得尤为突出,因为政府是唯一的推动力,地方银行的设立仅仅是出于推行货币政策或增加财政收入的目的,并利用制度强制性供给的机会牟取私利,因此,清末时期和北洋政府时期的地方银行没有发挥积极的作用,反而成为地方官员鱼肉百姓的工具,对地方经济造成不同程度的损害。另外,抗战胜利后,由于国内经济形势的恶化,一方面,国民政府利用地方银行落实各种经济政策,其中包括金圆券改革等进一步恶化经济环境的举措,另一方面,一些地方银行出于自身利益,进行投机活动,对地方经济也造成了负面影响。

然而,强制性制度变迁也有依据其规模经济的优势、降低非正式制度安排的交易费用的优点。国民政府成立之初,国内局势渐趋稳定,各地经济亟待恢复,正如前文所述,由于国家银行和私营银行与地方银行的不同定位,仅仅依靠市场力量,不能尽快达到恢复经济的目标,建立和发展地方银行,对解决城市建设、农村救济等具体民生问题,致力于地方经济的发展,能起到事半功倍的收效。抗战爆发后,配合战时经济需要,地方银行的业务重心转向物资收购调拨、地方土产运销等方面,一定程度上缓解了日寇对国内经济的封锁,节约了时间成本,从而为抗战提供了资金援助。可见,国民政府建立和发展地方银行,具有降低交易成本的收效。

诱致性制度变迁的主体是个人、企业（团体）和政府，而个人和企业（团体）是第一行动集团，政府是第二行动集团。在制度变迁中，作为决策单位的第二行动集团往往通过强制性制度变迁帮助第一行动集团获取利益，而进行一些制度安排。以微观经济作为主体，因发现潜在机会而先有制度变迁的需求，然后自下而上产生对制度的需求和认可，直至影响决策者安排更好的制度。制度变迁的需求主要在于追求潜在机会，制度变迁的供给动力主要在于降低现有运行成本，由此出现需求和供给共同作用下的诱致性制度变迁，最终目的在于实现"潜在的外部利润"。

清末和北洋政府时期的地方银行明显存在强制性制度变迁，而国民政府时期的地方银行存在诱致性制度变迁的条件。国民政府成立后，地方经济的发展需要各省市政府考虑减少运行的交易成本而筹设或改组地方银行；各地方政府结合当地情况，产生获取利益的需求，通过设立地方银行，并开展运营业务，以提供相应的制度安排。比如四川地方银行设立时，正值四川社会经济破产、金融极度混乱、通货非常缺少的时期，地方当局为救济四川经济，决定创办地方银行。[①] 江苏农村，每逢隆冬，农民多将耕牛忍痛出售，影响来年春耕，因此，省行拟定放款办法，举办耕牛放款，设法救济。[②] 显然，国民政府时期，这些地方银行是诱致性制度变迁的产物。

诱致性制度变迁强调内生变量的影响，认为首先利用经济体内部导致非均衡的力量自发的进展，然后沿着非均衡的发展路径再给予一个类似于强制性变迁的外部推动力，就保证制度演进沿着个人理性和社会理性相一致的道路加速前进。如前所述，民国时期的银行体系，恰好因缺乏地方银行这一部分，很多外部性较强的地方业务无法开展，因此而产生不均衡。地方银行的设立，不但发挥企业团体对制度演进的原始推动力，而且借助于政府资源的后续拉动力，实现制度的演进和发展。

国民政府成立后，地方银行的设立和业务设置，不同于清末和北洋政

---

① 《地方银行之缘起》，《四川经济月刊》1934 年第 1 卷第 1 期。

② 《江苏农民银行举办耕牛放款》，《湖北农村合作》1935 年第 5 号。

府时期仅仅出于政府财政需要，开始与地方经济的需求相结合，是诱致性制度变迁与强制性制度变迁共同作用的结果。

国民政府时期地方银行制度的产生和演变是由政府主导的制度变迁，因而，政府必然要衡量创造某一类制度的成本与收益。从成本角度来看，主导地方银行制度，需要政府拨付其初始资本，同时由于相关的利益集团没有权利参与地方银行的决策，所以维持地方银行的生存和发展全仰赖于政府的支持，其中包括政策和资金方面。从收益角度来看，政府的偏好和效用至关重要，不同的政府效用函数的变化便产生了功效迥异的地方银行。

诺斯曾经指出，国家在设置产权或进行一项制度安排时，追求两个目标——租金最大化和税收最大化，而两者又是相矛盾的。地方银行的功效恰能分别满足这两个目标：其一，凭借政府对地方银行的所有权，政府可以直接向地方银行透支借款或者通过地方银行发行地方公债间接获得资金；其二，地方银行提供基础设施，扶助小工商业，调节物资短缺，维护地方经济稳定等方面的功效，无疑能够扩大课税基础，间接地增加了政府的税收。由于地方银行的财政功效，其所能筹集的资金远远大于创设之初的原始资本，因此，国民政府时期，地方政府获取利益是地方银行制度设立和变迁的直接原因。

按照新制度经济学的原理，制度变迁的根源在于追求潜在利益，一方面，存在宏观经济主体即国家通过政策法规实施以追求利益最大化的强制性制度变迁；另一方面，存在微观经济主体自下而上追求获利机会的诱致性制度变迁。作为微观主体的地方银行具有提高金融服务效率、追求潜在利益的动力，从而产生对诱致性制度变迁的需求，影响作为宏观经济主体的政府通过政策法令安排更好的制度，以帮助微观主体获取利益。因此，国民政府时期的地方银行是诱致性制度变迁和强制性制度变迁相结合的产物。

小　结

近代地方银行是地方政府创办的银行，营业范围以省府所辖区域为主。通过代理地方金库，发行辅币券，开展农贷、小工商业放款等业务，管理地方财政，调剂地方金融，扶助地方经济。

近代地方银行的发展经历了清末萌芽阶段、北洋政府时期的畸形发展，到国民政府时期逐渐步入正轨。地方银行的雏形是清末的地方官银钱号，起源于清政府推行大钱的需要，出于增加财政收入的目的。清廷势弱时，地方官银钱号被地方官员控制，成为后者中饱私囊的机构。北洋政府时期，军阀割据，地方银行成为其筹措军费的工具。这一时期的地方银行以代理地方金库为主要业务，滥发钞票，对地方经济造成严重的破坏。国民政府成立后，局势稳定，地方银行除代理地方金库外，开始投资城市建设、救济农村、开展小工商业贷款，逐步履行扶助地方经济发展的使命。抗战爆发后，地方银行配合中央政府，实行战时经济政策，抢购物资、运销土产；战后，受到通胀的影响，地方银行的正常业务难以开展，一部分开始转向投机活动，一部分则艰难维持。

近代地方银行的产生和演变是强制性制度变迁的典型代表，其每个阶段的发展都由政府推动，但是清末和北洋政府时期，地方银行的发展纯粹出于中央政府或地方政府的需要，与经济发展不相适应。国民政府时期则有所不同，国内部分区域，局势稳定，地方经济各方面的发展，对地方银行产生了制度需求，与之相对应，地方银行的设立以及相应业务的开展恰好满足其需求，是诱致性制度变迁与强制性制度变迁相结合的产物。

第三章　上海市银行的历史沿革

上海市银行是近代中国地方银行之一，它产生于南京国民政府成立初期。当时的上海，民族工业已经取得长足的发展，贸易规模不断扩大，金融业日渐繁荣，其国内重要城市及国际大都市的地位更加突出。然而，日益增加的人口压力对上海的居住环境、教育、医疗卫生等提出了更高的要求。同时，上海的城市基础设施建设进展缓慢，与租界形成鲜明对比，不能适应经济发展的需要。上海市银行的设立，一方面满足了上海特别市政府管理财政收支、筹集城市建设资金的需要，另一方面针对城市发展的相关问题推行的业务，达到了地方银行调剂地方金融、扶助地方经济发展的目标。上海市银行的产生与演变是近代地方银行的一个较为成功的案例，并且至今保存了比较详尽的文献档案资料。其前期发展以经济运行为基础，但受规模的局限，功效并未完全发挥；后期虽然受到经济环境和财政状况恶化的影响，但并未参与投机活动，仍然凭借微薄的资金在教育卫生等方面发挥作用。因此，对上海市银行案例进行剖析，不仅有助于深入研究这一典型案例在运营中的成功经验和示范效用，而且有益于加深了解国民政府时期地方银行的职能和功效。

第一节　上海市银行的兴建与发展

上海市银行成立于 1930 年 2 月 17 日，总行位于天津路 66 号；1937 年抗日战争全面爆发，难以维持，遂于 1938 年 2 月 3 日奉市长俞鸿钧命令停业；抗战胜利后，1945 年 9 月 27 日复业；新中国成立后由上海市军事管制委员会接收。下面将上海市银行发展历程分两阶段阐述，即 1930—1938 年和 1945—1949 年。

一、上海市银行兴办的历史背景

南京国民政府成立后，鉴于上海特殊的地理政治经济背景，于 1927 年 7 月将其直隶于中央政府，称为"上海特别市"。7 月 7 日，上海特别市政府成立，蒋介石亲临上海，并发表训词："盖上海特别市非普通都市可比，上海特别市，乃东亚第一特别市，无论中国军事经济交通等问题，无不以上海特别市为根据，若上海特别市不能整理，则中国军事经济交通等，即不能有头绪。"由于租界的存在，"上海市之成绩，关系内外至大"，"上海之进步退步，关系全国盛衰，本党成败"[①]，充分显示了国民政府对上海市建设的高度重视。特别市的设立在上海历史上是第一次，华界地区从此结束了各自为政、秩序杂乱的局面，获得了行政权的真正统一，为上海市的统筹规划、有序开展市政建设奠定了基础。同时，根据《上海特别市暂行条例》，成立一处十局，即秘书处、财政局、工务局、公安局、卫生局、公用局、教育局、土地局、农工商局、公益局、港务局。至此，市政府的组织架构初步形成，城市发展的各个方面都有相关部门进行规划和落实。事实上，1927—1930 年，上述各局在市政建设方面的确做出了努力。例如，工务局在 1927 年新辟道路6 992米、1928 年8 537米、1929 年10 670米、1927—1929 年新建沟渠21 281米，修造桥梁 21 座，建筑码头 9 座；公安局则统一消防机关，重新编订门牌，使华界的市容市貌焕然一新。[②] 市政建设增加，市政府及各部门的开支相应地也会增多，表 3.1 是公安、教育、工务和财政四局 1927 年和 1930 年的开支情况。可以看出，增长最快的是教育局，增长了 2.6 倍，即使最慢的工务局也增长了 20%。

表 3.1　1927 年和 1930 年公安局、教育局、工务局和财政局的开支情况　单位：元

公安局	从 701 000 增至 1 544 000
教育局	从 293 000 增至 1 065 000

① 《国民政府代表蒋总司令训词》，《申报》1927 年 7 月 8 日。

② 郑祖安：《1927—1930 年上海市政府的新政措施》，载于洪泽：《上海研究论丛》第三辑——上海：通往世界之桥（上），上海社会科学院出版社 1989 年版，第 163 页。

续表

工务局	从 594 000 增至 715 000
财政局	从 165 000 增至 356 000

资料来源:徐雪筠等:《上海近代社会经济发展概况(1882—1931)——〈海关十年报告〉译编》,上海社会科学院出版社 1985 年版,第 296 页。

1929 年,上海特别市政府第 123 次会议通过的"大上海计划",使得在可以预见的将来,财政支出大幅度增加。这一点在上海市银行开幕典礼时,市长代表潘公展的答词中也得到证明,其中专门提到"俾将来市行基础日臻巩固,业务日益发展,以期先总理大上海计划之实现。此一点兄弟尤当代表市府极所企祷"。[①] 建设经费的增加必然会产生两个问题:一是资金从何而来;二是资金如何管理。政府收入通常的来源有三种:一为征税,二为发行债券,三为发行钞票。根据当时的情况,新政府初设,信用未固,发行钞券自会面临领用及流通等方面的障碍,并且尚未成立相关机构代为发行。通过增加税收自可筹集资金,并且经过调整和提高税率等措施,财政收支规模逐年扩大,但同时,对建设经费的迫切需求导致某些年度的财政资金依然入不敷出,如表 3.2 所示,四年中两年都入不敷出,同时,1929 年之后的财政收支规模出现大幅增加。

表 3.2　　上海市 1926—1930 年四个财政年度的收支状况　　单位:元

	收入	支出
1926—1927 年	3 476 341.01	3 360 831.71
1927—1928 年	3 817 484.81	3 962 812.56
1928—1929 年	6 251 375.08	6 009 003.15
1929—1930 年	7 203 372.81	7 551 066.39

资料来源:徐雪筠等:《上海近代社会经济发展概况(1882—1931)——〈海关十年报告〉译编》,上海社会科学院出版社 1985 年版,第 296 页。

由此可见,实施建设大上海的计划,发行债券是市政府的必然选择。

---

① 《上海市银行开幕》,《工商半月刊》1930 年第 4 期。

但是，与发行钞票一样，市民购买债券的积极性并不高，1929 年 10 月，300 万元市政公债的发行，至第二年 11 月还没有被全部认购。因此，筹建市政府所属的金融机构，以便筹措市政建设的资金，管理财政支出，经理市金库，调剂市属各机关的经费划拨，是新政府的当务之急。

关于设立上海市银行，当时执教于上海商科大学的王志莘在《银行周报》上发表了长篇文章——《创设上海特别市市立银行之建议》[1]，论述了设立上海市银行的理由，以及上海市银行应该采取的制度。

首先，关于低收入人群的生活问题。王指出，贫苦小民受高利贷盘剥，虽然政府出台法令予以制止，然而，经济现象以事实为背景，不会因一纸法令而见效。鉴于欧洲各国由政府出面，拨公款于当典或其他贫民贷款机构，限制其放款利息，同时扶助各种合作事业，为小工商业和农业融通资金。公益局曾提议筹设贫民贷借所，农工商局也提倡设立劳工银行、农民银行。因此，不如设立市银行，统筹规划，主持一切相关事宜。在开支方面，由于上海的工商业繁盛，消费机会更多，而市民加薪却相对不易，如若入不敷出则对社会秩序的安宁不益，所以应设立市银行，吸收市民的零星存款，以提倡民众节俭储蓄，并办理各种社会保险业务，为市民的生活提供保障。

其次，关于公共事业的开展问题。水电交通等公用事业，归政府所有，政府可以选择直接经营或提倡私人经营。前者需要市政府极信任的金融机构发行巨额公债，并主持还本付息等事宜；后者需要与市政府有直接关系的强有力的金融机构的接济通融。因此，无论选择何种方式，公共事业的推广都离不开市银行的设立。

再次，关于财政收支的管理问题。随着特别市的建立，市政府拓展了财政收入的途径，整理了捐税，获得了更多的资金；同时由于市政建设的开展，支出也随之增加。因此存放公款、办理市属各机关的缴款事宜、稽核公库、审查会计实属不易，如果由普通银行代理，无法直接监督管理，并

① 王志莘：《创设上海特别市市立银行之建议》，《银行周报》1925 年第 47 期。

且不便于调剂流通。所以,应该设立市银行集中管理财政,调剂金融。

最后,关于公有资产及公共团体的基金保管信托问题。鉴于地方公有资产有当地人士组织机关负责保管经理,市政府的资产亦应有相应机关负责处理,并且慈善机关、教育团体等其他公私团体的基金产业也属于市民公产,市政府应设立能直接监督的信托机关负责保管,以确保其安全。

综上所述,无论是当时的社会经济背景,还是市政府的需求,抑或金融专家的建议,都显示出上海市银行的设立是势在必行的。因此,市政府在1928年施政大纲的财政事项下,关于市营业一目中,明确了筹设市银行的计划①,1929年发行300万元市政公债,用途说明书中指出:"查银行为全市金融周转机关,既可辅助工商业之发展,复可谋市民之经济利益,尽上海一埠虽私立银行林立,而类皆集于租界特区,与本市居民诸多不便,况今华界市面日见发展,兹为周转金融,便利市民起见,自有积极创设市银行之必要,且设立银行亦属有利事业,其所生之利仍可为本市建设之需,故现拟尽先提存一百万元,以为设立市银行之基金。"②

二、上海市银行兴办的原因分析

(一)社会原因

基于上述历史背景,笔者认为兴办上海市银行有着包括人口、教育、城市建设、医疗卫生、工商实业发展等在内的深刻的社会、经济原因。

近代上海在开埠之后,逐渐成为经济活跃的港口城市,优越的地理位置促进了工商业发展的同时,相对舒适安定的生活环境和众多谋生机会吸引了大批的外来人口。到了20世纪20—30年代,民族工商业已经取得了长足的进步,外国在华企业也逐渐增加,因此,对劳动力的需求不断扩大。另一方面,上海稳定的社会环境,使得受到战争伤害的外地移民纷纷涌入上

---

① 《十七年度市政府施政大纲(续)》,《申报》1928年7月30日。

② 上海特别市市政公债用途说明书,上档Q61—1—9。

海，寻求庇护。1927 年至 1936 年，上海华界人口从1 503 922人增加到2 155 717人，增加了 43%以上，尤其是淞沪战争以后，增速明显加快。[①]

人口的骤然增加，给城市发展带来了很大的压力，首当其冲的是人们的居住和生活问题。近代上海人口的增加主要源于广大内地省市人口的迁入，即使华界，本籍人口在比重最大的 1929 年和 1932 年也只有28%。[②] 这些外来人口不仅在习俗文化方面需要时间去适应与磨合，而且值得注意的是，近代上海劳工（拉人力车、肩夫工人等）、佣工等低收入人口在总人口中的比例较大，仅劳工就从 1930 年的 5.54%增加到 1936 年的 7.35%，无业人口也始终在 15%以上。[③] 这一庞大的社会群体，在上海地价日渐昂贵，房荒加剧的情况下，其生存情况不言而喻。根据上海市社会局对 305 户工人家庭 1929 年 4 月至 1930 年 3 月的调查，住 1 间房的家庭占 47.6%，住两间房的占 42.6%，住 3 间及 3 间以上的仅占 9.8%，户均住房 1.65 间。其中，32%的家庭依然用井水或河水，89.8%的家庭仍使用煤油灯照明[④]，并且其中一半以上的家庭需要付利息，说明其收入不足以应付日常开支。有工资收入的工人尚且如此，劳工、佣工的生活状况就更不用说了。大部分贫苦移民靠搭建棚户或租赁陋屋栖身，因此，市区内出现了大片的棚户区，如：苏州河畔的潭子湾、朱家湾、潘家湾、药水弄（合称三湾一弄），浦东的烂泥渡，闸北的大洋桥、老旱桥，南市的肇家浜等[⑤]。上海特别市政府曾经予以关注，认为“草棚最易引火警，一有灾变，动辄焚烧数百家，其惨状不忍睹，并且居民生活水平太低，不讲卫生，春秋之季，更为酿成疫病之源，且无业游民，混杂其间，没有户籍门牌之编制，警士巡察匪易，关系公安，尤为重要，市政府计划筹建贫民住所，然市库支

---

① 《上海通志》，上海市地方志办公室网站：http://www.shtong.gov.cn/node2/node2247/node4564/node79123/node79137/userobject1ai103292.html。

② 邹依仁：《旧上海人口变迁的研究》，上海人民出版社 1980 年版，第 39 页。

③ 邹依仁：《旧上海人口变迁的研究》，上海人民出版社 1980 年版，第 106 页。

④ 上海市社会局：《上海市工人生活程度》，中华书局 1934 年版，第 55 页。

⑤ 陆兴龙：《对近代上海人口增长问题的思考》，《上海经济研究》1996 年第 4 期。

绌，一时难于实行，且发行公债的同时，贷款尤属不易。”①

其次，与人们就业密切相关的是教育问题。不同行业对教育水平的要求不同，相应的薪酬也相差悬殊。薪资较高的金融业职工，有相当比重是中小学毕业生出身，一些高级职员有大专文凭。② 而上述305户工人家庭，受教育不满1年的占到总数的60%，1—2年的占12.3%，3年的占11.8%，4年的占8.2%，累计达到92.3%。③ 与此同时，由于上海中小学学费昂贵，尤其是高小和中学的学费，所以送子女上中小学的也多为高收入家庭，这样就会产生马太效应，对中低收入阶层改善生活状况十分不利。受教育水平与薪资待遇明显的正相关关系也使得广大市民对教育资源的需求日益旺盛，因而，国民政府成立后对教育给予了一定的重视，并于1928年5月召开了第一次全国教育会议，改善上海市的教育状况也随之提上日程。因此，市政府需要对教育进行投资，上海市银行的建立在一定程度上有助于解决教育经费问题。

再次，资本主义的机器大生产对劳动力的使用几乎到了极限，医疗状况的提高成为城市发展的必要条件。近代上海工人患病后的就医途径有三种：一是到企业的医院或诊室，二是到企业的特约医院或诊所，三是到社会团体开设的慈善医疗机构，其中以第二种为主。④ 人口数量和劳动强度的增加，对医院的需求也相应增加，上海特别市政府于1927年成立卫生局，医疗、预防、公共卫生、妇幼卫生和学校卫生等工作随即展开。

最后，占上海人口一半以上的低收入群体的工作以及生活问题不能得到妥善的解决，会给社会稳定带来很多不利因素。一是他们的抗风险能力差，一旦生病旷工或遭到解雇，生存就受到威胁，上海市民自杀情况反映出无业者人数占自杀人数的一半以上，并且20—30岁的青年同样也

---

① 《借款兴筑贫民住所》，《申报》1930年2月21日。

② 樊卫国：《民国时期上海市民文化素质论略——以城市综合竞争力为中心》，载于朱荫贵等：《近代中国：经济与社会研究》，复旦大学出版社2006年版，第490页。

③ 上海市社会局：《上海市工人生活程度》，中华书局1934年版，第75页。

④ 宋钻友等：《上海工人生活研究(1843—1949)》，上海辞书出版社2011年版，第99页。

占一半以上，深刻地反映了当时的社会问题。[①] 二是由于物价上涨，特别是生活必需品上涨最烈，相当一部分工人连每日两顿米饭都不能吃饱[②]，因此，对资方的要求非常敏感，上海在 1928 年的 120 次罢工中，因为工资、雇佣和待遇的问题占到一半数量。[③] 由此可见，南京国民政府成立后，维持稳定的社会局面，解决好庞大的低收入群体问题是至关重要的，而上海市银行的成立将会助其一臂之力。

(二)经济原因

进入 20 世纪 30 年代，上海经济日益繁荣，上海成为近代中国的贸易中心，进入上海的货物来自世界各地，上海已经形成了同世界各地进行贸易的金融实力和国际汇兑能力。上海作为内外贸易的枢纽，向全国各地输出大量舶来品和上海机制品的同时，从广大内地吸收大批的土货，作为上海的工业原料并出口国外。1930 年，经上海出口的商品，45.2%出自内地；上海口岸进口的货物，29.5%转销内地。1933 年，上海外贸总额占世界 1.1%，贸易量超过香港、横滨等亚洲主要贸易港口，成为亚洲最重要的国际贸易港口之一。[④]

经过第一次世界大战的黄金时期，上海的工商业也得到了进一步发展，并涌现出荣宗敬、荣德生兄弟的申新企业集团，郭顺兄弟的永安企业集团，简照明、简照南兄弟的南洋烟草公司，刘鸿生的大中华火柴厂、章华毛纺织厂、上海水泥厂等大规模的民族企业。生产集中的现象开始出现，但是，小规模的工厂仍然占有很大的比重，1928 年，上海特别市社会局调查的1 307家工厂中，资本在 10 万元以下的工厂所占比重高达 95.2%，其中不满 1 万元的小工厂又占了一大半，而资本在 50 万元以上的只占总数的 2.6%。[⑤]

---

① 上海市政府秘书处：《上海市市政报告(1932—1934)》，汉文正楷印书局 1936 年版，第 80 页。

② 张仲礼：《近代上海城市研究》，上海人民出版社 1990 年版，第 797 页。

③ 柯柏年：《社会问题大纲》，上海南强书局 1933 年版，第 451 页。

④ 《上海通志》，上海市地方志办公室网站：http://www.shtong.gov.cn/node2/node2247/node4582/index.html。

⑤ 上海特别市社会局：《上海之工业》插页——1928 年上海各种工业资本分级表，转引自张仲礼：《近代上海城市研究》，上海人民出版社 1990 年版，第 144 页。

商业的繁荣集中体现在期货商品交易所的建立和扩展，如上海华商纱布交易所、中国机制面粉上海交易所等。与上海工商业蓬勃发展相匹配的是其金融中心地位的进一步巩固。随着贸易和工商业的发展，外资银行纷纷在沪设立机构，到1927年，在沪营业的外资银行达到31家之多。[①] 同时，国民政府奠都南京，原来北方的一些大型银行如中国银行、交通银行、盐业银行、金城银行、大陆银行和中国实业银行等也纷纷将总行迁沪，1934年6月底，上海的商业银行数量已经占全国的44%，实收资本、存款和放款分别占到72%、75%和76%以上[②]，曾经的财政金融中心——北京已经无法与上海同日而语。各类金融市场也相继活跃起来，其中，上海证券交易所和上海标金期货市场在远东地区影响甚远。

上海已成为近代中国的金融中心。著名的汇丰、花旗、麦加利等外商银行纷纷在上海设立分行，当时外商银行的数量已经超过东京及香港。1928年，中央银行在上海设立，中国银行和交通银行将总行迁至上海；大型的华商银行“南三行”“北四行”的总行以及众多的钱庄、小型私营银行和金融机构也集聚上海。上海作为远东金融中心，拥有银行业发展必备的专业人才、先进制度以及较为完善的市场。显然，上海金融业的发展为地方银行的设立和发展提供了良好的历史机遇和区域条件。

城市公共事业的开展是经济繁荣的结果，同时，完善的公共设施亦能为经济活动提供良好的发展环境；反之，则会阻碍城市的现代化进程。例如，近代上海由于依靠向发电厂购买电力的工厂和工场数量众多，形成了一个保持电费异常低廉的负荷系数，同时，低廉的电费，又促成了小规模机械化工业制造在私营厂家的流行，更重要的是，上海因此成为吸引各种形式的工业制造的场所。[③]

与经济发展相适应的城市配套设施在近代的上海却是另外一番景象。上海公用事业的产生是由于来沪外国人的增加，他们在西方工业国

---

① 丁日初：《上海近代经济史》，上海人民出版社1997年版，第93页。
② 黄鉴晖：《中国银行业史》，山西经济出版社1994年版，第157页。
③ 罗兹·墨菲：《上海——现代中国的钥匙》，上海人民出版社1986年版，第226、227页。

长期享受现代化的生活方式，对便捷的自来水、电力、煤气以及公共交通等已经习以为常，因此，他们“按照自己的面貌”在租界内“为自己创造出一个世界”。[①] 煤气公司、自来水公司、电气电话公司以及电车公司等均由英商率先创办，而最早的华商自来水公司已经是 24 年之后了。英商自来水公司日供水量逐年增加，供水范围扩展到法租界和华界部分地区，成为上海的主要供水单位。众所诸知，自来水属于自然垄断行业，与新增的华商供水企业竞争中应处于优势地位，然而 1931 年，英商自来水公司却借口“金贵银贱，不敷股息，节制浪用”等理由屡次要求加价，遂引起市民不满，引致纠纷。[②] 可见，华界当局如不尽力建设公共事业，在处理与租界的关系时，不免处于被动地位。又如，在公共交通方面，1929 年全市马路 496 公里，其中 75%在租界。外资的公交公司虽然也扩展到南市和闸北等地，但在郊区没有开辟任何公交线路。[③]

值得一提的是，公用事业的规划与执政当局的作用是分不开的，以公共交通为例，1924 年在华界地区第一家商办公共汽车企业——市北兴市公共汽车公司，由于缺乏沪北工巡捐局的支持，仅靠几个乡绅的力量支撑，最终由于资本不足，经济不充，而无法维持下去。[④] 租界内虽然电车公共汽车纵横辐辏，然则凌乱无序，究其原因，虽然上海独特的“三界四方”格局使得交通无法通盘计划，但是“交通企业类归商人，唯利是图，对于平民交通，绝不措意，而租界当局又无调剂之政策”[⑤]实为另一重要原因。不仅如此，上海的经济发展与基础设施建设的不协调，当时的市民也颇有感受，曾有学者撰文称：“住在上海的人，向来只有一个目的，就是发财。你看，号称中国最富足的上部，人口有二三百万，就只关税一项每年有二千多万两，占全国的三分之一尤强，连一个公园都没有，莫说博物院图书馆等等的设备。

---

① 《马克思恩格斯选集》第 1 卷，人民出版社 1973 年版，第 255 页。

② 《一年来之上海自来水》，《时事大观》1933 年。

③ 张仲礼：《近代上海城市研究》，上海人民出版社 1990 年版，第 505 页。

④ 陈文彬：《上海华界地区公共交通近代化述论（1908—1937）》，载于上海市档案馆：《上海档案史料研究》第二辑，上海三联出版社 2007 年版，第 125 页。

⑤ 谭伯英：《上海之交通》，《旅行杂志》1930 年第 1 号。

所以我说，上海人除发财之外，差不多没有别的思想。”①

三、上海市银行的设立

上海市财政局长徐桴鉴于“银行设备手续繁多，各种法规之审订，簿记之编制均非短时间所能集事，倘俟公债募集再行设计筹划，势必辗转需时，徒多延误”②，遂于1929年8月6日函请市政府成立上海市银行筹备处，提前办理相关事宜。随后市长命其担任筹备处主任，8月20日成立上海市银行筹备处，并聘请夏培德、朱镜宙、吴震修、陈柏、顾遹光、朱豪、沙临渊七人共同负责筹备工作，同时由市库垫借筹备金3 000元。经过数月的筹备，行屋选址租赁等事宜均已办理妥善，在上海市银行理事会成立后，筹备处将12月31日之前的一切事务缮造清册，交予理事会，宣告结束。

上海市银行于1930年2月17日在天津路66号举行开幕典礼。财政部次长张詠霓、两淮盐运使张席卿、海军总司令部参谋长任光宇等；商界钜子王一亭、王孝籁、陈潜庵、李馥荪、唐寿民、贝淞孙、徐寄庼等；市府参事秘书科长及各局局长，各银行公司重要职员等1 000余人莅临并祝贺。理事钱新之、胡孟嘉、秦润卿、姚詠白、徐桴，监事吴震修、俞鸿钧，总经理徐桴(圣禅)，经理顾遹光(逸农)，副经理陈柏(掌文)。总经理徐桴在致职员的训词中指出，上海市银行设立的要旨：“(一)集中市的富力；(二)统一市的财政；(三)调剂市的金融；(四)发展市的营业。各界暨全市民众之向该行存款者，异常拥挤，截至下午2时止，已有500余万。”③2月24日南市分行在民国路189号正式开幕，各界前往祝贺者如褚民谊、殷汝耕、虞洽卿、市政府俞秘书长、银钱界如陈潜庵等、商界如袁履登等600余人，车马闹喧，颇极一时之盛，当日存款者亦异常踊跃，约收足200余万

---

① 杨端六：《上海特别市》，《现代评论》1925年第11期。

② 上海市财政局为设市银行筹备处致上海市市长函，1929年8月6日。上档Q61—1—58。

③ 《上海市银行昨日开幕盛况》，《申报》1930年第2月18日。

元。[1] 虽然市银行的资本只有 100 万元，仅相当于广州市立银行 200 多万元之不到半数，而且在开业时仅收到市府 50 万元的拨款，但是，上海市银行所处之地理位置、经济环境是其他市立银行所不能比拟的，因此，其存款规模“远非其他市立银行所可望其项背”。[2]

这一阶段，上海市银行的业务分为普通银行业务和受上海市政府委托经营的业务。普通银行业务中，政府同样扮演了重要的角色。如图 3.1 所示，活期存款远远大于定期存款，原因在于，市政府的存款多来源于代理市库及保管财政收入的资金，大都需要随时支取，因此无法采用定期存款。而放款在 1932 年大幅增加，亦因为淞沪抗战导致市内多数区域惨遭破坏，亟待修复，因此贷予各市属部门款项。相比于普通银行业务，市银行受市政府委托经营的业务更具有地方银行的特色。上海市银行章程中的特种业务原本包括四项：经理市金库、代理市政府发行债票及还本付息、保管市属各机关或公共团体之财产及基金、办理贫民借本事项。

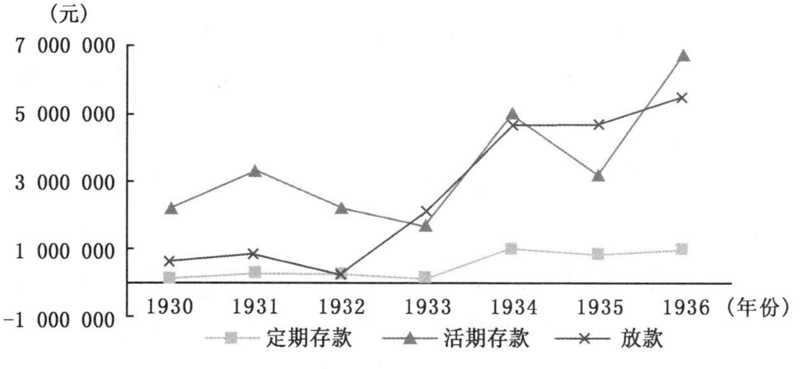

注：放款包括各种活期放款和定期抵押放款。

资料来源：笔者依据《银行周报》1931—1937 年的上海市银行营业报告整理绘制。

图 3.1　1930—1936 年上海市银行存放款情况

---

① 《市银行南市分行开幕》，《申报》1930 年 2 月 25 日。

② 徐学禹等：《地方银行概论》，福建省经济建设计划委员会出版，1941 年，第 110 页。

关于第一项,行政院认为,“经理市金库”与“国民政府迭次通令京外各机关所有公款应悉数存放中央银行相抵触”,应该删去。后虽经市财政局与市银行筹备处的讨论,将其改为“代理市金库出纳事宜”,但仍没有得到行政院的批准,最后只能删除。然而,市银行的经营表明,1931 年 7 月 1 日市金库成立以前,其出纳事宜仍然是由市银行代理。即使市金库成立后,由于市政建设随时需要增加资金,而市金库常常不能及时供给,因此经常需要向市银行透支。

关于第二项,1929 年市政府发行的 300 万元市政公债,到 1930 年 3 月,上海市市政公债基金保管委员会给市银行函件称,“上海特别市市政公债还本付息事宜业已委托中央银行、上海中国银行、上海交通银行经理在案,现今贵行业已开办,所有市政公债还本付息事宜,拟请参加经理其手续费为千分之一、二五即每千元一元二角五分”。① 1932 年 12 月发行的上海市灾区复兴公债 600 万元,由于本埠银行受到战争影响,经济拮据,未能承销,财政局长遂委托英商利安洋行承销,汇丰银行经理还本付息事宜。② 1934 年 7 月为发展大上海计划,发行的上海市政公债 350 万元,亦委托美商新丰洋行组织银团承销,中国银行经销,还本付息事宜由中国中央交通银行代理付款。③ 之所以与外商合作,根据市财政局长的解释,主要为了利用外资,外商承销后将来投资公债的外商必占大多数。至于委托中国中央交通三家银行代理还本付息事宜,是为了监督公债基金不被挪用,委托国债基金管理委员会保管,后者指定的银行正是这三家。因此,上海市银行未能代理该项业务。但 1934 年发行公债募集的资金却由上海市银行保管④,可见,上海市政府对上海市银行的支持是不可否认的。

关于后两项业务,上海市银行经营得有声有色。例如,1930 年与上

---

① 上海市市政公债基金保管委员会给上海市银行函,1930 年 3 月 31 日。上档 Q61—1—1。

② 《本市复兴公债归英商承销》,《申报》1932 年 11 月 17 日。

③ 《上海市政公债准十七日开始认购》,《申报》1934 年 7 月 15 日。

④ 上海市银行理事会第 57 次会议,1934 年 7 月 26 日。上档 Q61—1—278。

海特别市米粮评价委员会合作，收付及代垫米款，平抑米价。① 代理上海市筹赈东北水灾委员会、上海各界赈济战地灾民慰劳前方将士筹募会、筹募黄河水灾急赈联合会等慈善团体经收捐款，及时给予市属各机关资金支持，用以添造轮渡，修筑码头，添购户籍瓷牌，建筑校舍，添建平民住所。

四、上海市银行的发展

从总体来看，上海市银行的业务在战前开展顺利，经营得力，主要体现在：第一，九江、昆明等地方财政局筹建地方银行时均请求借鉴上海市银行的经验，甘肃平市官钱总局为筹设贫民小本借贷处请上海市银行予以指导，足见其经营状况良好，为其他地方银行树立了典范。第二，分支机构的设立和规模的扩大。除南市分行外，1930 年 9 月在闸北设立办事处，并于第二年改为市中心支行，1934 年 1 月成立西门支行。5 年内设立 4 处分支机构，在沪市众多银行的竞争中，扩张速度较快。同时，由于上海市银行自创办以来，业务方面，极为发达，1932 年因扩充范围起见，向市政会议提出，议决“增加资本五百万元，以三百万元招商股，二百万元由市金库拨出……不久即实行开办信托储蓄两部扩充业务”。② 增设信托部后，由于原有房屋不敷应用，于 1933 年 3 月 23 日迁至天津路 24 号新屋营业，原定增加资本 300 万元，并极愿招募商股，但由于市况凋敝，招股困难，因此，先由市府拨定官股 150 万元，先行扩充，俟市场安定金融情况转佳，再筹募商股。③ 可见，上海市银行不论在营业内容还是经营范围，都有所扩大，足见其发展顺利。第三，上海市银行的营业报告表明，历年营业均有盈余，并且存放款业务也呈现增长趋势，其间由于受到“一·二八”淞沪抗战的影响，存放款及纯利有所下降，但未影响之后的进展，如图 3.1、图 3.2 所示。

---

① 上海市银行关于米粮平价案文件，1930 年 4—9 月。上档 Q61—1—4。

② 《上海市银行扩充资金》，《银行周报》1933 年第 5 期。

③ 《上海市银行迁入新屋》，《银行周报》，1933 年第 12 期。

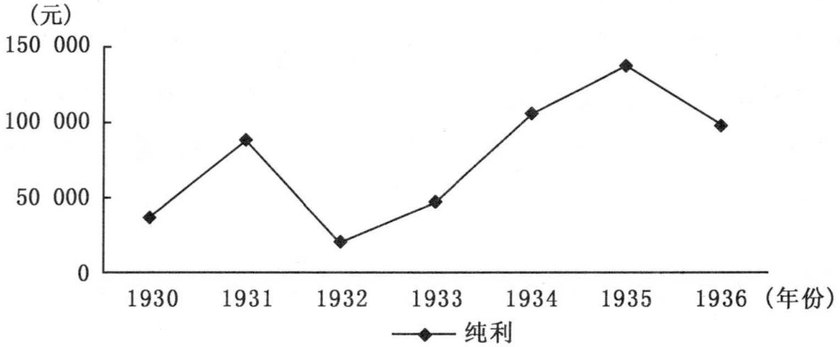

资料来源:依据《银行周报》1931—1937年的上海市银行营业报告整理绘制。

图3.2　1930—1936年上海市银行盈利(纯利)情况

虽然上海市银行与其他地方银行相比,各方面都名列前茅,但是,与沪上其他著名私营商业银行相比,差距还很大,如表3.3所示,国家银行盈余为最多,其次为私营银行,上海市银行作为地方银行,盈余水平并不算高。究其原因,第一,毕竟其成立时间较短,经验不足,信用未固,并且资本不甚雄厚,无法与广设分支机构、已经积累了丰富经验与资本的商业银行相比,更不能与国家垄断金融体系中的某些银行相提并论。第二,上海市银行的微利经营亦表明,追逐利润不是其唯一目标。1932年12月22日,据《申报》记载,"本市市银行前日于上年度结算盈余项下,提拨洋四万元,送交市政,市政府以该银行虽受战事影响,而尚有盈余可提,足见办事忠贞,经营得力"[①],而其当年纯益仅108 200余元[②],反映了地方银行因其特殊的性质,牺牲了部分经济利益。

表3.3　　1930—1935年上海市各银行盈余状况　　(单位:千元)

名称＼年份	1930	1931	1932	1933	1934	1935
中国		1 500	1 400	830	877	
上海	680	840	860	830	1 000	761

① 《市银行盈余提拨市府四万元》,《申报》1932年12月31日。

② 上海市银行理事会第39次会议,1932年12月22日。上档Q61—1—277。

续表

名称＼年份	1930	1931	1932	1933	1934	1935
中南	600	600	600	600	600	
盐业	360	290	230			548.8
垦业	320	350	200	300	220	160
四明	450	320	420	400	400	
中孚	175	190	320	240	240	238.8
永亨	100	100	60	90	85	
上海市	37	88	21	47	106	137

资料来源：各年《申报》《银行周报》及上海档案馆藏之上海市银行档案。[①]

综上所述，这一阶段虽然国内战争不断，但相对于之前的北洋政府时期和之后的抗日战争时期，已经较为安定，各项经济金融事业逐渐繁荣，上海市银行也获得了难得的发展机会。在理事会的带领下，审慎经营，有序扩张，每年均有盈余，凭借优越的地理位置，存放款规模远高于其他市立银行。然而，相对于国家银行和某些商业银行，虽然有市政府的支持，但市政建设的资金相比经济运行中的资金，可谓九牛一毛，并且多系临时保管性质，所以，其规模和收益无法同日而语。上海市银行凭借其特殊的性质，竭力配合市属各机关和公共团体，在市政建设和公益事业方面发挥的作用是不能忽视的。

第二节　上海市银行的停业与复业

一、停业与复业经过

1937 年 8 月 13 日，淞沪战役爆发，全国兵力向上海集中，与日军发

① 《十九年度各银行盈余概况》，《申报》1931 年 1 月 11 日；《民国二十年份银行盈余概况》，《申报》1932 年 1 月 8 日；《民国二十一年份上海各银行决算盈余表》，《申报》1933 年 1 月 7 日；《去年度本埠各银行决算盈余报告》，《银行周报》1934 年第 1 期；《二十三年份沪各银行盈余调查》，《申报》1935 年 1 月 6 日；《二十四年份各银行盈余报告》，《申报》1936 年 1 月 10 日。

生激烈会战。沪上各业遭此劫难，学校停课、工厂停工、影戏院停业，多处房屋被炸毁，平民死伤无数。11 月 12 日，上海沦陷。会战期间，146 家华商工厂迁往重庆，360 家华商机器厂毁于战火，占总数的 63.2%，至 12 月 1 日，迁往武汉 123 家，工人约1 500人。11 月 28 日日本强行接收由交通部设于上海租界内的上海电报局和广播电台、上海各无线电报房、上海新闻检查所。[①] 上海市银行的业务也深受影响，不得不进行人事紧缩，薪俸打折以及车马交际费不支给。[②] 然而，12 月 18 日，上海市银行突接伪大道市政府训令，以该行系市有财产，派伪经理前来接收，20 日复由伪经理委派伪员两人来行实行接收手续，因事出仓卒，市银行一面以理由欠缺，手续错误，对伪员严峻拒绝移交，后者临去虽以违命抗交，应用武力押交相恫吓，市银行亦未稍怯，同时向市政府和理事会报告，因预料伪市府经此打击，决不肯中止接收，便请求法租界当局严密保护。[③]

伪市府于 1938 年 1 月 22 日派日人 4 名，汉奸 8 名，在行外还有便衣浪人约三四十名，密围四周，到行劝交，大有不达到接收目的，决不罢休之势。上海市银行一面令行员处以镇定，一面电告法租界当局，瞬间，正副探长，皆率武装巡捕 10 余名，先后到行保护，相持约一旬钟余，伪员强项，不肯退出。未几法当局又到坦克车 1 辆，机枪对准行门，形势颇为严重，嗣又奉电令如伪方蛮横，准相机开枪，经该探长转达各伪员日人暨伪经理，遂先乘机离行，其余尚咆哮不休，相持复三四十分钟。经过此次事件后，1 月 27 日，市长电谕“如再来侵，宁停业迁汉”，并由理事秦润卿和兴业信托社董事长徐新六咨询中中交在沪各当局意见，二者一致，遂决定奉谕迁汉。“惟时适逼近农历年关，若即宣告停止收付，恐牵动金融市面，议以渡过此关，再实行迁汉，尤于本市商民获益匪细，故延至一月三十日，即农历大除夕，办理结束。并于二月三日登上海各报公告……”。[④] 停业

---

① 《上海通志》，上海市地方志办公室网站：http://www.shtong.gov.cn/node2/node2247/node4561/index.html。

② 上档 Q61—1—307。

③ 呈报本行自八一三经过情形及遵谕迁汉缘由。上档 Q61—1—288。

④ 呈报本行自八一三经过情形及遵谕迁汉缘由。上档 Q61—1—288。

后，上海市银行陆续发还各户存款，并派保管员专责保管账册案卷，因此，沦陷时期未被敌伪接收。1939 年 7 月，上海市银行及兴业信托社全部资产经中中交农四行委托银行业联合准备会代为接收。①

抗战胜利后，上海市政府训令筹备上海市银行复业，并指定周炜方为总经理，在重庆即开始筹备。1945 年 9 月，周炜方总经理抵沪，在伪复兴银行成立筹备处开始着手编订章则、规程、账册、表报、择定行址、遴选行员等，经过半个月的积极筹备，于 9 月 27 日正式在九江路 50 号复业。②业经致贺者计有钱大钧市长、吴国桢副市长、沈士华秘书长、市府各局处主管、陈特派员、范秘书长、丁总税务司，四行两局长和经副理、地方协会会长，市商会王主席，暨各界领袖徐寄庼、秦润卿、顾嘉棠等数百人，由周炜方总经理，朱慎微副总经理等亲自招待，一时九江路上车水马龙，盛况空前，当日存款总数额达法币数万万元。③

然而，上海市银行虽然恢复营业，但复业并不顺利，国民政府财政部为施行国家垄断金融，竟饬令上海市银行办理结束。1946 年 2 月 4 日，上海市政府、上海市财政局为上海市银行应否继续设立事致上海市银行函称：前奉市府交下财政部电以奉宋院长谕上海市银行无设立必要，嘱转饬该行办理结束等由。而市政府认为“上海市银行创立有年，原代市库，自经敌寇侵扰，业务停顿，原有之债权债务无法理楚，经已八年之久，本府成立以后，一面为奠定自治财政基础，一面为清理以前市行未了事宜，随即着令复业，仍责继续代理市库，迭经电陈贵部在案，窃按各省均有省银行之设立，而中央对于县银行亦正在奖励筹设之中，良似调剂地方金融，扶助经济建设，开发生产事业，诸大端均不可无一主管金融机构负责策进，今该行既系原有组织，对于上海市情自较娴熟，着令继续办理上项任

---

① 中中交农四银行关于由银行业联合准备会接收上海市银行全部资产送的函件，1939 年 7 月 13 日。上档 Q61—1—336。

② 上海市银行复业后第 1 次董事监察人联席会议，1946 年 1 月 18 日。上档 Q61—1—388。

③ 上海市银行为呈报开业事致中央社及各报社函，1945 年 9 月 27 日。上档 Q61—1—357。

务自可事半功倍,且本市范围较大,收付亦钜,以视其他省县其重要奚可比拟,今复业已有四月,一切业务亦已具有规模,如果忽令停闭,不但攸关政府威信,本市金融亦将受其影响,拟请参照省银行条例县银行法准其继续存在,以谋恢复本市繁荣,将来有关省县银行之现行法律如有修改变更时,当随同一并办理"。[①] 在市政府言辞恳切、据理力争的努力下,财政部最终批准了市银行的申请。

上海市银行原计划资本定为国币1亿元分为1万股,由上海市政府认定半数,其余向上海市市民或法团招募之,在商股未募足前,所有资本暂由市政府一次拨足先行营业。但是,根据《县银行法》的规定,县银行由县政府以县乡镇之公款与人民合资,因此,上海市银行不得不先招募商股,然而,在1945年,通货膨胀已经十分明显,投机活动盛行,鲜有人愿意从事长期投资,市银行的商股也就无人问津。后来,在上海市银行的第五次董事监察人联席会议上报告:本行章程系根据县银行法及公司法股份有限公司之规定釐订,兹为符合上项贰种法规并迅速处理注册登记事宜起见,经决定由聘任之14位董监事每位认股10股,各10万元,共140万元作为商股[②],其余9 860万元内,5 000万元系市府官股,由市府派任的4位董监代表,4 860万元作为市府垫付之商股,由财政局长代表,均已呈报市府,各董监认缴之商股股款亦经由本行暂行垫付收入股本账,容将股款收据寄上。至此,上海市政府通过变相的运用资金,表面上满足了县银行法的规定,实际上上海市银行的资本仍然全部来自市政府,市银行的董事长仍然跟着财政局长换了三任,其性质与20世纪30年代相同,都属于地方政府的附属机构。

二、复业后业务经营概况

复业后上海市银行官方色彩更加浓厚,一方面由于获得了市库的代

---

① 上海市政府、上海市财政局为上海市银行应否继续设立事致上海市银行函令,1946年2月4日,上档Q61—1—417。

② 事实上,商股的资金也全部由市财政局垫付。

理权，在资金来源增加的同时，也必须为征集税收增加支出，同时，在全面通货膨胀的形势下，上海市政府及各机关对透支放款的需求也相应增加，给上海市银行造成了一定的负担；另一方面，上海市银行在公共和公益事业方面的努力并没有中断，一如既往地支持教育、医疗，为失业工人、遭遇房荒的市民等举办低利贷款，配合慈善团体救助灾民，为战后城市环境和社会局面的稳定发挥了一定的作用。

首先，从存款方面看，公库存款一直在存款总额中比例最大，1946年3月15日止公库存款占总存款的48.4％，之后逐步上升，1946年6月18日为79.4％，12月23日为80.5％，1947年2月19日为76.9％，8月中旬为79.32％。[①]从放款方面看，复业初期虽然有一部分工商事业放款，但限于国家的政策，1946年6月的董监联席会议上，董事长报告称“本行自市府奉令改组，诚恐政策方面或有变动，经即嘱令暂停对外放款，至存款及公库则仍照常办理”[②]，此后，工商业放款逐渐减少，仍以市府所属机关以及公营事业为主。代理市公库的优缺点，上海市银行在1946年下半年的盈余概算表的说明部分清楚地呈现了出来，代理市公库虽然能够获得大量的存款，并且市府直属各行政机关之存款不计息，但“本行代理市公库，专设公库课主办其事，并为便利市民纳税起见，于本市各处设立收款处二十九处，专收税款，分布全市，日夜服务，公库课及各处收款员共达九十余名之多，占全行人数百分之五十强，其他如会计出纳人员亦大半专为公库而增加，故本行开支费用较一般银行略钜”。[③]由此看出，上海市银行主要还是为市政府财政服务，这一职能耗费了市银行大部分的开支。

其次，复业后的上海市银行虽然资本实际上同样全部来自市政府，但与抗战前有一个明显的区别。战前关于收益部分仅在章程中规定“本银

① 上海市银行复业后历次董事监察人会议记录。上档Q61—1—388。

② 上海市银行复业后第3次董事监察人联席会议记录，1946年6月18日。上档Q61—1—387。

③ 上海市银行1946年下半年度岁出岁入预算表。上档Q61—1—931。

行于每年纯益项下提百分之三十以上为公积金余由理事会取决之”[①]。1935年7月，市政府想在市银行盈余内除公积金外划拨政府之营业纯益，市银行董事会议决“银行纯益金分配除必须提出法定公积金外，再应提备抵呆账及亏耗等，以资抵补，故于本行盈余项下划拨政府营业纯益一节，殊感困难，应函请财政局呈请市府转呈中央准予缓议”。[②] 故每年的盈利除提取公积金及开办费营业用器具等之外，余均列入盈余滚存，俟下年合并办理。显然，市银行的盈亏与市政府没有直接的关系。然而，复业后，市银行变成了股份有限公司的性质。章程中明确规定，“本银行年度决算如有盈余除提百分之二十为法定公积金，百分之十为特别公积金外，应提公股息八厘，商股息一份，其余额照左列百分比例分配之：一、股东红利百分之五十……”，接着在1946年下半年的盈亏拨补表中赫然出现了资本之官息，备考中注明本行公股资本1亿元，按照本行章程三十条之规定公股息年息八厘合计4 000 000元，并且政府分得全部红利76 000 000元。由此可见，复业后的上海市银行与上海市政府的关系更加紧密，成为真正的利益共同体，一荣俱荣一损俱损。这同时也解释了市银行在管理市公库方面的尽心尽力，耗费大量的开支费用也在所不辞的原因了。

最后，上海市银行也在努力地服务市民，辅助市政建设。教育方面，自1946年上半年起，市银行每半年举办教育贷金一次，每次斟酌各公私学校收费标准釐订办法，给予大学生、中学生及小学生1 000余名教育贷金。[③] 其利率相当优厚，在恶性通货膨胀的1948年月息仅为1分，而在1946年市府直属机关的借款利率就已经达到月息2分了。民生方面，民国1947年，“案奉上海市政府十一月二十七日沪会字第……号训令：以本市三十六年度冬令救济事业亟待展开，所需救济费用迫切，着由该行捐助五十亿元，仰即迅速遵办具报等因，奉此自应遵办，除开立转账支付书照

① 上海市银行章程。上档Q61—1—10。

② 上海市银行理事会第67次会议，1935年7月25日。上档Q61—1—278。

③ 上海市银行董事会第10次董事监察人联席会议记录，1948年5月31日。上档Q61—1—388(3)。

数转入上海市冬令救济委员会甲活存户账内并呈报外，函请查照备案”。[①] 1948年，又奉市长手谕，由市银行拨捐清寒学生贷金500亿元，救济委员会基金200亿元，慰劳军队费用140亿元，总计国币840亿元。同年，市参议会由于经费有限，无法筹款，将中奖的房屋作价国币140亿元转售与上海市银行作为资产，并请将该房屋仍租与市参议会使用，上海市银行遂饬该行信托部办理收屋暨与参议会洽订租约各手续。[②]

三、通货膨胀对上海市银行的影响

(一)通货膨胀影响银行职能的发挥

全面抗战前，上海市银行曾经采购洋米，平抑米价，避免米价高涨引起的民食恐慌。战后，物价的高涨并非偶发于某一领域，而是持续全面的通货膨胀，上海市银行自己也势单力薄，无可奈何。此外，公共基础设施建设要求长期的贷款支持，需要稳定的、可以预期的外部环境，因此，曾经贷给工务局支持市轮渡码头建设，为期3年的大额款项，在战后通胀的情况下也不可能再有。再者，通胀使得市库款项也不断缩水，在没有巨额工程项目的情况下，公库存款已经不敷应用。1948年8月，市银行鉴于“本市财政呈现困难，公库存款日有减少，此后或有逾支之虞，而最近有关市政贷款总额已超过公库存款一倍有奇，实足以影响本行吸收一般存款数千亿资金之运用，兹拟以公库存款限于市政贷款，一般存款限于事务贷款，藉使界限划分专款运用”。[③] 上海市银行本应弥补市场的失灵，投资于风险相对较高、收益相对较低，但对经济发展有益的领域，战后却事与愿违。上海市银行针对生产事业制订专门的放款办法，并指明“本办法中所称之生产事业系指对国计民生有关之工厂而言，凡涉有奢侈性质者不

---

① 上海市银行第9次董事监察人联席会议议程。上档Q61—1—388(3)。

② 上海市银行董事会第11次董事监察人联席会议记录，1948年8月31日。上档Q61—1—388(3)。

③ 上海市银行董事会第11次董事监察人联席会议记录，1948年8月31日。上档Q61—1—388(3)。

在此例”,可见,上海市银行依然想承担其应尽的责任,但是,受到时局环境的影响,期限不得不缩短,贴现放款期限最长为30天不得展期,透支放款和抵押放款期限最长不得超过2个月。[①]

(二)通货膨胀对银行自身经营的严重影响

战前,市银行除市中心区之外,只有南市分行、西门支行和闸北办事处三个网点,行务也开展得有声有色,复业后不到4年的时间,就陆续成立了11个办事处,关于办事处的地址、成立时间的讨论成了董监联席会议的例行任务。究其原因,一是诚如董事会记载 ,为适应地方需要便利税收起见,在上海市开设多数办事处组成公库网。二是在严重的通货膨胀下,各种票据收付、资金周转更加频繁,需要增加网点来分流,同时鉴于游资热衷投机事业,商业银行通过提高利率吸引存款,而市银行则通过广设机构,以期推进。三是在物价飞涨的情况下,市府机关的员工也深受其害,需要上海市银行额外补贴生活费用。1948年7月7日上海市财政局通告:“查本市各机关七月份员工生活补助费拨款书业经本局依照六月份拨发标准,按指数四十二万倍计算办理完竣,除将拨款书命令联送由上海市银行代理市公库分别转账外,兹规定各民众学校自七月九日起发领,国民学校自七月十日起发领,各局处及其附属机关暨各社教机关及中等学校自七月十二日起发领,届时各单位可向本局市库科洽领,特此通告周知”。[②] 因此,上海市银行也需要多处网点来配合市政府非常时期的额外需要。

上海市银行的员工也同样遭遇物价腾涨的损害,市银行为员工考虑不得不增加开支。1946年,市银行于1月31日农历1945年岁末,“以借支性质发给全体员工按一月份薪津总额半数,合计国币四百二十四万二千元,原拟于三月份发付薪津时,原数扣回,旋以沪地物价顷涨无已,员工每月收入确难维持生活,为□[③]起见,经决定准免扣,将该款国币四亿二

---

① 上海市银行1946年下期放款暂行办法。上档Q61—1—445。

② 《上海市财政局通告》,《上海市政府公报》1948年第9卷,第3期。

③ 原信件不清晰。

十四万二千元整付入各项费用账科目项下”。[①] 同年 5 月底，上海市银行关系科长呈请总经理称“窃查迩来生活愈趋高涨，本行员工感受威胁困苦殊甚，为使安心工作，亟需酌予救济，查中中交农江苏暨四小行等银行均在四月或五月份加发薪津一个月，本行拟援例在五月份加发夏季添置付账医药费津贴一个月，以示体恤而资鼓励，并拟规定凡五月份上旬到差者发半个月……是否有当伏乞迅赐核示遵行”。[②] 经稽核处调查四行二局及江苏银行均于 4 月或 5 月增发薪津 1 个月，市银行也援例办理以示体恤。1949 年，上海市银行“为时局动荡不定，转瞬青黄不接，深恐粮食购买困难，为备荒应变以供全体员工膳食需要起见，特于二月初先后向富国建业公司订购食米二千七百石(每石价七千五百元)，又于二月十四日向鸿丰面粉厂订购面粉三千包(每包三千七百五十元)，惟富国建业公司之食米因该公司仓地狭小，时近梅季恐易蛀坏，除拟陆续提回乙千七百石外，其余乙千石经与该公司洽定仍存放于该公司，准其自由运用，而由该公司提供担保品，计与该项食米一千石等值……如遇将来米粮来源不继或其他原因致该公司无法缴米时，则将上项担保品没收作抵，无论两者时值涨落如何，双方不再找补，此项办法业经本行与该公司议定，并由该公司以书面函复照办存卷，至所购面粉三千包系属栈单则仍存于该厂”。[③]

(三)通货膨胀致使银行正常业务受到抑制

由于通货膨胀的原因，上海市银行的业务表面上数额很大，实际却不及战前。1945 年，上海市银行的存款为402.906 7万元，纯益13.697 8万元，1947 年 6 月底，存款额约为 406 亿元，盈余月计 10 余亿元[④]，根据上海基要商品趸售物价指数折算后，存款仅相当于 1937 年的 135.7 万元，即相当于战前的约三分之一，盈余也在四分之一至三分之一之间。并且，

① 上档 Q61—1—387。

② 上档 Q61—1—387。

③ 上海市银行第 13 次董事监察人联席会议记录，1949 年 4 月 4 日。上档 Q61—1—388。

④ 上海市银行复业后第 7 次董事监察人联席会议记录，1947 年 6 月 30 日。上档 Q61—1—388。

战后存款以活期为主，1946 年上半年，活期存款达到定期存款的将近 30 倍，因此，放款业务也受到极大的影响。不仅如此，为推进存款业务，上海市银行的业务方针要求注重宣传多登广告。因此，复业后的市银行认购了商报社、金融导报、金融日报、中国经济通讯社等媒体大量的股款，资金占用颇钜。通货膨胀之根源系国民政府大量发行纸币之故，此举不但洗劫了人民大众，省市银行及商业银行的资本也急剧缩水，而且极大地抑制了正常开展业务，使得包括上海市银行在内的各地方银行谨小慎微，惶惶不可终日。

1949 年 5 月底，上海解放，上海市银行被中国人民解放军军事管制委员会接收和清理，其办公地址、业务和员工归入人民银行上海分行。上海市银行这一地方政府创办的金融机构，从此消失，但其所发挥的职能并没有随之消亡，例如，代理市金库的业务即由人民银行上海分行继续经营。

第三节　上海市银行的作用和特征分析

一、设立上海市银行的作用

从上述历史分析，我们知道，上海市银行从设立到消失，中间因抗战而中断数年，因此，只存在短短的十几年。然而，在这十几年中能够正常运营，并留下了完整的文献资料，有助于我们挖掘和研究。

上海市银行作为地方银行之一，其演变路径是地方银行的一个典型。与国民政府大多数地方银行一样，它的产生和发展是诱致性制度变迁与强制性制度变迁相结合的产物。

如前所述，20 世纪 20—30 年代的上海，急剧增加的人口数量带来了众多的社会问题；与此同时，日益繁荣的经济及贸易，对城市的硬件环境也提出了更高的要求，而华界在水、电、煤及公共交通等方面却与租界差距较大，亟待改善。因此，建立上海市银行的诱因是针对公共品供给长期滞后、交易费用高等不利因素所导致的低效率现象，其设立不仅是上海市政府追求租金最大化的意愿，弥补公共品提供不足的制度缺陷，而且也有利于借助自身的商业性运作，减少借贷于商业银行所浪费的交易成本。

上海市银行设立的作用在于：首先，上海市政府选择其他银行存在搜寻成本和运营风险，因为市政府不能了解银行内部的状况，只能选择信誉卓著、经营稳健的银行来管理地方的资金；而达到这一要求的银行必然已经有其经营特色，抑或以工商业为主，抑或专注于工矿业等，但对管理政府的财政收支缺乏经验。所以，不如市政府自己举办地方银行进行运营和管理。其次，上海市银行作为市政府的附属机关，市政府对其经营状况了如指掌，便于监管；同时，各种金融服务的费用转移到政府机构内部，可以实现潜在的外部利润，从而间接地增加市政府的收入。再次，上海市银行的总经理由市财政局长兼任，后者对市政建设与府属各机关应该发挥的作用、财政开支的有效运用和城市建设规划等信息，具有先天的优势，在与各部门往来中节省了沟通的时间和成本。最后，政府的财政状况不便于向外界透漏，而对于商办银行，尽可能地掌握客户信息，以降低不确定性是必须的。因此，上海市政府通过"量身定做"的自办银行，能完全符合自身的要求，并且能够节约搜寻、沟通以及监督等成本。

上海市银行是市政府创办的金融机构，主要使命是为支持市政府财政和提供社会公共产品而服务的。市政府借助强大的垄断资源，将通过外部金融市场的交易转移到机构内部完成，实现外部性内在化，使市场产生的搜寻、运营、沟通以及监督等一系列交易成本大大降低，以获取"潜在的外部利润"；更为重要的作用是在发挥积极的财政金融职能、提供更多的公共产品、促进城市基础建设、支持教育卫生事业以及救济民生等方面具有明显的功效。尤其是上海市银行作为当时市政府主办的附属金融机构，在协助政府推行财政和金融政策时，充当了重要的角色。

二、上海市银行前后两阶段的历史特征

上海市银行在全面抗战之前和抗战胜利之后两个阶段的特征，主要

表现在以下几个方面：

第一，全面抗战前，政府对市银行的训令较少，与市银行往来的多为府属各机关，即由市政府训令各部门具体的建设任务，后者自行筹款时与市银行商借，因此，在资金拨付上，上海市银行可以根据自身利益权衡利弊。1932 年 12 月，工务局奉市长谕以江湾灾区建屋需款，拟向市银行商借洋 4 万元，由财局担保，以所售赛马奖券救济灾区之款作抵。[①] 有担保有抵押，市银行利益有足够的保障。因此，战前上海市银行能更多地为自身的利益而运营。相对而言，战后，上海市银行贷予市府及市财政局的免息借款颇多，又因为是政府训令，市银行只好照借。这里仅举两个案例。一是 1948 年 8 月，根据财政局呈市政府函称"本市各机关八月份生活补助费现按七月份指数 160 倍亿计算拨发，计需二万五千余亿元，除多方筹借外尚差五千六百亿元"[②]，市政府训令市银行垫借。二是市政府直接设立免息透支账户，1948 年 10 月市政府来函称："据本府总务处签称，查本处前以经费有限，临时遇有紧急垫支辄感难以应付，经于三月四日签呈，奉准向市银行透支国币三亿元留存 10 号户内，备做不时之需，兹以该项透支契约业于八月二十四日满期，而本处应垫各项款仍时有增加，旧订三亿元仅折金圆一百元，事实上颇难为用，拟请准予再向市银行另订新约，在本处 10 号户内透借金圆券一千元，仍按前列免利息，俾应急需。"[③]银行凭借存放利率的差异而获利，因此，这种情况在其他商业银行中是不可能发生的。更有甚者，市财政局直接将资金成本转嫁于市银行，1948 年市财政局为发放各单位 11 月份俸给，向市银行免息借款 300 万元，市银行将其向中央银行转抵押，应付利息 2 分 4 厘，反而由市银行负担[④]，显然市银行为政府财政利益牺牲了自身的盈利。

第二，战前市政建设项目居多，战后与维持政府机构正常运作有关的

---

① 上海市银行理事会第 39 次会议，1932 年 12 月 22 日。上档 Q61—1—277。

② 上海市银行常务董事会第 43 次会议记录，1948 年 8 月 19 日。上档 Q61—1—814。

③ 上海市银行常务董事会第 45 次会议记录，1948 年 10 月 4 日。上档 Q61—1—814。

④ 上海市银行常务董事会第 49 次会议记录，1948 年 11 月 25 日。上档 Q61—1—815。

业务骤然增加。战前，政局稳定，税收逐年增加，建设事业有序展开，在诱致性制度变迁下，上海市银行支持的建造市轮渡、修筑塘工、添建平民住所等项目皆进行顺利。然而，战后，在强制性制度变迁下，为便利市民纳税起见，在全市开设 11 个办事处组成公库网，配合政府工作，市政府成立了市府员工福利委员会，原计划提高市府员工生活水平，却给市银行造成了负担。市府员工福利委员会 1948 年 11 月 27 日呈市政府的函称"本会成立以远，迄无固定基金筹设本府大厦暨社会教育地政民政等局员工食堂，仅赖向市银行临时贷款维持业务，积欠该行达十万元，若不设法开源，不特以前欠款无可归偿，即以后本会经费亦难为继"，遂由市政府训令市银行贷与该会 20 万元，交市银行信托部放款生息，以此归偿市银行本金并拨充该会经费。[①] 可见，上海市银行在战前与战后的制度变迁明显不同。

第三，战前，市政府很少干预银行业务，市银行有更多的话语权，而在战后，市政府强制市银行及各机关执行《上海市政府所属各机关向市银行借款办法》。1931 年 8 月，市政府训令市银行董事会每月举行检查报告一次，而市银行认为"能得市府每月向本行检查，本会固极欢迎，惟本行设有监事会，此事系其职权，如再请市府检查似与该会冲突"[②]，由徐理事面商市长办理。战后，不仅市府直属机关需要得到政府指令，市银行才能放款，并且附属各机关也必须转呈市政府指令市银行办理[③]。1947 年 12 月，市银行贷与上海市杨思中学的校舍建筑费，由于未呈请市政府，其后在市银行向市政府备案时，后者回复："事前未据该局（教育局）转请核准，已属不合，而本府所属各机关向该行贷款办法，又经迭令该行饬遵在案，所请备案一节，碍难照准。"[④]战后，市政府对市银行业务的强制性干预程度可见一斑。

---

① 上海市银行常务董事会第 51 次会议记录，1948 年 12 月 24 日。上档 Q61—1—815。

② 上海市银行理事会第 24 次会议，1931 年 8 月 20 日。上档 Q61—1—276。

③ 《上海市政府各机关向上海市银行借款办法》，1946 年 11 月 18 日。上档 Q61—1—445。

④ 据呈报贷放杨思中学二一七千万元请备案等情碍难照准由，1948 年 1 月 9 日。上档 Q61—1—942。

第四，币制改革之前，国民政府控制经济的能力较弱，针对地方银行的法律或命令，也尚未订定，因此，对上海市银行制约较少；但随着国家垄断主义的成功施行，有关地方金融的法令法规陆续出台，范围逐渐扩大，因此，对上海市银行的管制较多。如表 3.4 所示，如果包括针对全部银行业的法规，那么，国民政府对地方银行的干预从最初的发行业务到资本、组织、放款、信托、外汇等各个方面。例如，1946 年 9 月，中国中央交通农民四银行联合办事总处在外汇调整后，训令市银行除必要之工矿公用交通等生产事业及农业贷款外应暂行紧缩。[①] 随着国内战争形势的恶化，通货膨胀愈演愈烈，国民政府统制经济的程度不断加强。1948 年，上海市银行商业同业公会传达当局旨意，要求各银行申报外汇外币黄金等资产，以维护国策[②]，即为新一轮的币制改革做准备。

表 3.4　　　　国民政府时期有关地方金融的法令

时间	法规名称	涉及范围
1935 年	设立省银行或地方银行及领用发行兑换券暂行办法	发行业务
1936 年	省银行或地方银行印制辅币券暂行规则	发行业务
1938 年	改善地方金融机构办法纲要	农业仓库、农业放款、地产抵押、工商业放款、领券业务等
1940 年	县银行法	资本、业务、组织、盈余分配等
	地方金融机关办理小工商业贷款通则	借款人资质、借款金额、期限、利率、保证品及保证人、借款及还款程序等
1947 年	省银行条例	资本、业务、组织、盈余分配等

资料来源：笔者根据《银行周报》《中央银行月报》等整理。

总而言之，国民政府成立初期，百废待兴，各项政策逐渐将经济发展导入正轨。因此，上海市银行前期的运营和职能呈现比较正常的局面。

---

① 上海市政府关于外汇调整后放款业务紧缩事致上海市银行训令，1946 年 9 月 12 日。上档 Q61—1—416。

② 上海市银行商业同业公会为催报继续劝集之外汇等资产由，1948 年 9 月 18 日。上档 Q61—1—943。

随着抗日战争以及战后国内战争的爆发，为维持政权，军费开支不断增加，国家银行竭泽而渔，既加强统制经济，又无限度地发行钞票，来之不易的稳定局面渐渐陷入混乱，从而影响复业后上海市银行的运营，使其疲于应付动荡不定的局势，直至湮灭。

小　结

本章主要论述上海市银行的产生和发展，通过对国民政府初期上海社会经济环境的描述，以及国民政府和上海市政府对上海城市发展的长远规划，反映上海市银行设立的原因和背景，从而证明其产生是经济发展和政府管理的双重需求。上海市银行第一阶段的发展较为顺利，营业网点有序增加，历年皆有盈余。同时通过与工务局及财政局的配合，促进城市基础设施建设，但是由于并未正式代理市金库，并且规模始终较小，因此在财政金融及教育医疗等方面的作用十分有限。

上海市银行受抗战影响随即停业，战争结束后予以复业。战后由于国内经济形势急剧恶化，上海市政府的财政收入也受到影响，因此中央及地方政府对银行事务的干预增强。战后，虽然市银行始终保持盈利，但去除通胀因素，实际盈利水平远不及战前。市银行在城市建设方面的功效，因受到财政支绌的牵连，不能充分发挥。但是，相比其他地方银行，战后上海市银行不仅没有转向投机，相反还能发挥一定的积极作用实属不易。

上海市银行的演变路径是，前期上海市银行建立和拓展带来交易成本的节约以及在支持城市建设等方面的积极收效，而后期政府对市银行经营的频繁干预，阻碍其正常运营，最后导致其消失的命运。

第四章　上海市银行的内部治理和运营特点

近代中国的地方银行在外部监管机制相对薄弱的情况下，内部治理显得尤为重要，合理的内部治理机制是地方银行发挥积极作用的关键。本章将深入剖析上海市银行的内部治理及运营问题，反映地方银行的特点，揭示其相对于私营银行更为复杂的委托代理关系及不同的资产负债管理的重点，着重分析其独特的治理结构对银行运营的影响。

第一节　上海市银行的组织形式

一、组织形式

1931 年，《银行法》第二条规定银行应为公司组织①，依据《公司法》第一章第二条，公司分为四种无限公司、两合公司、股份有限公司、股份两合公司。② 近代“我国银行以股份有限公司组织为最多”。③ 有学者已经对近代私营银行业进行研究，认为近代华资私营银行几乎全部为股份有限公司的组织形式。④ 那么，地方银行的组织形式如何呢？表 4.1 根据中国银行总管理处经济研究室编制的 1934 年《全国银行年鉴》的统计，将省市立银行的情况予以整理，以便了解其组织形式特征。

从表 4.1 来看，1934 年 19 家省市立银行中，12 家为地方政府设立，5

---

① 《银行法》，《四川省政府公报》1931 年第 1 期。

② 《公司法》，《钱业月报》1930 年第 1 期。

③ 《行务问答》，《广西银行行务通讯》1942 年第 4 期。

④ 王丹莉：《银行现代化的先声——中国近代私营银行制度研究（1897—1936）》，中国金融出版社 2009 年版，第 38 页。

家为股份有限公司，1 家官商合资公司和 1 家官商合办股份两合公司。与私营银行组织形式单一不同，地方银行的组织形式有四种，以地方政府设立为主。上海市银行在抗战前的阶段为地方政府设立，但是，战后复业时则改为股份有限公司制。上海市银行设立时，章程第四条明确规定“本银行资本总额定国币一百万元，由上海市政府一次拨足，因业务上之必要须增加资本或招集商股时，经理事会议决，由上海市政府转咨财政部核准之”。① 复业后，章程第六条规定“本银行资本定为国币一亿元，分为一万股，每股一万元，由上海市政府认定半数，其余向上海市市民或法团招募之，在商股未募足前，所有资本暂由市政府一次拨足先行营业”。② 事实上，即使在战后，上海市银行的股本也全部来自市政府。

表 4.1　　1934 年省市立银行总览

银行名称	组织形式	创立年月	实收资本(国币万元)
山西省银行	省政府经营	1919 年 1 月	120
山东省民生银行	股份有限公司	1932 年 7 月	320
上海市银行	市政府经营	1930 年 2 月	100
四川地方银行	官立无限责任	1934 年 1 月	125
江西裕民银行	股份有限公司	1928 年 1 月	100
江苏银行	省立银行	1912 年 1 月	80
河北省银行	官办	1929 年 3 月	144.86
河南农工银行	股份有限公司	1928 年 3 月	125
青岛市农工银行	股份有限公司	1933 年 5 月	10
南京市民银行	市政府经营	1928 年 12 月	50
南昌市立银行	官商合资	1928 年 6 月	25

① 上海市银行章程。上档 Q61—1—10。

② 上海市银行复业后第 4 次董事监察人联席会议，1946 年 10 月 29 日。上档 Q61—1—388(2)。

续表

银行名称	组织形式	创立年月	实收资本(国币万元)
浙江地方银行	省政府设立	1923 年	100
陕西省银行	股份有限公司	1930 年 12 月	125
湖北省银行	省政府设立	1928 年 11 月	200
湖南省银行	省政府设立	1929 年 1 月	150
广州市立银行	市政府设立	1927 年 10 月	
广西银行	官商合办股份两合公司	1932 年 8 月	272
广东省银行	省政府经营	1932 年 1 月	1040

资料来源:中国银行总管理处经济研究室编:《全国银行年鉴》1934 年。

上海市银行始终选择政府独立创办是由几个因素造成的,其中最主要的原因是市政府可以独揽大权,进而决定上海市银行的经营方向。上海市银行的控制权始终牢牢掌握在以市财政局长为核心的政府官员手中,其他董监事的聘派也均由市政府决定。这是市银行在与市府及其附属机关进行业务往来时,对后者的资金需求及时响应的必要条件,其他地方银行亦如此。即使广西省政府为“集合群策群力”①,也还是选择股份两合的形式,如此省政府负无限责任,既没有失去银行的控制权,又扩大了资本来源。而在各种公司类型中,股份有限公司的社会公众性程度最高,社会公众股权的增加以及股东会中商股代表的参与,会影响市政府对市银行的控制程度。因此,即便一些地方银行采用股份有限公司的形式,也并非官商合股,而是省县合办,例如,山东省民生银行和陕西省银行的商股均是由各县随粮带征的办法募集②,所以,商股来源并非私有财产,而是地方的公有财产。抑或在股份比重上,官股占有绝对优势,比如,江西裕民银行起初官商股各半,但随着业务的发展,1936 年改组增加官股至 150 万,商股只有 50 万。而诸如河南农工银行则在“二十三年(1934

① 中国银行总管理处经济研究室编:《全国银行年鉴》1937 年,第 C60 页。

② 姜宏业:《中国地方银行史》,湖南出版社 1991 年版,第 413、525 页。

年）十二月改为官办，所有商股股款，悉予发还”。[①]

地方政府独资经营地方银行有其内在的优点：其一“政府得视业务发展上之需要，随时增加银行资本”“而无遭受牵制之苦”；其二“对于商业产业及建设事业之通融资金，易为合理与计划性之分配”；其三“为地方财政之辅益”，其正当盈利可以辅助税收，可以代理公库，分支机构之普设可以推进财务行政。[②] 相反，政府放弃控制权，而依靠大量的非政府人员管理存在很大的风险。1923年，浙江地方实业银行拆分后，官办的浙江地方银行“不得不依靠当地金融界的实力来打开局面”，“第一届理监事人选中，90％是本地银行钱庄的头面人物”，结果后者“只顾利用浙江地方银行，而不希望它有所发展，以免不利于他们自身所经营的银钱业”。[③]

其次，地方银行不采用官商合办的股份有限公司形式的另一个原因是商人对于官办银行的不认同，两者难以成为利益共同体。当时许多有名望的银行不愿与官府合作，陈光甫便是其中一例。其设立上海商业储蓄银行与他在江苏省银行任职期间的经历不无关系。陈光甫曾任江苏银行经理，但是，随着江苏都督程德全的去职，“陈光甫被迫辞职，心怀愤激，由此认识到官办银行虽政局变动，不能久于其事，自办银行之念益切”[④]，“如要开一个新局面，势不能不从‘银行完全商业化’七字做起”。[⑤] 官商合办之浙江地方实业银行，由于官商股东之间的矛盾，最后不得不拆股，也足以反映官商在银行经营理念上的不同取向。另一事例是成都市银行筹委会决定“商民资本确定为四百万元以后，筹委会随即在成都《新新新闻》《华西日报》《中央日报》刊登启事招募，但是各筹备人员深知集资不易，一面登报，一面复在筹备会议席上，讨论摊认办法”，决定由银行公会、

① 中国银行总管理处经济研究室编：《全国银行年鉴》1937年，第C21、C29页。

② 徐学禹等：《地方银行概论》，福建省经济建设计划委员会出版，1941年，第136页。

③ 姜宏业：《中国地方银行史》，湖南出版社1991年版，第210页。

④ 《唐寿民访问记录》，1957年4月24日，转引自中国人民银行上海市分行金融研究所编：《上海商业储蓄银行史料》，上海人民出版社1990年版，第5页。

⑤ 《上海商业储蓄银行二十年史初稿（二）》，《档案与史学》2000年第2期。

钱业公会等“共约一百行业”分别认募。“但是,到了认股截止日期,各商帮认者寥寥,又经再四催促,仍无结果。”[①]主要原因之一是“我国法治精神之不张,官商合资经营之事业,商股之合法权益,每无可靠之保障,时或横遭侵蚀,损失巨大”[②],尤其是资金流动性极大之地方银行。因此,官办银行与商人之间缺乏信任与共同利益的情况下,由地方政府独资经营并掌握控制权是更优的选择。与之相比,私营银行多采用股份有限公司的组织形式,但并非由一人独立出资,决策时各股东凭借股份的多寡投票,不存在特权,同时以盈利为目标,在银行运营中易于达成共识,那么,公开集股显然对私营银行来说更为可行。

再次,战后,上海市银行之所以改为股份有限公司,是由于其“依照县银行法组织之”[③],而根据 1940 年 1 月 20 日公布施行的《县银行法》第二条规定“县银行为股份有限公司组织”,以及第六条规定“资本总额至少须达五万元,商股不得少于二分之一”。[④] 1946 年 10 月,董监联席会议上讨论注册事宜,必须招募商股时,决议“聘任各董监,每人暂先认股若干万元,作为商股代表,以符注册手续”[⑤],但在 12 月的会议上议决“为符合上项贰种法规(县银行法及公司法股份有限公司规定),并迅速处理注册登记事宜起见,经决定,由聘任之十四位董监事,每位认股十股,合十万元,共一百四十万元,作为商股,其余九千八百六十万元内,五千万元系市府官股,由市府派任之四位董监代表,四千八百六十万元作为市府垫付之商股,由本人代表,均已呈报市府,各董监认缴之商股股款亦经由本行暂行

① 《成都市银行的实务和法理》,载于张研等:《民国史料丛刊(经济金融)》第 478 册,大象出版社 2009 年版,第 564、565 页。

② 徐学禹等:《地方银行概论》,福建省经济建设计划委员会出版,1941 年,第 137 页。

③ 上海市银行复业后第 4 次董事监察人联席会议,1946 年 10 月 29 日。上档 Q61—1—388(2)。

④ 《县银行法》,《中央银行月报》1940 年第 9 卷,第 3 号。

⑤ 上海市银行复业后第 4 次董事监察人联席会议,1946 年 10 月 29 日。上档 Q61—1—388(2)。

垫付”。[1]实际上，即使聘任的董监事也没有真正入股，1946 年 12 月，苏浙皖区敌伪产业处理局“为清查各企业之奸逆股份”，通令上海市银行商业同业公会，“希即转饬各会员造具股东名册”，而市银行在该函件的批示上写明：“本行现无商股即不必复”。[2] 1948 年 5 月，当第一届监察人任期届满时，市政府指令“继续聘派骆清华为该行首席监察人，李立侠、徐永祚、潘志先、李道南、李文杰、闵湘帆六人为监察人，应予照准，至商股代表李立侠认股一节，姑准仍援旧例，在本府暂垫商股中拨给十万元，俟解职时即行退股”[3]，由此可见，市银行的商股全部由市政府垫借，商股代表仅仅挂名而已。

值得注意的是，市政府既然是垫付商股，那么，就没有公开募集的过程，而是政府决定聘请哪些人为商股代表，这样，政府就掌握了主动权。战后，市政府不仅名正言顺地拥有市银行的剩余索取权，而且使直接干预其经营管理成为可能。但是，并非所有的地方银行都如上海市银行一般，地方政府对地方银行的掌控，对地方银行组织形式的选择是以雄厚的地方财政资金和专业人士为基础的。以战后创办的成都市银行为例，“各筹备委员，最初提出官民各半的意见”，而成都市政府“对于投资半数之议，绝难办到”，其中原因之一是“成都市政府财政困难，不能有多的经费投资”。[4] 这样，成都市政府就不得不依靠商股，而放弃一部分控制权了。

二、官利制度

上海市银行在战后实行官利制度。所谓“官利”亦称“官息”“股息”或“正息”，其特点之一为无论企业盈利与否，都要支付固定利率的息金，是

---

① 上海市银行复业后第 5 次董事监察人联席会议记录，1946 年 12 月 26 日。上档 Q61—1—388(2)。

② 上档 Q61—1—387。

③ 上海市银行复业后第 10 次董事监察人联席会议记录，1948 年 5 月 31 日。上档 Q61—1—388(3)

④ 《成都市银行的实务和法理》，载于张研等:《民国史料丛刊(经济金融)》第 478 册，大象出版社 2009 年版，第 565 页。

始终存在于近代中国的一种分配制度,对近代中国股份制企业影响深远。[①] 随着公司制度的发展,有些公司规定,无盈余时不得以本作息或分派红利。但是,上海市银行始终保持盈利,因此,官利制度的影响一直存在。上海市银行在战后以股份制形式存在,章程中规定"年度决算如有盈余,除提百分之二十为法定公积金,百分之十为特别公积金外,应提公股息八厘,商股息一分"。[②] 同时,根据上海市银行在战后的盈利情况,尽管除去通胀因素,较之战前并未增加,但与其他地方银行相比,盈利状况是不错的。浙江地方银行于1947年6月,"亏损之行处达40行处之多"[③],1948年7月,"亏损近580亿元"[④],而上海市银行在战后每年皆有盈余。

表 4.2　　上海市银行盈余分派表

(1946年1月1日至1946年12月31日)

科目及摘要	金额(元)	科目及摘要	金额(元)
本年度盈余	397 408 700.25	法定公积金 (按盈余提 20%)	79 481 740.05
		营利所得税 (照税法按盈余提 25%)	99 352 175.04
		特别公积金(除法定公积及所得税后余额提 10%)	21 857 478.52
		资本股息 公股　50 000 000 @8%　4 000 000 财局垫付商股　48 600 000 @10%　1 855 671.22 商股　1 400 000 @10%　10 356.16	5 866 027.38

① 相关研究参见张忠民:《艰难的变迁——近代中国公司制度研究》,上海社会科学院出版社2002年版,第356—407页;朱荫贵:《中国近代股份制企业研究》,上海财经大学出版社2008年版,第95—115页。

② 《上海市银行章程》。上档Q61—1—388。

③ 浙江省档案馆:L071—0—151《告同仁书》,转引自周玮:《浙江地方银行研究》,浙江大学硕士学位论文,2007年。

④ 浙江省档案馆:L071—0—152《省总业、出、库、存、放、汇、联字通函》,转引自周玮:《浙江地方银行研究》,浙江大学硕士学位论文,2007年。

续表

科目及摘要	金额(元)	科目及摘要	金额(元)
		股东红利 (除上列各项后余额提 50%) 公股占 50%　47 712 810.82 财局垫付商股占　48.6% 46 376 860.86 商股占 1.4%　1 335 958.95	95 425 639.63
		董监酬劳金(同上例提 5%)	9 542 563.96
		职员酬劳金(同上例提 25%)	47 712 819.82
		员工福利金(同上例提 15%)	28 627 691.89
		地方公益基金(同上例提 5%)	9 542 563.96
合计	397 408 700.25	合计	397 408 700.25

资料来源：1946 年上海市银行盈余分派表。上档 Q61—1—1106。

从上海市银行的盈余分派表中可以看出，资本股息5 866 027.38元，其中公股 50 000 000 元，股息 8%，计 4 000 000 元，财局垫付商股 48 600 000元，股息 10%，计 1 855 671.22 元，商股 1 400 000 元，股息 10%，计10 356.16元；股东红利95 425 639.63元，其中公股占 50%，计 47 712 810.82元，财局垫付商股占 48.6%，计46 376 860.86元，商股占 1.4%，计1 335 958.95元。其中，有两点值得注意，第一，根据红利的数字计算，1946 年的股东红利约为 9 分 5 厘，那么，政府官股所获得的股息 8 厘与红利共计 10 分 3 厘。虽然与其他地方银行相比，上海市银行的经营状况尚且不错，但是，与私营银行相比就显得十分逊色了。以金城银行为例，其 1946 年度决算时，“拟提股分正利(五厘)350 000元”，“拟提股分红利(七十九分半)55 650 000元”，“并拟先行分派，俟将来与决算各表一并提请股东会承认”。[①] 从中可以看出，金城银行股东正利与红利合计八十分，相当于上海市银行的 6 倍多。第二，关于资本股息的计算。公股股息八厘，按照章程所述提取，但是无论财局垫付商股股息还是商股股息按照

① 金城档案：“董事会议事录”，1947 年 1 月 4 日，转引自中国人民银行上海市分行金融研究所编：《金城银行史料》，上海人民出版社 1983 年版，第 844 页。

章程规定,均应为一分(10%),表中也注明是10%,但是,为何根据表中数字计算,前者为3.8%,不到4厘,而后者为0.7%,甚至不到1厘。可能的原因是公股资金按时全额拨付,但是,财政局垫付的商股并未按时全部到位,由股息推断股本可得,财政局垫付商股刚拨到四个半月,而商股则不到1个月。

官利制度的施行使得市政府能够名正言顺地从市银行获得固定收益,并与其共享盈利。抗日战争爆发前,市银行尚不是股份公司性质,官利制度没有施行,市政府拨款后,市银行没有义务用资金予以回报,因此,市政府是否能从市银行获利完全取决于后者的意愿。比如,市政府来函要求市银行在1932年度"盈余项下提拨四万元送府"[①],市银行允准。但是在1935年度,"财政局函,为本市二十三年度营业岁入岁出概算已奉中央核定,此项核定将本行盈余划取百分之三十计为七八六三元列作公积外,其余一八三四六元应列为拨付政府之营业纯益",然而,市银行理事会议决"查本行预算向依营业年度办理,与会计年度不同,且概算仅系假定数目,除支出可以预算外,收入方面殊难预测,又银行纯益金分配,除必须提出法定公积金外,再应提备抵呆账及亏耗等,以资抵补,故于本行盈余项下划拨政府营业纯益一节,殊感困难,应函请财政局,呈请市府转呈中央准予缓议"。[②] 可见,市政府欲通过正当途径直接分割市银行的收益,将后者的组织形式定为股份公司显然是更好的选择。

三、组织体系

根据组织形式划分,近代中国银行业存在单一银行制和总分行制两种,前者为不设立分支机构的银行,后者在总行之下,可以设立若干分支机构,又可分为总行制和总管理处制。"总行或总管理处均隶属于董事会,其统辖全行之职权约如下列。一、所属分支行处重要人事之升迁、更调及管理事宜。二、全行各种制度规章之厘定及修改。三、全行业务之监

---

① 上海市银行理事会第40次会议,1933年1月14日。上档Q61—1—277。

② 上海市银行理事会第67次会议,1935年7月25日。上档Q61—1—278。

督与稽核。四、有关业务上管理上及一般经济之调查研究设计事项。五、其他属于组织上整个性之事务（如增资注册股务等）。惟采总行制者，其总行除负统辖全行上列事务之责外，并对外直接营业，采总管理处制者，其总管理处纯粹为管理机关，仅负统辖全行上述事务，对外不兼营业，此其主要区别之点”。[①] 上海市银行始终采用的是总行制，由于总行制“事权集中，分支行处之经营业务，乃代表总行而行”“分支机关之职权略大”，因此，“分支行较少之银行多用”，[②]并且，在开支方面“管理与营业相并，亦较为经济”[③]。由于总管理处制亦有其优点，地方银行中两种形式并存，但以总分行制者为多。

地方银行与私营银行相比，最大的差异不在于采用总行制还是总管理处制，而在于以单一银行制和总行分行制形式存在的银行数量不同。以 1936 年为例，地方政府设立的省市立银行共有 25 家，其中有 4 家没有分支机构，且均为市立银行；私营的商业储蓄银行共有 80 家，其中 35 家没有分支机构[④]，据此计算前者 16％为单一银行制，后者 44％为单一银行制。两者比例差距较大的根本原因在于银行职能的不同，地方银行职能中最主要的财政金融职能要求其代理地方金库、代募地方公债、经理税收、保管机关团体的财产等特殊业务，因此，在各省市内设立分支机构，以便市民纳税、机关解缴款项，能更有效地开展相关业务。上海市银行在抗战前，除了总行外，在南市、西门和市中心均设有分支机构，复业后则先后成立了 10 处办事处，不仅可以便利市民纳税，而且面临严重的通货膨胀时，还可以及时向各机关及其员工发放补助款。同时，对于科教文卫及救济等相关业务的开展，亦需要在资金短缺时，予以及时拨付，因此，总行下设分支行有助于更好地实现地方银行职能。然而，私营银行则不同，仅以追逐利润为目的，在单一银行制下，银行的资本要求较低，内部结构简单，

---

① 《“总行制”与“总管理处制”之区别问题》，《银行周报》第 32 卷第 15、16 期。

② 徐学禹等：《地方银行概论》，福建省经济建设计划委员会出版，1941 年，第 8 页。

③ 中国人民银行上海市分行金融研究所编：《上海商业储蓄银行史料》，上海人民出版社 1990 年，第 686 页。

④ 中国银行总管理处经济研究室编：《全国银行年鉴》1937 年，第 A11—A14 页。

且易于管理,所以,规模较小的私营银行数量众多。

在地方银行中,与省银行相比,上海市银行的分支行数量较少;与市立银行相比,上海市银行的分支行数量则较多,除青岛市农工银行外,其他市立银行均无分支机构。究其原因主要有三,其一,从地域范围来看,一省显然比一市的范围更大,要协调全省经济需要更多的分支机构是必然的;其二,从地方政府实力来看,上海市政府的财政收入相比其他市政府有明显的优势,因而市银行的规模也相对较大,有足够的资本开设分支机构;其三,从地方银行的业务来看,如"甘宁两省行之扶植畜牧药材,皖赣两省行之从事茶叶贷款"①,青岛市农工银行"以补助本市农工经济为主旨"②,这些业务特色需要在相应的区域设立分支机构。

四、内部组织

上海市银行抗战前的内部组织(如图 4.1 所示),根据章程及组织规则规定,由市政府聘任理事及监事,由市长于理事中聘任总经理 1 人,总经理对内综理全行事务,对外代表银行。分行办事处均直隶于总行。总行设经理 1 人,副经理 1 人或 2 人,由总经理商承理事会呈请市长委任之,经理商承总经理,副经理协助经理处理一切行务。分行设经理 1 人,由总经理商承理事会聘任之,主持该行事务,根据业务繁简得设副理 1 人。办事处设主任 1 人,由总经理派充管理该处事务。复业后增加了公库课,总行下没有分行,但设有 10 处办事处。上海市银行的内部组织与其他地方银行相比,其组织机构较为简单。以湖北省银行为例,其总行设置业务、总务、会计、稽核、公库、信托、储蓄处、农贷八处,人事及经济研究室二室。③ 与私营银行相比,私营银行的组织结构亦略显复杂,例如,上

---

① 郭荣生:《中国省银行史略》,载《近代中国史料丛刊续编第十九辑》,文海出版社有限公司 1975 年 7 月版,第 3 页。

② 《青岛市农工银行章程》,转引自姜宏业:《中国地方银行史》,湖南出版社 1991 年版,第 422 页。

③ 《湖北省银行二十周年纪念特刊》,载于张研等:《民国史料丛刊(经济金融)》第 478 册,大象出版社 2009 年版,第 97 页。

海商业储蓄银行，总行下的营业部分包括储蓄部、信托部、证券部、农业部、盐业部、仓库部、工业部等十六部[1]，金城银行的业务部分亦分为业务、会计、调查、证券、储蓄、仓库六科。[2] 简单的内部组织反映出上海市银行的主要职能，同时也反映了其在扶助地方经济发展方面的有限作用。

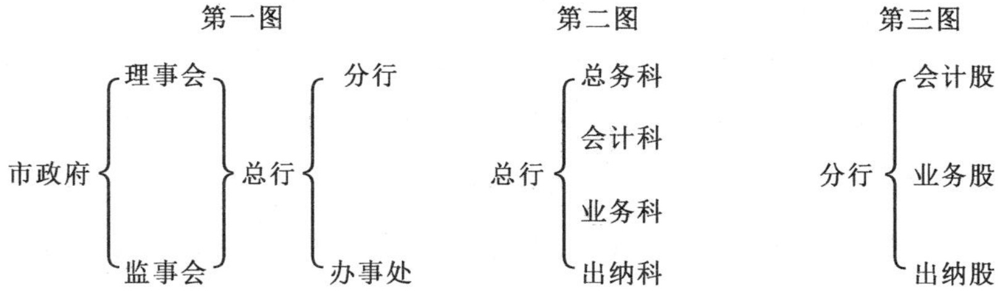

资料来源：《上海市银行组织规则》。上档 Q61—1—10。

图 4.1　上海市银行组织规则

第二节　上海市银行的内部治理

一、银行治理

公司治理是解决企业资金的供给方通过何种方式保证收回他们投资回报的问题。[3] 公司治理历来与委托代理关系问题有关，投资人（委托人）雇用经理（代理人）代表他们经营公司，而投资人的利益和目标与经理不同，公司治理关注的是使双方的利益一致并确保企业为投资者的利益

---

① 中国人民银行上海市分行金融研究所编：《上海商业储蓄银行史料》，上海人民出版社1990年版，第686、687页。

② 中国人民银行上海市分行金融研究所编：《金城银行史料》，上海人民出版社1983年版，第242页。

③ Andrei Shleifer and Robert W. Vishny, A Survey of Corporate Governance[J], *The Journal of Finance*, 1997, 52(2):737.

运行的方式。[①] 国内学者对公司治理有不同的定义。吴敬琏认为:"所谓公司治理结构,是指所有者、董事会和高级执行人员及高级经理人员组成的一种组织结构,上述三者之间形成一定的制衡关系。"[②]钱颖一指出:"在经济学家看来,公司治理结构是一套制度安排,用以支配若干在企业中有重大利害关系的团体——投资者(股东和贷款人)、经理人员、职工之间的关系,并从这种联盟中实现经济利益。"[③]张维迎认为,公司治理结构狭义地讲是指有关公司董事会的功能、结构、股东的权利等方面的制度安排,广义地讲是指有关公司控制权和剩余索取权分配的一整套法律、文化和制度性安排。李维安将公司治理分为内部治理和外部治理,前者主要是指股东(会)、董事(会)、监事(会)和经理之间的博弈均衡安排及其博弈均衡路径,后者主要是指通过外在市场的倒逼机制,市场的竞争压迫公司要有适应市场压力的治理制度安排。[④]

从上述各种对公司治理的理解可以看出,内部治理受到国内外学者的普遍关注,主要是基于委托代理理论来处理所有者和经营者之间的关系。对于银行业而言,其特殊性也意味着公司内部治理相对于外部治理更为重要。资产交易的非透明加剧了股东、管理者和监管者之间的信息不对称,使得内部治理更加复杂,外部监督难以发挥作用。由于银行资本结构的特殊性,高资产负债比,同时,债务结构却很分散,债权人的监督能力较弱,银行股东更容易从事高风险的行为。另外,银行业所提供的产品,不能形成一个竞争的产品市场,阻碍了外部治理机制作用的发挥。因此,"商业银行治理机制的设计应偏重内部治理机制,有选择地慎用外部治理机制"。[⑤]

---

① Colin Mayer, Corporate Governance, Competition and Performance[R], Economic Department of OECD Working Paper NO. 164.

② 吴敬琏:《现代公司与企业改革》,天津人民出版社 1994 年版,第 185 页。

③ 青木昌彦,钱颖一:《转轨经济中的公司治理结构:内部人控制和银行的作用》,中国经济出版社 1995 年版,第 133 页。

④ 李维安:《公司治理学》,高等教育出版社 2005 年版,第 32 页。

⑤ 李维安等:《商业银行公司治理:理论模式与我国的选择》,《南开学报》2003 年第 1 期。

国民政府时期，不同性质的银行，治理机制也存在差别。对于私营银行而言，一个显著的特征是银行间互为董事。这是由于私营银行业内部相互投资，是银行业资本集中的表现。[①] 而这种高层决策人员交叉兼任的特点，使私营银行业成为“命运共同体”，弥补了外部治理机制的欠缺。[②] 但是，对于地方银行而言，各银行自成一体，相互之间业务联系不频繁，并且不存在私营银行两权融合的现象，形成了迥然相异的内部治理特征。

二、上海市银行的内部治理结构

上海市银行由上海市政府拨款成立，理监事均由上海市政府聘任，理事会的职权包括：编订各种规则；审定业务方针；分行或办事处之设立或废止；对外各种契约之审核；核定各项开支；审定预决算。监事会的职权包括：审察营业及财产状况，遇必要时，并得陈述意见于理事会；稽核全部账目及决算报告；监察职员等执行职务是否遵守本行一切条例章程及理事会之议决案。市银行设总经理一人，由市长于理事中聘任，对内综理全行事务，对外代表本银行。战后复业，市银行的董事与监察人，仍然由市政府聘派，设常务董事五人，由董事互选之，并由董事会就常务董事推选选一人为董事长。董事会与监察人之职责没有实质性的变化。设总经理1人，由董事会就常务董事中推选聘任之，事实上，仍由市政府训令指定，总经理综理全行一切事务，并对外代表本银行。战后，市银行的组织性质发生变化，增加了股东会，公股代表由市政府派任，商股代表由市政府聘任。

理论上，市银行内部存在两层委托代理关系，一层是市政府为委托人，理事会或董事会为代理人；另一层是董事会为委托人，总经理为代理人。但是，市银行的特殊背景导致其内部的委托代理关系与一般企业或私营银行不同，市政府作为委托人或者说股东，是一个机构并非个人，其

---

① 杜恂诚：《抗战前中国金融业的两种集中趋势》，《南京社会科学》1990年第4期。

② 参见王丹莉：《银行现代化的先声——中国近代私营银行制度研究（1897—1936）》，中国金融出版社2009年版，第66、67页。

资本也不是来自于私人投资，而是财政收入。然而，资本来源于上海市的公债收入或税收，并不代表市银行会以上海市的经济或社会利益为目标，以市政府拨款或入股的形式设立，政府官员作为财政收入的代理人，是额外的一层委托代理关系。市银行作为官办银行，不以具体的利润为目标，而是以综缩市府收支，发展地方经济为宗旨，这一抽象的目标造成其委托代理关系更为复杂。欲分析其激励约束机制，必须了解市政府官员以及市银行理事、董事、监事及总经理的背景、利益偏好及相互关系。为此，本书将市银行管理层的情况概括如下：

从市银行的董监事构成来看，战前和战后的理事会主席及董事长均为市财政局局长，换句话说，市银行是直接受市财政局长领导的。市政府之所以没有聘任著名银行家主管市银行的经营，直接原因是地方财政历来由财政局管理，市银行的主要职能为财政金融职能，因此，财政局长便成为当然的理事会主席或董事长。更进一步来说，市银行的放款对象中，政府及其附属单位是主体，由政府官员负责市银行运营，便于沟通，节约交易成本。市银行的理事或监事、董事或监察人，一部分由市政府官员兼任，另一部分为银行家或会计师。战前，市银行的总经理与主席系同1人，战后，总经理迭经变动，但均为董事之一。

表4.3　　　　抗战前上海市银行理监事情况

本行职务	姓名	其他职务	在职时间
主席	徐桴	福建省政府委员兼财政厅厅长(1928.8—1936.3)①，上海市财政局长(1929.7—1930.6；1936.3—上海沦陷)②，中国通商银行常务董事③	1929.10—1938.2
理事	叶琢堂	中央银行理事会常任理事，交通部招商局理事会常务理事等	1930.10—1938.2
理事	钱新之	建设委员会委员，浙江财政厅厅长，中国国货银行常务董事，中国农工银行董事等	1929.10—1938.2

① 刘国铭：《中国国民党百年人物全书(下)》，团结出版社2005年版，第1954页。

② 上海市财政局长官的任命就职及启用印信文件。上档Q251—1—30。

③ 中国银行总管理处经济研究室编：《全国银行年鉴》1934年，第B87页。

续表

本行职务	姓名	其他职务	在职时间
理事	姚詠白	浙江邮包税局局长等	1929.10—1930.10
理事	秦润卿	福源钱庄经理，中国垦业银行总经理等	1929.10—1938.2
理事	胡孟嘉	交通银行总经理，中国银行董事，中国农业银行、国华银行、新华银行、国货银行、中国企业银行董事，中央银行国库局总经理，中国实业银行总经理等	1929.10—1935.6
理事	唐寿民	交通银行董事长兼上海分行经理，中央银行常任理事兼业务局总经理，中国国货银行常务董事、中国建设银行公司常务董事，太平银行常务董事等	1935.6—1938.2
监事	俞鸿钧	市政府秘书长(1932.4—1937.7)①	1929.10—1938.2
监事	蔡增基	市财政局局长(1931.4—1936.3)②	1932—1938.2
监事	吴震修	中国银行总务科科长	1929.10—1938.2

资料来源：笔者根据上海市银行档案等资料整理。

表 4.4　　　　抗战后上海市银行董监事情况

本行职务	姓名	性质	其他职务	在职时间
董事长常务董事	浦拯东	派任	市财政局长	1946.1—1946.10
董事长常务董事	谷春帆	派任	市财政局长	1946.10—1947.4
董事长	田永谦	派任	市财政局长	1947.4—1949.4
常务董事	周炜方	聘任	市政府机要秘书	1946.1—1946.10
常务董事	徐柏园	聘任	财政部政务次长及四行联合管理处秘书长	1946.1—1946.10
董事	许宝骅	聘任		1946.1—1946.10
监事	秦润卿	聘任	垦业银行董事长	1946.1—1946.10
董事				1946.10—1949.4
董事	欧阳遵诠	派任	市府总务处长	1946.1—1949.4
董事	冯世范	派任	市府机要室主任	1946.10—1949.4

① 刘寿林等：《民国职官年表》，中华书局 1995 年版，第 1007、1008 页。

② 上海市财政局长官的任命就职及启用印信文件。上档 Q251—1—30。

续表

本行职务	姓名	性质	其他职务	在职时间
董事	沈士华	聘任		1946.1—1946.10
董事	施邦瑞	聘任		1946.1—1946.10
董事	徐维明	聘任	中国银行沪行经理	1946.1—1946.10
常务董事	陈行	聘任	中央银行副总裁	1946.10—1949.4
常务董事	徐广迟	聘任	中国银行上海分行经理①	1946.10—1949.4
常务董事	胡惠春	聘任	中南银行总经理	1946.10—1949.4
常务董事	道贤模	聘任		1946.10—1948.5
常务董事	黄金畴	聘任	市政府参事	1948.5—1949.4
董事	钱永铭	聘任	交通银行董事长	1946.1—1949.4
董事	杜月笙	聘任	中国通商银行董事长	1946.1—1949.4
董事	徐寄庼	聘任	浙江兴业银行董事长	1946.1—1949.4
监察人	闵湘帆	派任	上海市政府会计长	1946.1—1949.4
监察人	潘树藩	聘任		1946.1—1946.10
监察人	孙芹池	聘任		1946.1—1946.10
监察人	李道南	聘任	上海交通银行经理	1946.1—1949.4
首席监察人	骆清华	聘任	中国通商银行协理	1946.1—1949.4
监察人	杨宗炯	聘任		1946.10—1947.8
监察人	汤志先	聘任	审计部上海市审计处处长	1947.8—1949.4
监察人	高方	聘任		1946.10—1947.5
监察人	李立侠	聘任	中央银行稽核处处长	1947.5—1949.4
监察人	徐永祚	聘任	会计师	1946.10—1949.4
监察人	李文杰	聘任	律师	1946.10—1949.4

资料来源:历年董监事会议记录及上海市银行简史介绍及董事会概况。上档Q61—1—1815。

① 《上海金融志》,上海市地方志办公室:http://www.shtong.gov.cn/node2/node2245/node75491/node75497/node75550/node75562/userobject1ai92348.html。

从经营的业务来看，上海市银行的内部治理结构具有其特殊性。首先，公众与市政府的委托代理关系。上海市政府通过市银行筹措建设资金、弥补财政短缺、贯彻中央政策等。战后政府亦可以从市银行获得股息和红利。对于市政府的约束，一方面通过信息披露，接收公众的监督。抗战前市银行的章程、每年的营业报告，包括资产负债表和损益计算表，均刊登在银行周报上。另一方面通过理事会或董事会约束市政府的行为，但是，当理事会主席与董事长由财政局长兼任时，这种约束就取决于后者的立场。

战前，对于市政府及各单位的要求，市银行曾多次拒绝。1929 年，上海特别市社会局“自向一千四百余游民问话之结果。深以若得贷以些许资本贩物谋利。或不难化游情为生利。当以市内无贫民借款机关。由市府先行试办以资提倡。徒以市款竭蹶。不得不量财力分期分区办理。业奉市长核准饬令财政局拨款举办。所有借本事务由财政局第四科主持”。[①] 1931 年 2 月，市政府训令“借本处除平民住所附设之借本处照旧外，一律移交市银行办理，即附设于该行及南市闸北两办事处内，所有业务即派行内人员兼办，不另支薪，但须另立账籍，以清界限”，市银行先以“三月一日移交起见太促，一切手续不及办理”为由，要求“另订日期再行通知接办”，6 月，市银行给市政府秘书处的函件称“敝行叠次磋商，详加讨论，只以贫民借本处一切办理手续与银行不同，倘贸然接办，比多贻误，现在市金库奉令刻期成立，已指定敝行为办公地点，将来房屋尤不敷应用，而一经办理贫民借本事务，出入嚣杂，于营业上亦不无影响，此事目前与社会局接洽亦以为敝行办理困难，加以各乡区辽阔，敝行更断难兼顾，如仅以市区移交则事权纷歧，反多窒碍，且该局举办多年，著有成效，继续办理自易收驾轻就熟之功，再三思维，拟请贵处转知社会局，目前暂缓移交，俟将来商妥办法再行结欠办理”[②]，最终，贫民借本事宜由社会局全权负责。1934 年，市财政局“为亟须周转起见，向市银行另订瓷牌费特别借

① 《上海特别市社会局举办贫民借本处》，《银行周报》1929 年第 13 卷第 14 号。
② 上海市银行关于贫民借本处卷的文件。上档 Q61—1—93。

款五万元，又开中央银行复兴公债支票，抵借塘工借款五万元，再请另借五万元以济急需，但是，市银行仅允准以中央银行支票抵借五万元，而余款无力再借”。[①] 而最典型的莫过于1935年市政府直接要求市银行在盈余内除公积金外划拨政府之营业纯益，市银行董事会议决“银行纯益金分配除必须提出法定公积金外，再应提备抵呆账及亏耗等以资抵补，故于本行盈余项下划拨政府营业纯益一节殊感困难，应函请财政局呈请市府转呈中央准予缓议”。[②] 究其原因，市银行主席及总经理徐桴的身份背景是重要的影响因素，徐桴是福建省财政厅长，与上海市政府的直接往来相对较少，有助于增加市银行的独立性。

战后，市银行对于市政府及市财政局几乎“有求必应”。考察各董监的背景，董事长是上海市财政局长，受市政府管辖；市政府派任的官员自然支持银行对政府指令的服从；而其他董监也是由市政府垫资聘任，对其监督约束作用亦较弱。因此，市政府在战后对市银行的干预程度增强，常以训令形式指定其贷款金额及方向。

例如，1947年10月“奉市政府十月九日训令，开本府员工福利委员会组织，依照第九十四次市府会议议决，交参事室研究，查修改组织以及正式成立尚需时日，而员工生活日濒艰苦，可于福利委员会改组成立以前，先行指派沈秘书长宗……七人暂时负责主持员工福利事宜，以免贻误时机，至福利基金准由兴业信托社向该行透借二百亿元先行运用”，十一月“奉上海市政府十一月二十七日沪会字第……号训令，以本市三十六(1947)年度冬令救济事业亟待展开，所需救济费用迫切，着由该行捐助五十亿元”。[③] 1948年，市政府曾五次训令市银行放宽对上海市市民急病医药助金社的透支额度，该社给卫生局长的函件写明“务恳钧长转呈吴市长，俯赐饬行上海市银行对于本社透支额数准予暂以金圆贰万元为限”[④]，可见，

---

① 上海市银行理事会第53次会议，1934年3月6日。上档Q61—1—277。

② 上海市银行理事会第67次会议，1935年7月25日。上档Q61—1—278。

③ 上海市银行第9次董事监察人联席会议议程。上档Q61—1—388(3)。

④ 上海市府为上海市市民急病医药助金社借款事给上海市银行的训令，1948年10月。上档Q61—1—964。

市政府对市银行的干预是尽人皆知的。相比之下，战前阶段，市政府对市银行的训令则是为章程、注册、检查等事宜，少有直接干预其业务的行为。因此，当董监事会不能有效监督约束市政府行为时，市银行就容易被行政命令拖累，独立性降低，可资运用的资金减少，风险增加。

其次，市政府作为委托人，理事会和董事会作为代理人。从激励机制来看，战前理监事可以获得薪水及奖励津贴，后者与银行的盈利相关，复业后，董监酬劳金为盈余项下摊提公积金、股息后的5%。除此之外，政府官员通过配合政府政策的落实，体现其工作成果，亦可利用银行资源为个人的政府工作提供便利。1934年10月，总经理徐桴赴闽，托市银行向福建财政厅放款洋10万元，归还后，徐桴又"托闽辛泰银行转存福州中央银行，月息二厘，将来福建财厅如有需要仍可放借，俾获息稍优"[①]。徐桴身为福建省财政厅长以及辛泰银行董事，如此既满足了前者的需要，又增加了后者的业务。1948年12月市财政局"以活存透支方式向本行订借金圆贰万元，其中壹万元自十一月三十日起……利率免计"[②]，当财政局遇到困难时，财政局长首先想到的自然是同受其管理的市银行。

从约束机制来看，法律法规及公众监督是一方面，更重要的是监事会或监察人会以及总经理的作用。抗战前，市长张群派徐桴筹备设立市银行，并任命其为主席及总经理，为了监督市银行业务，政府聘任市政府秘书长作为监事，不仅如此，1931年市府要求市银行每月举行检查报告一次，但是，市行理事会议决"能得市府每月向本行检查，本会固极欢迎，惟本行设有监事会，此事系其职权，如再请市府检查，似与该会冲突，最好俟本行理监事中有缺额时即请市府聘任财政局长加入，俾其明瞭本行状况"[③]，1932年财政局长蔡增基成为市银行监事。复业后，财政局长仍然是市银行的董事长，而"各董监事之来源，系由历任总经理提名呈请市政府聘派，或系市府主管人员，或系金融界有地位人物，大都与总经理具有

---

① 上海市银行理事会第58次会议，1934年10月1日。上档Q61—1—278。

② 上海市银行常务董事会第51次会议记录，1948年12月24日。上档Q61—1—815。

③ 上海市银行理事会第24次会议，1931年8月20日。上档Q61—1—276。

渊源，而各董监事亦多以私人友谊，抱协助总经理之态度来任斯职”“与本行并无休戚相共之关系，故对于本行营业多不关心，亦不积极参与意见”[①]，因此，这一层委托代理关系在战后则变得不那么重要了。

最后，市政府与总经理的委托代理关系。战前总经理与董事长均为市财政局长，其委托代理关系如前所述。战后由于董事会的形同虚设，总经理在市银行的运营中就起着关键作用。从理论上讲，市银行与私营银行不同，没有如利润般判断经理绩效的具体指标，因此，只有聘任一个市政府官员才能最大程度地代表市政府利益。事实上，市政府的确通过总经理与市府官员的密切关系，实现对市银行的控制。“三十四年(1945 年)八月日寇投降，九月初，市长钱大钧派其多年的机要秘书周炜方，任市银行总经理，九月二十七日在九江路，前日本帝国银行原址复业”，“到差后不久就病倒了，市府就又派许宝骅来代理”，“他是当时市府秘书长沈士华的舅子”，钱大钧去职后，前文提到新任市长吴国桢为与宋子文搞好关系，曾派任道贤模为总经理，“三十六年(1947 年)冬，道应宋召赴广东，吴国桢就派其叔岳黄金畴(原任副总经理)继任总经理职务”[②]。市银行总经理与市政府官员之间的裙带关系是导致市政府在战后对市银行干预加强的原因之一，同时也会导致总经理行为得不到有力约束，给银行运营带来极大的风险，如对市府机关的过度放款造成对个人及商业存款的挤占。

综上所述，上海市银行的内部治理以市政府官员为主体，存在市府与市财政局通过董事会、监事会和总经理的相互制衡。抗战前市财政局处于主导地位，复业后市政府处于主导地位。因此，市银行在抗战前后的两个阶段出现了不同的“内部人控制”问题。

三、上海市银行内部治理机制的影响

上海市银行在战前和战后不同的内部治理特征，对其运营产生了不同的影响。对于战前阶段，理事会主席及总经理并非市政府官员，因此理

---

① 上海市银行简史介绍及董事会概况。上档 Q61—1—1815。
② 上海市银行过去的缺陷与今后的方向。上档 Q61—1—1815。

事会权力较大,市银行的独立性也比复业后更强。除了市政府对市银行直接的业务干预程度不同外,市银行对自身业务方向及范围的选择也有差异。其一是营业网点的选址,战前市银行因为“西门三角场地方近来颇形繁盛,为扩展业务计,不妨先于该处添设一办事处”①,而在战后,市银行“以市区辽阔,为扩展业务,便利市民纳税”“于本市开设办事处十处组成公库网”。② 其二是业务种类的选择。虽然市府及其附属机关是市银行的主要服务对象,但是对于一般银行业务,抗战前比战后的主动权更大。1934 年,财政局长认为市银行的“信用放款以用款商号资产百分之二十为度,又额度不得逾一萬元”,但是,理事会决议“对于信用放款早有规定,每户以七千元为限,其有特殊情形均提出理事会议决定,本市各殷实商号与银行钱庄之往来,数额颇钜,有资本仅一萬元而每年营业总额竟超过千萬元以上者,因此种商号系无限性质,股东资力雄厚,故银行钱庄均乐于投资,本行现遵照规定七千元,与各殷实商号往来已属费尽心力,倘必欲按百分之二十比率现值,颇感困难”。③ 虽然市银行对商号的放款额度严格控制,但仍积极开展相关业务,总经理在业务会议上专门强调“本行虽为市府设立,性质原系商业,并非官厅衙署,故对于任何顾客,均须谦和恭敬,竭诚招待,盖营业之隆替,全在顾客,俗谚所谓衣食父母,即使有人持一不值钱之废票瓦砾等物,前来商押,或以极不相干之事询问,亦须不惮烦琐,婉辞答复,不能稍有傲慢,每闻各职员平日对待主顾,礼貌颇不周到,殊属有背商人本旨”。④ 并且还开办代理安平保险公司业务,在“所有分行处亦须派定人员负责办理”。⑤ 与此相比,战后由于政府训令颇多,“有关市政贷款总额已超过公库存款一倍有奇,实足以影响本行

---

① 上海市银行理事会第 41 次会议,1933 年 2 月 23 日。上档 Q61—1—277。

② 上海市银行复业后第 8 次董事监察人联席会议记录,1947 年 9 月 30 日。上档 Q61—1—388(2)。

③ 上海市财政局长蔡增基与市银行徐圣禅关于处理放款暂行办法的函件,1934 年 11 月 28 日。上档 Q61—1—54。

④ 上海市银行第 22 次业务会议,1933 年 4 月 21 日。上档 Q61—1—274。

⑤ 上海市银行第 22 次业务会议,1933 年 4 月 21 日。上档 Q61—1—274。

所吸收一般存款数千亿资金之运用”[①],说明留给其他业务的空间很小。

战前,由于市银行总经理对资金运用的话语权更多,因此,有更多的资金用于开展一般银行业务,资金情况比战后更为宽松。1933年兴业信托社即将开幕,市银行理事会认为“将来关于地产部分建筑等业务,需款甚钜,而本行现在头寸颇宽”“准予借给作为信托社透支之款,其额度以三十万元为限”“以资协助而期两利”。[②] 1934年,鲍国华副经理在业务会议上提议“现在本行头寸颇宽,倘不设法运用,未免暗受亏损,而现金过剩,呆滞库中,亦殊失银行业务之本旨,查从前理会议决,原定以资本及存款总额十分之二为往来透支之数,现查存款及资本达四百余万,应否酌定一数目作为信用放款,以期扩展而免受损”,最后决议“除前已放出三十万元外,再暂加二十万作为信用放款之准备”。[③] 但是,到了1945年,上海市市立戒烟医院“需用浩繁,向本行透支国币壹百万元”,市银行因“近来市库支出浩繁,头寸异常支绌”,“透支一节暂难照办”。[④] 1948年,市政府训令员工福利委员会“向市银行贷借三百五十亿”,但是,不得不先“提借三十亿元,交该会第一组备用,其余俟本行头寸稍宽时再办”。[⑤] 政府机关占用过多的银行资金,将一般存款用于城市建设,且不论对银行利润影响,更重要的是增加了银行风险,特别是在战后物价极度不稳定时,倘若发生挤兑,势必无法兑现。

任何事物都有两面性,上海市银行虽然在第二阶段独立性较弱,资金头寸也不宽裕,但是所发挥的积极作用是毋庸置疑的。市银行欲发挥财政金融、城市建设、科教文卫及救济等职能,与政府相关部门的配合是必不可少的,因此,针对他们的贷款也应是其贷款的主体,而商业贷款则相对比例较小。复业后市政府对市银行的训令增加,但是,其中不乏对各类

---

① 上海市银行常务董事会第41次会议记录,1948年7月15日。上档Q61—1—814。

② 上海市银行理事会第48次会议,1933年9月28日。上档Q61—1—277。

③ 上海市银行第23次业务会议,1934年3月19日。上档Q61—1—274。

④ 上海市银行1945年放款。上档Q61—1—366。

⑤ 为据本府员工福利委员会呈请向该行贷款350亿元一案仰遵办具报由,1948年7月5日。上档Q61—1—947。

学校、医院以及公益团体的放款指令，具体情况在第六章论述。

由此可见，市银行的内部治理机制关键在于董事会的构成与总经理的背景，这是市政府与市银行经营者之间利益博弈的基础，也是市银行独立性以及所发挥功效大小的决定因素。但是，通过比较市银行前后两个阶段的运营状况，笔者认为，市银行的决策空间过大或过小都不合理，前者影响市银行职能的发挥，后者会增加银行风险，最理想的选择是根据市财政收入状况，超出部分由银行经营者根据贷款人的还款能力、信用、银行头寸等情况自行决定，正如市银行业务部所言，“凡府属机关新闻事业学校医院救济慈善事业或其他府令饬办者”“运用公库存款”，“凡法令所许可之各项事业贷款”“运用一般存款”。[①] 如此，才能同时兼顾市银行职能和稳健原则。

第三节　上海市银行的运营特点

一、负债管理

银行作为信用中介，首先通过负债业务筹集资金，然后通过资产业务将其有效运用，因此负债业务是银行业务的基础。负债规模决定银行的规模，负债结构决定资产运用的方向。那么，欲了解上海市银行的运营状况，分析其负债业务是关键。

表 4.5 反映了抗战前上海市银行的负债结构。从中可以看出，存款是构成负债的主要内容，历年比重都在 50％以上，其中活期存款又明显多于定期存款；除了资本之外，领用兑换券的比重也较大。复业后，存款在负债中的比例更大，1946 年底活期和定期存款的比例为 86.5％，其中活期存款占负债总额的 86.48％，1947 年上期为 91.2％，其中活期存款占 90.5％；而领用币券的比例则微乎其微[②]，主要是战后货币急剧贬值的缘

① 上海市银行常务董事会第 41 次会议记录，1948 年 7 月 15 日。上档 Q61—1—814。

② 上海市银行 1946、47、48、49 年度决算卷宗。上档 Q61—1—1106。

故,因此,本书主要分析存款管理。

值得一提的是,由于未获得行政院及财政部的批准,上海市银行始终没能发行兑换券。而领用的兑换券则按照规定十足准备,其中四成保证准备,六成现金准备,领用而非发行兑换券避免了如某些地方银行由滥发钞票带来的风险。

表 4.5　　1930—1936 年上海市银行负债结构表　　单位:法币元

科目	1930 年	1931 年	1932 年	1933 年	1934 年	1935 年	1936 年
资本总额	1 000 000 (20.35%)	1 000 000 (15.46%)	1 000 000 (20.75%)	1 000 000 (19.18%)	1 000 000 (10.85%)	1 000 000 (13.24%)	1 000 000 (8.22%)
公积金		10 990.68 (0.17%)	45 000 (0.93%)	45 194.28 (0.87%)	59 358.62 (0.64%)	100 000 (1.32%)	150 000 (1.23%)
盈余滚存		25 644.92 (0.40%)		453.33 (0.01%)	8 426.72 (0.09%)	3 561.86 (0.05%)	7 420.35 (0.06%)
各种定期存款	102 603.35 (2.09%)	271 308.51 (4.19%)	251 938.31 (5.23%)	1 117 241.99 (21.43%)	934 844.8 (10.14%)	822 241.47 (10.88%)	983 602.23 (8.08%)
各种活期存款	2 234 402.12 (45.47%)	3 322 416.71 (51.36%)	2 172 383.79 (45.07%)	1 733 335.29 (33.25%)	5 011 976.65 (54.39%)	3 206 826.87 (42.45%)	6 779 079.07 (55.72%)
本票					190 284.17 (2.06%)	11 042.4 (0.15%)	1315513.23 (10.81%)
领用兑换券	1 100 000 (22.39%)	1 250 000 (19.32%)	950 000 (19.71%)	950 000 (18.22%)	1 300 000 (14.11%)	1 480 000 (19.59%)	1 243 000 (10.22%)
证品保证金	440 000 (8.95%)	500 000 (7.73%)	380 000 (7.88%)	320 000 (6.14%)	520 000 (5.64%)	592 000 (7.84%)	397 200 (3.26%)
各种准备金					85 000 (0.92%)	201 880 (2.67%)	187 139.86 (1.54%)
本年纯益	36 635.6 (0.75%)	88 287.67 (1.36%)	20 647.61 (0.43%)	47 214.46 (0.91%)	105 776.52 (1.15%)	136 978.49 (1.81%)	97 924.66 (0.80%)
合计	4 913 641.07	6 468 648.49	4 819 969.71	5 213 439.35	9 215 667.48	7554 531.09	12 166 479.4

注释:括号内为各科目占总负债的比重。

资料来源:上海市银行资产负债对照表。上档 Q61—1—163。

客户选择一家银行的产品取决于多种因素,比如银行的规模、信誉、服务质量等等,上海市银行虽然也极力吸引商业储蓄存款,但是受到资金的限制,在规模、产品多样化等方面远不及某些私营银行,因此,这部分存款数量也较少。对于存款的吸收,上海市银行在成立之初即意识到"银行业务之进展,自以利用存款为先务,本行甫经成立信用未孚,欲求社会上多数之信仰,未易一蹴即就,钜额存款吸收较难,至于公家机关,在此库储支绌时期,又有中央银行代理国库,亦无久存之望,为本行计,似宜注重小额存户兼营储蓄，化零为整，集腋成裘，在市面平稳之时，固不难循序渐进，即偶有风潮，亦不致动摇根本，而况奖励市民积储尤为本行责任所在，实属一举两得之道也”。[①] 为此，市银行根据不同情况订有多种存款类型及利率，如表4.6所示，并且严格控制存款的成本。西门支行主任曾提出“本支行特活存款甚多，惟常有当日或隔一二日即行提清，每折须费印花二角，损失甚巨”，提议“存款未满三个月结清者，存户须缴纳手续费三角”，业务会议议决“照办，总分支行应一律添加”。[②]

除此之外，市行仿照其他银行于1931年开始积极筹备设立专门的储蓄部，订定章程，但“财部规定条例，须另划资本方可营业，本行基金有限，倘果划拨似觉力有未逮”[③]，后经市政会议议决同意加拨资本，但最终并未实现。可见，与私营银行相比，市银行资力的薄弱，还需仰赖市政府的支持。然而，与储蓄部不同的是，同时提议的信托部，为了尽快辅助市政建设，政府却另拨资本先行成立，由此一方面说明市银行的城市建设职能比盈利更为重要，另一方面说明市银行资本的局限，使其在吸收存款方面与私营银行相比处于劣势。例如1933年创设的大沪商业储蓄银行实收资本只有50万元，但在成立时即“另拨基金，设立储蓄部，会计公开”[④]；实收资本同样只有50万元，只有两家分支机构的大来商业储蓄银行，亦“另拨基金十万元，设立储蓄部，专门经营储蓄业务”。[⑤]

资金的不足同时会影响市银行行员开展业务，也缺乏对专业人才的吸引力，进而阻碍其在存款产品方面的创新。1931年，市行经理称“现在各银行对于一切业务进取，均有专门人才从事设计，积极进行，故能日新月异，本行限于力量不能多出薪水”“各银行对于行员待遇，如生活住宿等均极周妥……本行以创立未久，又以限于财力未能顾及，以后虽不能仿照各行，使行员生活住宿等问题得以安定，但各补习夜校等请大家不妨随时

① 上海市银行1930年营业计划书。上档Q61—1—10。
② 上海市银行第26次业务会议续，1937年5月12日。上档Q61—1—274。
③ 上海市银行理事会第38次会议，1932年10月28日。上档Q61—1—277。
④ 中国银行总管理处经济研究室编：《全国银行年鉴》1935年，第B23页。
⑤ 中国银行总管理处经济研究室编：《全国银行年鉴》1935年，第B14页。

留意讨论,俾期实现”。[①]与此形成鲜明对比的是,上海商业储蓄银行开办之初便不惜成本,通过办事人员穿西服皮鞋“拉拢外国教会(如王德堂等)和洋行,吸收存款汇兑而把业务扩充起来了”。[②] 同时,创新性的发行旅行支票,创办1元开户的储蓄。

市银行在吸收一般的商业储蓄存款方面不具有优势,是因为代理市金库及保管市府各机关及公共团体之财产和基金才是其存款的主要来源,资源的有限性使其不能二者兼顾,而后者多为活期存款,这正是市银行的存款中活期存款比重较大的原因。抗战前,市银行虽然不能代理市金库,但是,存在市行的市库资金却也不少,1931年“市长意以市中心区正值开始建设时期,第一次开放领地成绩极佳……现在市金库存本行之款为数不少,一时不致用罄,本行不妨利用经营此事,以符设立本行之主旨”。[③] 同时,市政府通令市属各机关款项收付,归市银行经理。而市银行对于与市府各机关的往来也尤为重视,其业务方针订明“市府各机关与本行同属一家,自应郑重注意,各有往来款项,无论钜细,均当竭诚延接,或派专员分往借洽或代收解,予以便利,随时酌量情形妥慎办理”。[④]

表4.6　　1930年上海市银行对外各种存款利率

活期储蓄	特别往来	往来	三年特别定期	二年特别定期	一年定期	存款种类
5厘	4厘	3厘	9厘	8厘	7厘	定则
5厘	4.5厘	4厘	1分	9厘	8厘	优待
6厘	5厘	5厘	1分1厘	1分	9厘	特别优待
	6厘	6厘	1分2厘	1分1厘	1分	极度

注:均按周息计算。

资料来源:上海市银行第2次业务会议,1930年3月29日。上档Q61—1—274。

① 上海市银行第17次业务会议,1931年8月29日。上档Q61—1—274。

② 中国人民银行上海市分行金融研究所编:《上海商业储蓄银行史料》,上海人民出版社1990年版,第101页。

③ 上海市银行理监事临时联席会议,1931年8月28日。上档Q61—1—276。

④ 上海市银行第2次业务会议,1930年3月29日。上档Q61—1—274。

复业后，市银行代理市金库，加之通货膨胀影响商业及储蓄存款，公库存款更成为存款的主要组成部分（如表4.7所示）。与其他银行相比，市银行以公库及市府各机关存款为主，最大的优点在于存款成本的下降。1946年，市银行岁入岁出预算中的活期存款利率规定“（一）市府直属各行政机关之存款不计息，（二）市府直属各事业机关之存款照年息一分计算，（三）个人及工商业之存款照年息一分二厘计算，（四）市府及本行同仁之存款照月息三分计算”。[①] 同时，公库存款概免计息[②]，并且不用向中央银行缴存准备金[③]，提高了存款的利用率。

但是，公库及机关存款的缺点也很明显，即稳定性较差，随时都可能被提现或转账。对于一般存款的延揽，复业后的市银行也并未忽视，1946年制订具体计划如下：“……市府所属各公私合资之企业，凡其银行往来应设法与本行发生关系；设法吸收中央所属各党政军政机关之存款；利用本行特殊地位，应将本市各重大工商业之存款设法尽量吸收，如遇周转困难时，本行亦当尽力接济之；推动私人存款，不论公务员或一般商店之职员，以及工厂职工，当不厌琐细，吸收小额存款，其存款利率拟较普通利率酌予提高；吸收各帮存款，本市商业发达，除本帮外，尚有津、广、川、徽、温、闽各帮之别，因各处地理之不同，而各帮之金融季节亦异，本行当联络各帮发生往来关系，其需用头寸者，并可办理押款或押汇放款等业务，挹彼注此，互相调剂，以致增益存款之效。”[④]同时，增加对银行存款的营销，注重宣传，多登广告。借助轮渡、报纸和广播公司宣传，通过免费赠阅附有标明分支行处地址的上海市地图宣传小册子，争取客源。但是，受到战后恶性通胀的影响，人们宁愿囤积实物，也不愿保存币值日低的货币，因此，市银行吸收存款的效果并不理想。

---

① 上海市银行1946年下半年度岁出岁入预算表。上档Q61—1—752。

② 上海市银行与上海市财政局关于代理市库的合约，1945年10月29日。上档Q432—2—389。

③ 上海市银行业同业整理委员函知各行庄应以存款总额百分之二十作为准备金缴存中央银行，1945年12月29日。上档Q61—1—364。

④ 上海市银行1945年度业务计划。上档Q61—1—963。

表 4.7　　战后公库存款占活期存款的比例

年度	1945 年期末	1946 年期末	1947 年期中	1948 年期末
公库存款比例	37%	80%	61%	36%

注:1945 年的数据为公库存款占全部存款的比例。

资料来源:上海市银行董监联席会议记录及资产负债表档案。

二、资产管理

(一)资产结构

抗战前市银行的资产结构(如表 4.8 所示)有如下特点:第一,库存及存放同业在总资产中的比重最大,1933 年之前甚至高于放款比重。与同时期的私营银行存在很大差异,1930—1936 年金城银行的库存及存放同业比重最高时仅为 28.18%,最低 16.67%,平均只有 21.3%,各项放款却维持在 42%—55%。[①] 第二,放款数额虽前期不及库存及存放同业,但增长速度较快,并且活期放款的比例除 1934 年之外,均大于定期抵押放款。第三,仅次于前两项的是领用兑换券准备金,这是由负债中市银行对兑换券的需求决定的。第四,有价证券相比私营银行而言,比重较低。市银行的有价证券比例在 3.9%—9.8%,而金城银行同期的比例在 15.6%—18.1%。第五,关于房地产业务,市银行几乎不开展。复业后的情况大同小异,现金及存放同业和放款的比重仍然较大,1946 年年底分别为 47.94%和 34.61%,1947 年 6 月分别为 34.79%和 42.39%。领用兑换券准备金则几乎为零,有价证券和房地产的比例也较低。[②]

表 4.8　　1930—1936 年上海市银行资产结构表　　单位:法币元

科目	1930 年	1931 年	1932 年	1933 年	1934 年	1935 年	1936 年
库存及存放同业	2 896 469.5 (58.95%)	3 811 528.4 (58.92%)	2 122 374.8 (44.03%)	1 955 836.3 (37.52%)	2 510 098.9 (27.24%)	865 696.44 (11.46%)	4 716 872.4 (38.77%)

① 中国人民银行上海市分行金融研究所编:《金城银行史料》,上海人民出版社 1983 年版,第 346 页。后面关于金城银行的资产结构数据均引自该页。

② 上海市银行 1946、47、48、49 年度决算卷宗。上档 Q61—1—1106。

续表

科目	1930 年	1931 年	1932 年	1933 年	1934 年	1935 年	1936 年
定期抵押放款	259 777.7 (5.29%)	394 954.54 (6.11%)	366 228.34 (7.60%)	724 687.24 (13.90%)	3 266 748.18 (35.45%)	2 224 797.41 (29.45%)	2 363 752.19 (19.43%)
各种活期放款①	362 635.59 (7.38%)	442 457.91 (6.84%)	870 906.61 (18.07%)	1 327 884.02 (25.47%)	1 416 177.28 (15.37%)	2 505 482.56 (33.17%)	3 156 377.31 (25.94%)
领用兑换券准备金	1 100 000 (22.39%)	1 250 000 (19.32%)	950 000 (19.71%)	950 000 (18.22%)	1 300 000 (14.11%)	1 480 000 (19.59%)	1 243 000 (10.22%)
有价证券	241 800 (4.92%)	523 732.5 (8.10%)	470 720.5 (9.77%)	200 203.14 (3.84%)	640 476.6 (6.95%)	410 355.95 (5.43%)	633 469.2 (5.21%)
营业用器具	18 256.55 (0.37%)	15 892.54 (0.25%)	13 816.45 (0.29%)	27 654.06 (0.53%)	32 554.19 (0.35%)	21 814.27 (0.29%)	19 179.75 (0.16%)
开办费	32 624.4 (0.66%)	27 730.74 (0.43%)	23 571.13 (0.49%)	20 035.46 (0.38%)	26 679.31 (0.29%)	18 675.52 (0.25%)	15 874.2 (0.13%)
押租	2 077.22 (0.04%)	2 351.8 (0.04%)	2 351.8 (0.05%)	7 139.12 (0.14%)	8 176.22 (0.09%)	8 213.22 (0.11%)	8 438.53 (0.07%)
房地产					9 900 (0.11%)	8 415 (0.11%)	7 152.75 (0.06%)
催收款项					4 856.78 (0.05%)	11 080.72 (0.15%)	2 362.99 (0.02%)
合计	4 913 641.07	6 468 648.49	4 819 969.71	5 213 439.35	9 215 667.48	7 554 531.09	12 166 479.4

注：括号内为各科目占总资产的比重。

资料来源：上海市银行资产负债对照表。上档 Q61—1—163。

上海市银行的资产结构特征是由多种因素造成的：

其一，关于现金资产的比例。现金资产的作用是保持清偿力和流动性，防范支付风险。但是，持有现金资产需要承担机会成本，其微利或无盈利的特点会影响银行利润的增加。市银行比私营银行持有更多的现金资产，说明其对安全性的要求更高，盈利性居于次要地位。其旨在服务市民，辅助市政建设的性质决定了为随时应付政府及机关单位的需款要求，必须保有相当数量的现金资产。

其二，有价证券的比重。银行投资有价证券的目的主要是获得稳定的收益、保持流动性和避税，上海市银行也不例外。1930 年"本行领用他行暗记券，现有壹百拾萬之钜，而所用之保证准备，完全系利用放款方面

① 1932 年的数据为各种抵押放款。

之抵押品，似非确实办法，且本年买卖有价证券，利益亦尚可观，现际年终结账时期，公债价格或可稍落，拟酌量购入若干，以备领券之用，利益当可较优”。① 可以看出，市银行除获取收益之外，购买证券的另一目的是作为领券准备，并且后者更为重要。1931 年“本行所存各种有价证券，计共有七十五万元，于领用钞券准备尚不能充分敷用，而其中裁兵编遣四捲等利息比较略逊，查新近政府发行之二十年关税库券，价格甚低，息亦较优，拟将前项所存裁兵各券售去若干，调购二十年关税库券似较合算”。② 1933 年“本行证券资产票面八十万，约计时值三十万，与保证准备额比较，至少需再购证券票面约二十五万方可应付”。③ 与此相比，金城银行的证券投资却主要是为盈利服务。1931 年 1 月，金城银行总处“比较现行公债利益”，认为“本行购存七长所得较新关税等项为薄。一周息六厘与月息八厘，一还本全年十分之一与十分之一四四，利益相较，既相悬甚远”，因此，决定“日内陆续购入”④新关税。同时，证券投资决策亦反映出市银行与金城银行的实力与对风险的承受力。市银行即便是在“领券用之有价证券前经售去一部分”“现在所存为数不多”“游资宽裕”的情况下，“添购数量以票面十五万元为限”。⑤ 而金城银行由于“连日债价狂跌，虽经财部维持，涨落固无把握，然亦无有止境”，决定“冒险购进”⑥下月债券。战后，市银行每月酌提部分盈余“购买有价证券以保持盈余价值”⑦，所以，战后的证券投资主要是为了保值。

其三，关于不动产的经营。1931 年，市长为了在建设市中心区时，开

① 上海市银行理事会第 16 次会议，1930 年 12 月 26 日。上档 Q61—1—273。

② 上海市银行理事会第 21 次会议，1931 年 5 月 21 日。上档 Q61—1—276。

③ 上海市银行理事会第 45 次会议，1933 年 6 月 29 日。上档 Q61—1—277。

④ 中国人民银行上海市分行金融研究所编：《金城银行史料》，上海人民出版社 1983 年版，第 546 页。

⑤ 上海市银行理事会第 55 次会议，1934 年 5 月 11 日。上档 Q61—1—278。

⑥ 中国人民银行上海市分行金融研究所编：《金城银行史料》，上海人民出版社 1983 年版，第 544 页。

⑦ 上海市银行董事会第 11 次董事监察人联席会议记录，1948 年 8 月 31 日。上档 Q61—1—388(3)。

放领地，希望“本行能再予以土地抵押之便利，则发展自易”，但是，“本行章程业务范围于地产抵押并未列入”[①]，并且《银行法》第十一条规定“除关于营业上必须之不动产外，不得买入或承受不动产”。[②] 而市银行对不动产的经营并未放弃，大部分通过兴业信托社办理，尔后也有部分地产押款，但由于地产系属呆滞之物，相关放款也逐渐减少。1933 年“兴业信托社即将开幕，将来关于地产部分建筑等业务，需款甚钜，而本行现在头寸颇宽，拟予放借以资协助而期两利”。[③] 1935 年，“为救济工商业起见”，九月放款总额五百万余元内“以地产作抵者将及六十万元”，“但地产流通甚为困难”，总经理提议“已做者应即予设法收回，务期减少，新做地产押款，绝对不能接受”。[④]

各项资产中最能体现银行定位及运营特征的莫过于放款，上海市银行的放款亦有明显的代表性。首先，对于贷款对象。1930 年，市银行主席在决定下年业务方针时称“考核本届盈余，经理处放款及贴现利息公债利益等实占多数，此只可认为特别情况，并非普通银行业务上应有之利，假使不与经理处往来，不贴现或公债低落，即无此项利益”[⑤]，经理处系指海陆空军总司令部经理处。1932 年市银行副经理鲍国华指出，“开办以来虽能逐渐进步，但存款之增加，营业之发展，尚不及商业银行之迅速，究其原因乃本行偏重机关放款，而忽商店往来”。[⑥] 具体来说，以 1931 年为例，历次理事会所讨论之放款事宜如表 4.9 所示。可以看出，其他放款比对市府机关的放款明显更少，总共 12 笔放款中，只有 2 笔不涉及市府相关单位。1937 年的业务会议亦反映出该特征，朱经理提出，“此后本行业务除应付市府及各附属机关外，应向何方发展”，会议议决“应向市属范围

---

① 上海市银行理监事临时联席会议，1931 年 8 月 28 日。上档 Q61—1—276。
② 《银行法》，《广东省政府公报》，1931 年第 151—152 期公报合刊。
③ 上海市银行理事会第 48 次会议，1933 年 9 月 28 日。上档 Q61—1—277。
④ 上海市银行第 25 次业务会议，1935 年 11 月 28 日。上档 Q61—1—274。
⑤ 上海市银行第 11 次业务会议，1930 年 12 月 29 日。上档 Q61—1—274。
⑥ 上海市银行鲍国华关于放款偏重机关放款不利未来发展的呈文，1932 年 9 月 22 日。上档 Q61—1—101。

内小工商业及农村贷款着手”[①]，所以，向市府及其附属机关的放款是市银行放款需要首先满足的。复业后情况亦如此，1945 年，市银行的业务方针中曾规定“本行以下列放款为主：(一)公用事业放款，(二)有关市政建设之放款，(三)同业集团放款，(四)生产事业短期抵押贷款或承兑票据贴现”。[②] 表 4.10 反映的情况与此一致，1945 年总共放款 24 笔，直接放款给市府相关单位或由其介绍的有 19 笔，放款对象中，直接贷与政府单位 5 笔，有关水电煤的公司放款 5 笔，医院放款 3 笔，交通公司放款 3 笔，文化单位放款 2 笔，电话公司 1 笔。市银行管理市财政收支、服务市政建设的职能，决定了其放款业务必然要与市府及各机关频繁往来，其中包括直接放款和通过各机关介绍的相关公司的间接放款。从表 4.9 和表 4.10 亦可看出，抗战前后两阶段的不同仅在于，战后非政府机关的放款比战前更少。

表 4.9　　1931 年上海市银行理事会讨论之放款案

时间	放款对象	事由
2 月	平民住所委员会	向本行借款 12 万元以备建筑
3 月	市财政局	向本行借拨市政公债 20 万元将来照原价以现款清偿
	张崇新、张振新、万康成、老同兴、天厨厂	增加透支额度为 1 万两
4 月	市卫生局	为建筑宰牲厂拟向本行暨各银行借款 100 万元，准予设法赞助至借给数目俟与各银行接洽后再行答复
	上海电话局	市公用局函上海电话局拟向本行借款 12 000 元，由上海银行具函担保每月摊还 600 元及其利息
5 月	上海电话局	上项借款上海银行既未能担保则应由该局呈请市府通令各机关每月应付电话费统交存本行俾便照约按期扣偿

① 上海市银行第 26 次业务会议续，1937 年 5 月 12 日。上档 Q61—1—274。
② 上海市银行第 1 次常务董事会议记录，1946 年 11 月 6 日。上档 Q61—1—387。

续表

时间	放款对象	事由
6月	市工商局	沈局长来商拟以所购柏油时价约值16万元向本行押借洋12万元，先调查柏油市价为价格足值16万元准予押借
8月	市府各局	向本行酌订透支，比照各局每月经常费以五分之一准予透支但须由财政局作保
	度量衡制造公司	市社会局函据本市度量衡制造公司呈请转商透支银2万元制造收买新器为供给特区商店之准备，准透支1万元即请社会局担保
1月	务本、吴淞初中	市教育局函因务本吴淞初中两校添建校舍拟向本行借款，函复该局目前时局不靖市面金融异常紧急所商一节暂从缓议
2月	财政社会两局	为建筑国货陈列馆收地费亟待拨付拟向本行商借银12万元，须以土地执业证过本行户名作为担保品并须由该局呈准市府指定市营业税收入尽先拨还该项借款本息至多不得超过6个月方可准予订约照借
	上海法学院	将闸北区土地执业证向南市分行押借洋1万元由褚辅臣君担保
	无锡泰隆面粉公司	本行谢恒巽庄做无锡泰隆面粉公司押款，一切手续即由恒巽庄出面办理惟须有该公司全体董事以个人名义担保

资料来源：1931年上海市银行理事会会议记录。上档Q61—1—273、276。

表4.10　　上海市银行1945年放款

时间	机关名称	事由
10月4日	空军第二地区司令部	为函请惠予短期借款或透支国币1 000万元以应急需由
12月5日	申新纺织总公司	函请以20支採花牌棉纱向本行透支2 000万元希察洽办理由
11月26日	上海市市立戒烟医院	函复透支一节暂难照办请亮察由
12月11日	上海市市立第二医院	函复所请将借款展期一节如仍由卫生局担保准予展至本年年终前归清希查照示复由
11月11日	上海市市立第二医院	为函请通融短期借款300万元希予以赞助

续表

时间	机关名称	事由
11月9日	市公用局	为拨商办闸北水电公司呈为与市银行透支契约祈请证明等函请查照由
12月10日	闸北水电公司	函知透支期间将满希来行归楚由
11月13日	商办闸北水电公司	为函知承兑借法币500万元至感希查照由
10月21日	金源钱庄	函请暂借2 000万元请俯允由
10月25日	大刚报	为函请抵押借款500万元请张雪中先生作保希查照惠允由
12月22日	公济医院	函复如仍以卫生局作保证人,本行可准展期,但年终决算前必须将借款本息悉数归还由
12月21日	公济医院	函请将到期契约准予展期由
11月1日	公济医院	函复可以透支由
10月29日	上海市公济医院	为拟开本行透支100万元请查照赐复由
11月26日	民生实业公司上海分公司	为所请将前做透支展期1个月自可照办利率改为按月5分4厘希查照由
11月24日	民生实业公司上海分公司	函请将到期透支借款准予展期1个月尚祈裁示由
11月21日	民生实业公司	为函知前订透支将于本月24日到期希遵约来偿由
11月14日	民生实业公司	函知10月份透支欠息数及自15日欠息改以四分五厘计算希洽夺由
10月22日	民生实业公司	函复透支可以照办期限1月月息四分请查照由
10月22日	民生实业公司	函请准予透支800万元可否乞示复由
12月31日	上海市政府接收物资管理处	为请增订透支借款1 000万元由
12月31日	上海市政府接收物资管理处	函复所请增订透支借款1 000万元一节自可照办希查照办理由
12月31日	上海市政府	为本府接收物资管理处增订透支借款1 000万元报请鉴核备案由
12月14日	上海市政府	据呈报办理接收敌伪物资管理处透支借款情形准予备案由

续表

时间	机关名称	事由
11 月 30 日	上海市政府	呈报办理接收敌伪物资管理处透支借款情形仰祈鉴核备案由
11 月 29 日	上海市政府 接收物资管理处	准函拟向本行透支 1 000 万元一节自可照借复请查照由
11 月 20 日	接收物资管理处	函派会计组长孙桂林前来商定透支合同以1 000万元为限请查照见复由
12 月 30 日	上海市政府	据呈报财政局续向该行增借 1 亿元一案准予备案由
12 月 22 日	上海市政府	呈报财政局续向本行增借 1 亿元仰祈鉴核备查由
12 月 21 日	市财政局	函请再予透用 1 亿元希查照由
1946 年 1 月 4 日	上海市政府	据呈报财政局向该行透支借款 2 亿元业经照借一案准予备案由
12 月 19 日	上海市政府	呈报财政局向本行透支借款 2 亿元业经照借仰祈鉴核备案由
12 月 17 日	市财政局	为填送向贵行透支国币 2 亿元借据希查照由
12 月 12 日	市财政局	函请借款 2 亿元月息 3 分希查照由
12 月 25 日	上海市政府	据呈报上海市立图书馆向该行透支款项一案仰迅即自行清理以后府属各单位凡向该行透支或借款应先呈府核示不得擅先办理由
12 月 10 日	上海市政府	呈报上海市立图书馆向本行透支国币 80 万元业经照借仰祈鉴核备案由
12 月 5 日	上海市立图书馆	函请透支国币 80 万元由
11 月 24 日	上海市政府印刷所	为函复所请将前订透支展期 2 个月自可照办希照派员前来本行洽办手续由
11 月 23 日	市政府印刷所	为函请将前订透支 500 万元准予展期 2 个月希查照见复由
10 月 19 日	上海市政府印刷所	为函请准予透支 500 万元祈惠复由
10 月 20 日	上海市政府印刷所	为函复所请透支 500 万元一节自可照办希即来行洽办由
12 月 10 日	上海市政府	据呈报本府印刷所向该行抵押透支国币 500 万元一案准予备案由
11 月 24 日	上海市政府	为本府印刷所向本行抵押透支国币 500 万元经过情形报请鉴核备案由

续表

时间	机关名称	事由
12 月 8 日	上海市公用局	为函请调借 3 000 万元以焦炭与柏油作抵希照俯如所请由
12 月 24 日	上海市政府	据呈报公用局所属之吴淞煤气厂向该行透支借款 2 000 万元一案事前未据呈准应由该行自行清理由
12 月 14 日	上海市政府	呈报公用局所属之吴淞煤气厂向本行透支借款 2 000 万元业经照借仰祈鉴核备案由
12 月 5 日	市公用局	为介绍上海自来火公司及上海自来水公司向贵行借款希赐洽由
12 月 15 日	上海交通银行	为函复自来火公司向本行贷款系以该公司全部营业收入为担保品所有收入自不能按照比例拨存该行希查照由
12 月 8 日	上海交通银行	函请将英商自来火公司营业收入按照透支比例拨转 2/3 存入该行希洽照见后由
12 月 21 日	上海自来水公司	为函复来 6 万元支票一纸照收送奉收据一纸希查照由
12 月 28 日	自来水公司	为函送 6 万元支票一纸请查收见复由
12 月 19 日	上海市政府	据呈送上海自来水公司向该行等借款 2 亿元合约副本准予备查由
12 月 4 日	上海市政府	为呈送上海自来水公司向本行及中国银行等借款 2 亿元合约副本请备案由
12 月 6 日	市公用局	为介绍上海电话公司临时借款 5 000 万元请赐洽由
12 月 19 日	上海市政府	据呈送上海电话公司向该行借款 5 000 万元合约副本准予备查由
12 月 7 日	上海市政府	为呈送上海电话公司向本行借款 5 000 万元合约副本请备案由
12 月 11 日	上海市政府	据呈送上海煤气公司向该行借款 2 500 万元合约副本一份准予备查由
12 月 4 日	上海市政府	为呈送上海煤气公司向本行借款 2 500 万元合约副本请备案由
11 月 14 日	上海市公用局	函送上海电车有限公司向本行借款合约正本存执由
12 月 19 日	上海电车公司	函复清单中 600 万元及 100 万元两笔还款日期系贵公司轧洞整理复本行实际收款入库日期所嘱更正一节歉难照办由

续表

时间	机关名称	事由
12月12日	上海电车公司	为送来清单中600万元一笔系于11月20日100万元一笔系于21日归还请更正由
12月7日	市公用局	为函达赓续担保英商上海电车公司借款400万元展期1个月希查照由
11月30日	上海电车公司	准函检送还款收据副本由
11月28日	上海电车公司	为遗失归还本行400万元之收据请赐副本希查照由
11月14日	上海电车公司	函知根据合约派员收款由
11月14日	上海电车公司	函送借款合约正本存执由
11月10日	上海电车公司	为函请拟向本行借款法币4 000万元由上海市公用局为保证人希查照由
11月28日	市政府	为据呈送上海电车公司向该行借款4 000万元合约正本一案指令准予备查由
11月14日	市政府	为呈送上海电车有限公司向本行借款4 000万元合约正本请备案由
10月18日	上海市公用局	为函知上海都市交通公司借款偿清请将合约注销由
10月2日	财政部驻京沪区财政金融特派员办公处	为电知市公用局商请短期抵押借款800万元除由中央银行拨借半数余归本行筹借希查照办理由
10月17日	上海都市交通公司	为函达借款偿清请将合约即日注销由
10月31日	市政府	为据呈报上海都市交通公司借款偿清指令已悉由
10月22日	上海市政府	为呈报上海都市交通公司借款偿清祈鉴核由
10月17日	上海都市交通公司	为函请发给稽核员办公费国币2万元以便转给而符约定由
10月9日	上海都市交通公司	为函知派定贾□①怀君为稽核员自11日起驻在该公司洽收放款事宜希洽照由
10月6日	上海市政府	呈送上海都市交通公司向本行及中央银行业务局借款800万元合约抄本请鉴核备案
10月10日	上海市政府	为据呈送上海都市交通公司向该行及中央银行业务局借款800万元合约抄本准予备案由

资料来源：上海市银行1945年放款。上档Q61—1—366。

① 原档案不清楚。

(二)贷款利率

上海市银行对市府机关一直给予贷款利率优惠,但是,战前优惠幅度较小,并且严格执行。1935 年“兴业信托社函,前以奉令筹备浦东水厂,本行抵押透支洋二十万元月息九厘(0.9%),兹以根据本埠各厂情形在初办一二年内获利至微,拟请减为月息八厘(0.8%)”,而理事会“议决应仍按照市属各机关往来向例,以月息九厘计算(0.9%)”。[①] 1933 年 11 月底,“甘肃朱财厅长及朱主席函电,商以印花税票面十五万元,向本行抵押透支洋十万元,经函复允押借五万元,月息一分(1%)至明年六月底清偿”。[②] 二者相比,月息仅相差一厘(0.1%)。复业后的 1946 年,市银行有专门针对政府机关借款的规定《上海市政府各机关向上海市银行借款办法》,其中,包括市政府直属机关借款办法和府属附属机关借款办法,前者借款利率暂定为月息二分(2%),后者利率月息五分(5%)。[③] 而总经理批示的市行各办事处向总行的透支利率都要月息六分(6%)。[④] 对生产事业放款的利率则更高,“抵押及透支等月息十分(10%)”。[⑤] 即便如此,随着战后通货膨胀的加剧,市库入不敷出,市银行频繁给予市政府免息贷款。1948 年 8 月,市政府训令“据财政局呈称,本市各机关八月份生活补助费,现按七月份指数 160 亿倍计算,拨发计需二万五千余亿元,除多方筹借外尚差五千六百亿元,拟恳转令市银行借垫五千亿元等情,前来应准照办,除指复外,合行令仰遵照免息垫借五千亿元此令”。[⑥] 十月市政府训令“据财政局呈称,各单位九月份下半月俸给费亟待拨发,惟库存尚不敷支应,请转令市银行无息透支借金圆五十万元正等情,前来应准照办,除指复外,合行令仰遵照免息垫借金圆五十万元正为要此令”。[⑦]

---

① 上海市银行理事会第 66 次会议,1935 年 6 月 17 日。上档 Q61—1—278。

② 上海市银行理事会第 50 次会议,1933 年 11 月 29 日。上档 Q61—1—277。

③ 《上海市政府各机关向上海市银行借款办法》,1946 年 11 月 18 日。上档 Q61—1—445。

④ 上档 Q61—1—387。

⑤ 《上海市银行 1946 年下期放款暂行办法》,上档 Q61—1—445。

⑥ 上海市银行常务董事会第 43 次会议记录,1948 年 8 月 19 日。上档 Q61—1—814。

⑦ 上海市银行常务董事会第 45 次会议记录,1948 年 10 月 4 日。上档 Q61—1—814。

(三)贷款风险管理

上海市银行向来重视营运的稳健性,成立之初即强调“存放汇三要素均抱定稳健主义”[①],并为此改分行为统账制,分行一切开支概转总行账。[②] 复业后,市银行的营业方针仍然是“力求稳健”[③],所以,工商业放款限额甚少。对于工商业放款,市行一方面对抵押或担保品以及保人严格要求,前者“注重商业货品”[④],要“易于变卖”[⑤],后者兼有数量及殷实与否的要求。同时,个人信用放款“本行向不承做”。[⑥] 但是,由于“本市各商店对于本身经济状况素守秘密”[⑦],因此,“放出之款时有手续欠当,调查失实,以致事后无法挽救并有损失之虞”。[⑧]

私营银行在这方面与此不同,上海商业储蓄银行有专门的调查部,其中,信用调查是其主要工作之一,包括“各分行信用放款之审核”“工商行家之调查”等等,“自 1936 年 5 月起,每周发布抵押商品述要一种,是同人对于抵押商品,易于认识内容,而放款益臻安全”。[⑨] 同时由于“一人之见闻有限,难免有失察之处”,设立以总经理为主席,重要职员组成的放款委员会,每周开会一次,“报告兜揽及接洽中之放款情形,并取决承做与否”,“根据市场之畅滞,决定押款押汇折扣及选择押品”[⑩]等放款事项。可见,私营银行对于贷款风险的管理更加全面与严格,市银行的管理机制则较弱。

---

① 营业计划书,1930 年。上档 Q61—1—10。

② 上海市银行第 7 次业务会议,1930 年 8 月 30 日。上档 Q61—1—274。

③ 上海市银行复业后第 1 次董事监察人联席会议,1946 年 1 月 18 日。上档 Q61—1—388。

④ 上海市银行第 19 次业务会议,1932 年 1 月 9 日。上档 Q61—1—274。

⑤ 《上海市银行 1946 年下期放款暂行办法》,上档 Q61—1—445。

⑥ 上海市银行理事会第 62 次会议,1935 年 3 月 1 日。上档 Q61—1—278。

⑦ 上海市财政局长蔡增基与市银行徐圣禅关于处理放款暂行办法的函件,1934 年 11 月 28 日。上档 Q61—1—54。

⑧ 上海市银行第 26 次业务会议续,1937 年 5 月 12 日。上档 Q61—1—274。

⑨ 中国人民银行上海市分行金融研究所编:《上海商业储蓄银行史料》,上海人民出版社 1990 年版,第 744、743 页。

⑩ 中国人民银行上海市分行金融研究所编:《上海商业储蓄银行史料》,上海人民出版社 1990 年版,第 499、500 页。

究其原因,主要是市银行的放款重点不在于工商业,而在于市府机关。后者多由税收担保,或者由政府机关担保市政建设单位或学校等相关机构,不存在企业资本、信用状况等调查。例如,1931年“本市度量衡制造公司呈,请转商透支银贰万元制造收买新器,为供给特区商店之准备”,市银行“函复准透支一万元,即请社会局担保”。[①] 1933年“公用局拟设给水处,需费一万四千九百余元”,“由财政局担保”。[②] 战后,市府总务处、公用局、财政局均可作为承还保证人(如表4.10所示)。由于客户主体的不同,市银行的贷款管理相对简单,但是,其弊端也很明显,一旦财政收入不能及时到位,将会导致贷款无法收回。

小　结

本章通过对上海市银行内部运营机制的分析,发现其组织形式、治理结构以及资产负债管理均呈现出与私营银行不同的特点,这与其定位和职能息息相关。

国民政府时期,各个地方政府都在为实现对地方银行的完全控制而努力,但是,由于不同省市的政府,实力存在差异,某些地方不得不依靠私人力量,因此形成了不同组织形式的地方银行。市银行莫不例外,无论作为市府的附属机关,还是股份有限公司,市银行的资本均来自市政府,即市政府拥有所有权的本质始终没有变。不同的组织形式,市政府从市银行获得的收益也不同。作为股份有限公司,近代的官利制度同样存在于战后市银行的运营中;并且由于市政府对市银行实际的所有权,正息与红利全部归于市政府。除此之外,市银行承担协助政府管理财政收支、进行城市建设、支持科教文事业等职能,使其分支机构遍布全市,但也因为对财政金融职能的侧重,其内部组织较省立银行更为简单。

地方银行的性质也决定了市银行的内部治理结构。市政府与市银行

---

① 上海市银行理事会第24次会议,1931年8月20日。上档Q61—1—276。
② 上海市银行理事会第43次会议,1933年4月20日。上档Q61—1—277。

理事会或董事会，以及市政府与总经理之间的委托代理关系决定了市银行的业务方向，其中又以后者为重点。抗战之前的市银行，由于理事会主席与总经理在1936年之前并非市政府官员，并且理事会成员中市府官员比例较小，市银行尚有一定的话语权；而复业后的董事会主席是市财政局长，总经理由市政府聘任，两者均受市政府管辖，因此，市政府对市银行的干预加强，严重影响了市银行的独立性。但是，当政府训令关系城市发展时，市银行这部分的职能也随之增强。

上海市银行的资产负债管理同样体现了地方银行的特征。存款中活期存款远大于定期存款，主要原因是其存款来源以市库及机关团体为主，一般商业储蓄存款比例较小；同时，由于受到规模及资金的限制，市银行吸收商业储蓄存款的能力也不及私营银行。同样，市银行的放款也以市府及其附属机关为主，因此，其风险管理比起私营银行更为简单。另外，为了随时满足市府及市政建设等的需要，保持充分的流动性，市银行的现金资产比重较私营银行更大。

第五章　上海市银行的外部关系

地方银行的外部关系主要包括政府及同业。因其特殊的官办背景，地方银行与政府的关系尤为值得关注。上海市银行的外部关系以政府最为重要，其中，与中央政府主要是利用与被利用的关系，上海市银行成为国民政府实现国家垄断主义、掠夺国民财富的工具。上海市银行与地方政府则是互相依靠、互为一体，后者是前者的主要服务对象和利润来源，同时后者需要借助前者保障政府机构的正常运行，维护地方经济的稳定。地方银行与同业之间的联系则不及私营银行般密切，没有相互监督的功能，通常以普通的银行往来为主。

第一节　上海市银行与中央政府的关系

一、与中央政府关系的分析

近代中国新式银行业的产生和发展都与政府有着千丝万缕的联系，“中国新式银行产生伊始，即从属财政需要”[①]，“财政对银行的依存性和银行对财政的从属性，比任何资本主义国家更为严重”[②]，“上海金融界与国民政府控制与反控制的较量，几乎从国民政府成立的头一年就展开了”，其关系经历了“支持—矛盾中合作—控制与反控制”[③]三个阶段。私

---

① 杜恂诚：《近代中国经济的悲剧——财政与银行合一》，《上海经济研究》，1993 年第 4 期。

② 张郁兰编：《中国银行业发展史》，上海人民出版社 1957 年版，第 1 页。

③ 参见杜恂诚主编：《上海金融的制度、功能与变迁（1897—1997）》，上海人民出版社 2002 年版。

营银行与中央政府之间的博弈建立在利益驱动的基础上[①]，由于在金融市场中，外资银行和钱庄势力占据统治地位，私营银行不得不主动向政府靠拢。然而，地方银行以管理地方财政收支作为主要业务，在地方政府存续期间，保障其立足自然不成问题，那么，没有利益的驱动，地方银行与中央政府之间的关系如何呢？

回顾地方银行的历史，其前身地方官银钱号之所以产生，是由于清政府推行大钱的需要。最初的官银钱号对地方政府和地方经济没有任何帮助，有且仅有推行中央政策的作用。北洋政府时期，由于中央政府失去对全国的控制，地方银行与中央政府的关系也随之减弱。南京国民政府时期，中央实行国家垄断资本主义，但是，国家垄断金融体系尚未完成，中央政府政策的落实，实现对全国经济的控制，不得不依靠地方银行的力量。抗日战争时期，为了"策动我全国金融总动员，运用我全民经济的整个力量，粉碎敌人对封锁经济破坏金融的阴谋，以达到抗战必胜，建国必成的鹄的"，国民政府财政部于 1939 年 3 月 6 日召开第二次地方金融会议，而参会"诸君来自各地，或掌管地方财政，或主持地方金融"[②]，主要讨论"一，如何发展我经济力量方案；二，如何加强我金融组织案；三，如何维护我币制信用案；四，如何便利我物产之收购案；五，如何平衡我物价之涨落案。六，如何接济我食粮案"。[③]

上海市银行也不例外，中央政府利用市银行落实各项经济政策是必然的。1935 年财政部为配合法币改革，令"所有该行截至十一月三日止，库存钞票种类及现金数目，仰即克日详细查明，报告中央银行转报本部以凭查核"，并"为流通法币，便利银币兑换起见，令代为收换银币银类"，同时，要求"所有各省市银行发行各种钞券，应即日截止发行"。[④] 1945 年，

---

① 参见王丹莉：《银行现代化的先声——中国近代私营银行制度研究(1897—1936)》，中国金融出版社 2009 年版，第 165 页。

② 召君：《第二次地方金融会议》，《东方杂志》1939 年第 8 期。

③ 《财政评论》杂志社资料室：《第二次地方金融会议议案内容》，1939 年第 5 期。

④ 上海市银行理事会第 70 次会议，1935 年 11 月 27 日。上档 Q61—1—278。

中央银行委托上海市银行等机关办理登记及收受收复区敌伪钞票。[①] 1946年,中央合作金库成立之时,筹备委员会函嘱上海市银行"认提倡股一千万元整",但是,在"农民沪行拟认股五百万元,农工沪行拟认股二百万元,均在向总行请示中"[②]的情况下,市银行董事会"暂定认股二百万元"。[③] 倘若协助中央政府促进国民经济的发展是地方银行的责任,那么,中央政府洗劫全民财富时,包括上海市银行在内的地方银行就成为"帮凶"。国民政府时期的政治局势虽然较北洋政府时期有较大改善,但是,仍然有局部区域在中央控制范围之外,政府不得不将相当一部分财政支出用于军事,由于战争局势持续的时间远远超过了蒋介石的预料,因此,政府选择牺牲经济利益,搜刮民财来追求政权的稳固,战后的金圆券改革便是最有力的证明。

抗战胜利后,国内物价飞速上涨的局势日益严重,宋子文、张群内阁相继采取的货币政策均告失败,被迫下台。1948年5月,王云五任财政部长,同样也致力于货币政策计划的研究,并拟定了《改革币制平抑物价平衡国内及国际收支的联合方案》,7月蒋介石召集翁文灏等前往莫干山汇报币制改革的工作,对其所拟方案表示肯定,在此基础上最终公布了《金圆券发行办法》。史学界大都认为,金圆券改革的失败,王云五是罪魁祸首。[④] 然而,蒋介石作为最高决策者,在货币政策制订的过程中,已经听取过众多专家的意见,如杨格、张公权、俞鸿钧等,在大家均认为金圆券政策不可行的情况下,为何蒋介石一意孤行。一项货币政策的实施是边际收益与边际成本均衡的结果,在当时情况下,国民政府在经济上恶性通

---

① 上海市政府关于制定收复区敌钞登记办法致上海市银行训令,1945年11月1日。上档Q61—1—372。

② 上档Q61—1—387。

③ 上海市银行复业后第3次董事监察人联席会议记录,1946年6月18日。上档Q61—1—387。

④ 参见郭太风:《王云五:金圆券风潮中的一个关键人物》(上下),《档案与史学》1999年第4、5期;李金铮:《旧中国通货膨胀的恶例——金圆券发行内幕初探》,《中国社会经济史研究》1999年第1期;张皓:《王云五与国民党政府金圆券币制改革》,《史学月刊》2008年第3期。

胀，在政治上面临共产党的步步紧逼，因此，早在1945年，蒋介石就有改革币制的计划[①]，1947年6月对币制改革做了详细研究。[②] 如果仅仅为了遏制通胀，当局承诺的20亿元发行总额具有政策的前后一致性，但是，当存在政治危机时，在公众相信了政府承诺的情况下，政府的最优策略是超额发行，因为其边际收益是获得更多的财政收入维持军费开支，边际成本是通胀带来的经济损失，显然维持政权的稳固是首要的，即边际收益大于边际成本，这种货币政策具有前后不一致性。事实证明的确如此。央行总裁俞鸿钧密电蒋介石称，军政费增加极巨，请尽快增加放宽发行限额[③]，随后1948年11月11日公布的《修正金圆券发行办法》即取消了发行限额。然而，所有人都不了解政策的初衷，还期待政府能够挽救濒临崩溃的国民经济，包括地方银行在内。

货币政策的执行仅仅依靠中央机关是不够的，因为国家行局在很多区域没有开设分支机构，需要借助地方银行的力量，所以在《财政经济紧急处分令》公布后，中央银行便委托三行两局一库及各省银行代理。一方面收换法币券及关金券东北流通券，并制订了有关代兑时期、收换基金等问题的具体办法。[④] 一方面收兑金银，并于10月9日召集中国银行、交通银行、中国农民银行、中信局、邮政储金汇业局以及各省银行代表，检讨收兑金银办法谈话会，询问各银行在收兑过程中的困难。

上海市银行也在第一时间收到中央银行的委托，并通令总行和各办事处及信托部照办，但是，由于规模较小，分支机构数量也不及省银行多，在收换法币时，起先仅获得5万元的收换基金，后来鉴于前来收换者过多，基金很快就不敷应用，营业结束尚有大量市民无法办理，为了使市民

---

① 中国第二历史档案馆：财政部档案，三(1)—4851，转引自张秀莉：《金圆券改革研究》，上海财经大学博士后研究工作报告，2012年，第24页。

② 《蒋介石日记》(1947年6月)，[box46.9]，斯坦福大学胡佛档案馆馆藏，转引自张秀莉：《金圆券改革研究》，上海财经大学博士后研究工作报告，2012年，第26页。

③ 李金铮：《旧中国通货膨胀的恶例——金圆券发行内幕初探》，《中国社会经济史研究》1999年第1期。

④ 中央银行委托三行两局一库及各省银行代理收换法币券等办法的文件，1948年8月22日。上档Q61—1—1032。

不用来往奔波，央行又增拨了5万元。[①] 在收兑金银过程中，对于市银行本身而言，并无金银可报。1948年八九月间，市银行收到上海市银行商业同业公会劝集申报外汇等资金的数十封函件，但其在1948年9月30日填报的《上海市银行劝缴金银及外币报告表》中，黄金、美钞、港币、英纸、白银、银币的已缴数与正在缴兑数均无，仅在《上海市银行外币证券报告表》中显示有1947年美金短期库券票面金额120 085.46。与私营银行业观望、虚报的态度不同，地方银行在申报过程中，如实汇报，积极配合中央政府收兑金银。市银行业务总经理在请示总经理时，所称"本行并无黄金外汇(仅有美金库券)请否申复"[②]一样，没有些许隐藏。

虽然蒋介石实施"币制改革"的初衷就注定了失败的结局，但是，包括上海市银行在内的各地方银行在推行币制改革中"功不可没"，没有其遍布全国的分支机构，没有其倾尽全力的配合执行，国家政策恐怕也不能如此快速"见效"，蒋介石搜刮民众的财富也不会如此庞大，它们在这一事件中发挥的作用无疑是负面的。

中央政府利用地方银行的目的是很明显的，通过执行各项财政货币政策，实现国家垄断资本主义，从而维护政权的稳固。在这个过程中，利用仅仅是一个方面，约束和监管是另一方面。上海市银行在申请注册时，关于章程一事，市银行提交的草案中本由市政府决定的事项，财政部要求"第二条末，应加但书为，应呈报市政府转咨财政部备案，第四条第二项，呈请市政府下，应加转咨财政部字样，第七条应加一项文，云前项理事监事指派后由市政府将名单转咨财政部备案，第十六条呈报市政府下，应加转咨财政部查核字样"。

中央政府对于市银行权力的限制还表现在市金库的代理权上，最初市银行计划代理市金库，但财政部以"与国民政府迭次通令京外各机关所

---

① 中央银行发行局为本行代兑基金定为乙等金圆十万元签请查照备具派员领取由，1948年10月15日。上档Q61—1—1032。

② 上海市银行商业同业公会为申报金币由，1948年8月31日。上档Q61—1—943。

有公款应悉数存放中央银行相抵触”为由，要求“应即删去”[①]这一业务。尔后，市银行董事会认为“经理市金库一节在事实上有设立之必要，应仍请财部照准”，市财政局提出“可将原条第一项改为‘代理市金库出纳事宜’度与事实相符，而于职权上亦无抵触或可得财部之谅解”，但是，财政部回复“上海市银行章程第六条，代理市金库出纳事宜一项，仍应删除”。由于市金库代理事宜不能妥善解决，“嗣后对注册一事终未办妥”。[②]。

复业后，国家垄断金融体系已经基本建立，但是，“奉宋院长谕，上海市银行无设立必要，嘱转饬该行办理结束”，上海市政府“沥陈事实理由”，认为上海市银行的设立可以调剂地方金融，扶助经济建设，开发生产事业，并且上海市银行对上海市的情况比较熟悉，继续办理相关业务可以事半功倍。同时，上海市范围较大，收付款项规模也比较大。上海市银行的业务已经初具规模，如果突然停闭，会影响政府威信和上海市的金融。请求继续设立，以恢复上海市的繁荣。[③] 最终于 1947 年 4 月获得财政部批准，“十余年来之悬案已获解决，实可为本行庆幸”。[④]

换个角度来看，上海市银行与私营银行不同，并未从其与中央政府的交往中获得显著的收益。私营银行一方面通过聘任官员，从而开拓业务；另一方面主动向政府靠拢，协助政府募集公债，进而掌管国债的发行和还本付息，例如，江海关二五库券。但是，市银行除了停业之后，在发还存户存款时请求财政部设法救济外[⑤]，没有得到中央政府其他的帮助，更不用说额外的好处。因此，在上海市银行与中央政府的往来中，利益流向是单向，而非双赢。

从上海市银行的例子中，我们可以看出，通常地方银行作为政府附属

---

① 上海特别市市政府训令字第 2419 号，1929 年 11 月 21 日。上档 Q61—1—10

② 上海市银行复业后第 1 次董事监察人联席会议，1946 年 1 月 18 日，上档 Q61—1—388。

③ 上海市政府、上海市财政局为上海市银行应否继续设立事致上海市银行函令，1946 年 2 月 4 日，上档 Q61—1—417。

④ 上海市银行复业后第 7 次董事监察人联席会议记录，1947 年 6 月 30 日，上档 Q61—1—388。

⑤ 上海市银行向银行公会请求退会，1938 年 11 月，上档 Q61—1—314。

的金融机构是为中央政府财政服务的。

除此之外,中央政府与地方政府官员之间的私人关系在分析上海市银行的运营中也是不能忽略的因素之一。在上海市银行的复业过程时中央政府认为市银行"无设立必要",但并未详细说明具体原因。根据档案记载,"因为钱大钧和当时行政院长宋子文不睦,而市银行立案事迄未办妥,宋就抓住这一点,三番五次的训令市行停业,钱大钧均未置理,不久钱大钧去职,新任市长吴国桢以□[①]妙的手法取得宋的谅解,同时又要求宋直接派总经理,宋当时本属意于中南银行经理胡惠春,而胡则又推荐其搭档道贤模出任这个职务,于三十五年七月间到任"。[②] 由此看来,由于地方银行必定会受到中央政府的管辖,当中央政府官员不能客观公正地对待地方银行的管理事宜时,会给地方银行的运营带来一定的风险。

二、中央政府政策对上海市银行的影响

1935 年,国民政府实施法币改革,完成了四行二局一库的垄断金融体系建设,具备了控制全国经济的能力。对战争时间的错误估计,导致中央政府财源枯竭,不得不通过发行纸币筹集战争经费,由此带来的经济危害一致延续到战后。国民政府企图通过对经济的严格管制,缓解通货膨胀导致的经济混乱。然而,一系列管制经济的法律指令直接妨碍了上海市银行开展业务,甚至危及其生存。

中央合作金库是国民政府实行金融垄断政策的一个机构,于 1946 年 11 月 1 日在南京成立,接着在全国各重要城市成立分支库,上海市合作金库于 1946 年 11 月 7 日设立,在这之前,筹备委员会函嘱市银行认股 1 000万元。[③] 1947 年 4 月,国民政府为弥补巨额财政赤字,发行了 3 亿美元的美金库券,年息 2 分,期限 3 年。相比之下,当时黑市利率的月息

---

① 原档案不清楚。

② 上海市银行过去的缺陷与今后的方向。上档 Q61—1—1815。

③ 上海市合作金库筹备委员会请市银行认股1 000万元整,1946 年 3 月 14 日。上档 Q61—1—387。

已在10分以上[①]，并且还本付息以购买时的美金牌价付给法币[②]，而美金牌价只有提高没有低落的可能，再加上通货膨胀之下，一般人民维持生活已感困难，工商事业均感流动资金之短少。所以，销售结果可想而知。市银行作为公营单位，为协助政府金融政策之推行，不得不勉强购置了20万元。[③]

与此同时，国民政府失败的经济政策，却要银行来买单。1946年3月4日，行政院的训令称："查现在买卖外汇无公开市场，对外贸易陷于停顿，因之工商企业并相观望，实为经济复原之一大障碍，且以解决办法尚未公布，以致黑市之纷扰乃日甚一日，近更索动黄金市价，尤足影响金融刺激物价，自应速将汇市纳入正轨以促成经济之发展与民生之安定，至于恢复对外贸易及开放外汇买卖，订定次列主要原则(一)划分进口货为三类……(四)先行官价外汇汇率应予废止，中央银行应察酌市面情形并依照供求实况随时供给或收买外汇，以资调节而防止过度之波动……"[④]这意味着私人可以根据需要向指定银行申请外汇，虽然央行调整了汇率，仍赶不上物价上涨，因此，就出现了大量输入进口商品，外汇投机猖獗，而出口创汇乏力。随即在1946年9月12日，上海市政府关于外汇调整后放款业务紧缩事致上海市银行的训令称：8月29日，中中交农四银行联合办事总处秘书处理事会议讨论"关于外汇调整后放款业务应否酌量缩减一案当经决议[……四、其余除必要之工矿公用交通等生产事业及农业贷款外应暂行紧缩]……"[⑤]，正常的银行业务就这样被国民政府的多变政策所干扰。

---

① 滕维藻：《论美金库券的发行和募捐》，《世纪评论》1947年第1卷，第19期。

② 《美金库券何以停售?》，《经济通讯》1947年第2卷，第32期。

③ 上海市银行复业后第7次董事监察人联席会议记录，1947年6月30日。上档Q61—1—388。

④ 上海市政府为抄发进出口贸易暂行办法及中央银行管理外汇暂行办法致上海市银行训令，1946年3月21日。上档Q61—1—414。

⑤ 上海市政府关于外汇调整后放款业务紧缩事致上海市银行训令，1946年9月12日。上档Q61—1—416。

不仅如此，国民政府对银行业的管制在法律条文中体现得淋漓尽致。1946年6月，上海市银行业同业公会关于拟订《透支契约》及《质押透支契约》事致会员银行函中提到"财政部训令，关于各银行以往来存款科目为变相信用放款，应予以取缔一案，数经讨论，凡客户透支款项，应遵令订立契约，当委托银行学会研讨"。1936年12月31日市银行的资产负债表显示，库存及存放同业的数额是资产类中比例最大的，相当于定期抵押放款的两倍多。① 可见，存放同业是市银行运用资金的一条重要途径，事实上1946年12月3日，董事会给总行的密函中关于存放同业，"仍视市面情形由总经理随时酌办之"。②

1947年新的《银行法》实施，国民政府关于施行《银行法》仍适用管制办法第九条一案之训令中指出，"本法似可公布施行。惟在实施经济紧急措施期间。经济紧急措施方案中之加强金融管制办法。继续有效"。③

1948年，"财政厅鉴于各省市地方银行与商业行庄订定通汇契约，代解汇款，难免不发生存放情事，显与最近修正公布之加强金融业务管制办法第三条之规定不合，特再明文规定嗣后省市银行应不得与商业行庄订立通汇契约，其已订立者，应即日清结解除契约具报"。④ 那么，市银行的汇兑业务也受到了威胁。1948年，天津市银行由于业务受到限制，由天津市银行商业同业公会向全国银行公会联合会提出，请政府迅速制定院辖市市银行法或明令公布院辖市之市银行准用省银行条例之规定。经转呈财政部后，财政部回复称在修正县银行法时会考虑，但"目前应仍暂照县银行法规定办理"。⑤

自此，存款被洗劫，放款被限制，汇兑被叫停。市银行的主要业务存

---

① 1936年份上海市银行报告，上档Q61—1—163。

② 上海市银行总行给董事会的密函，1946年12月3日。上档Q61—1—387。

③ 《国民政府关于施行银行法仍适用管制办法第九条一案之训令》，《银行周报》1947年第31卷，第38期。

④ 《省市银行不得与行庄订约通汇》，《银行周报》1948年第32卷，第7—8期。

⑤ 《财部令关于院辖市市银行之组织暂准照县银行法办理》，《银行周报》1948年第32卷，第21期。

放汇，遭到全面而直接的抑制。

战后，即使已经恢复设立了上海市银行，国民政府依然想干预市银行的事务。1946 年 10 月 5 日，上海市市长为代理市库事宜转发财政部的信函称，财政部 1946 年 9 月 23 日函开："案准贵市政府三十五年八月十二日沪财字第六一四一号公函，关于上海市库依法应先仅中央银行代理一案，略以本市自治财政收支向由上海市银行办理，代库业务历时已久，双方便利人民纳税亦已习惯，为顾全事实计，拟请特许该行赓续代理市库事宜俾免纷更，除饬该行赶速补办，呈请贵部核准发给营业执照并接续办理，洽请中央银行委托代库手续以符法令……"。[①] 由此可见，国民政府原计划釜底抽薪，连市库代理权这一设立市银行的最根本动机都予以剥夺。

综上所述，复业后的上海市银行，仍然是市政府财政的附庸。但是，在通货膨胀的情况下，资产急剧缩水；在国民政府垄断金融影响下，业务范围缩小；在经济政策多变的环境中，正常的经营活动受到阻碍。因此，市银行自身的生存状况已经大不如战前，虽然仍以服务市民、辅助市政建设调剂金融为宗旨，但是，已经力不从心。

第二节　上海市银行与市政府的关系

一、与市政府关系的分析

与私营银行不同，上海市银行与地方政府的关系远比其与中央政府的关系要复杂，其中利用与被利用、约束与被约束的对立成分较少，互为一体、互相利用的合作成分则较多。市银行与市政府的关系，渗透在市银行的内部运营与职能的各个方面，概括来讲，主要有以下三点。

首先，外表独立，实则一体。从表面上看，市银行是独立于市政府的一个金融机构，而实际上是市政府为运作方便，而建立的一个为财政服务

① 上海市政府、上海市财政局为上海市银行应否继续设立事致上海市银行函令，1946 年 2 月 4 日。上档 Q61—1—417。

的运营机构。市银行的主要职能之一是发挥财政金融职能,为市政府筹集资金是实现该职能的一部分。市银行之所以能够间接地为地方财政筹集资金,是因为市银行与市政府表面上是两个独立的机构,这样市银行才能为市政府做担保,向其他银行借款。并且,正是因为两者形式上的独立性,中央银行才能通过向市银行放款,来满足市政府的借款请求,否则"对于行章有碍"。[①] 但是,事实上市银行由市政府设立,二者并非相互独立的机构。市银行的成立和复业均是奉市政府的指令,并由市政府派人负责筹备。市银行与中央政府关于前者业务范围和是否有存在必要等关键问题进行讨论的过程,实质上是上海市政府与中央政府对于地方财政管理权力利益的博弈。最主要的是,市银行的资本始终来源于市政府,前期是政府从市政公债中拨出 100 万元,后期以政府入股与垫款的形式出资。同时,市银行的内部管理机制由市政府决定,董监事均由市政府聘派,其中由政府官员兼任的不在少数。可见,市银行从成立到发展,市政府都起着决定性作用,市银行在向市府申请拨给建筑总行及办事处的土地时,亦称"市银行同属市属机关"。[②] 因此,两者是一个利益共同体。

其次,市银行与市政府互为依靠。虽然市银行由市政府设立,但是,与中央政府单方面利用市银行不同,其与市政府之间互相依存,某种程度上达到"双赢"。从市银行角度来看,其客户以市政府及各机关单位为主,存款来源以市库存款和机关存款为主,放款也以市府各机关为主要对象,这是市银行区别于私营银行的特征之一,也是市银行立足于金融市场的根本。市政府为扶植市银行,通令"市属各机关款项收付"[③]归市银行经理。除此之外,1931 年 7 月 30 日,上海市银行函请市政府"指定于市中心区商业繁盛地点及新车站附近拨给基地数亩,以备建筑市银行总行及办事处等房屋",对于市银行的要求,市长于 1931 年 8 月 7 日即令"市中

---

① 详见本书第五章第一节。
② 上档 Q61—1—11。
③ 上海市银行理监事联席会议,1932 年 11 月 24 日。上档 Q61—1—277。

心区建设委员会查照核办”。[①] 更直接地，地方政府财政实力决定市银行盈利。私营银行的盈利主要取决于银行管理水平、规模、所在区域经济状况等因素，地方银行则不同，研究表明，地方银行的盈利水平不取决于区域经济水平，但是却受到地方财政的显著影响。[②] 也就是说，上海市银行之所以“远非其他市立银行所可望其项背”[③]，与政府的财政实力密切相关。从市政府的角度来看，成立市银行也是其客观需要，结合当时的财政状况和社会经济环境，市政府需要市银行筹措财政收入，管理财政收支，协助其进行城市和经济建设。市银行成立后也的确“以市府之意旨为意旨”[④]，“营业宗旨以为本市市政府服务暨为本市全体市民谋便利与福利为原则”[⑤]，在财政金融、城市建设、科教文卫及公益事业等领域都发挥了较强的功效。[⑥]

二、与地方政府关系的变迁

在抗战前后的两个阶段，上海市银行与市政府的利益关系是同市银行资金去向相联系的。

地方银行的职能决定了其资金的主要去向，一则被地方政府占用，用于军费开支或政府系统的运行，一则贷给各经济部门，用于投资固定资产，工商业等，抑或用作公益事业，改善民生。由于资金的稀缺性，这两项职能显然是相互制约的。前者给地方政府带来经济收益需要的时间短，但是，由于还款的来源只有财政收入，而在短期内财政收入不会快速增加，因此，给地方银行带来的风险很大；相对而言，基础设施投资和改善民生时间长，见效慢，对经济的促进作用只有经过长期的积累才能显现，这也是在政局动荡的情况下，地方政府不肯投资的原因。但是，后者对资金

① 上档 Q61—1—11。

② 详见第六章。

③ 徐学禹等编：《地方银行概论》，福建省经济建设计划委员会出版，1941 年，第 110 页。

④ 理监事临时联席会议，1931 年 8 月 28 日。上档 Q61—1—275。

⑤ 上海市银行第 1 次行务会议记录，1936 年 1 月 15 日。上档 Q61—1—1152。

⑥ 详见第六章。

的需求是阶段性和持续性的，不必一次拨付巨额贷款，所以，对于地方银行的资金压力相对较小，风险也相对较低，同时可以减轻府属各机关的还款压力，虽然针对基础设施收取的使用费很少，小本工商业的放款利率也极低，但尚能源源不断地回收，长期来看，亦可收回贷款。

地方银行的上述两种资金去向代表了地方政府的短期和长期利益，政府的利益是由多种因素决定的。抗战前上海市政府以长期利益为主，主要是由于国内局势由乱至治，日趋稳定，国民政府为经济秩序的恢复制订了一系列政策，使得市政府对未来充满信心，在市银行的发展中则体现长期放款较多。其次，战前市政府各机关设立不久，市政府的财政收入逐年增加，相对各项经费开支而言绰绰有余，市政府仅仅着眼于市政建设资金的筹集和管理即可，换句话说，市政府的短期利益有了保障，只需为长期利益打算。再次，对于市政府而言，其目的是通过市银行处理财政和地方经济问题，显然首先要保障市银行的生存。而在战前上海市银行设立时间较短，根基未固，从长远计，宜施行循序渐进、谨慎稳健的经营策略，政府过多的命令会降低资金运用的效率，不利于信用的建立和未来的健康发展。

战后，市政府以短期利益为主则鉴于国内物价暴涨，货币政策屡屡失败，未来形势极不明朗。在市银行的业务中，长期放款已经减少，而以临时周转为多。同时，由于物价关系，且不论地方百姓受到的影响，市政府员工的生活已经受到威胁，为了维持政府机构的正常运作，不得不利用市银行，因此，只能先保障短期利益了。另外，随着市银行基础的稳固，市政府控制其的收益越来越大，对府属机关放款须得到市政府的训令即表明对市银行业务的干预会相应增加政府的权力。

三、与其他市政府附属机关的关系

上海市银行的职能定位决定了市政府附属的财政、教育、卫生、工务、公用、社会等局处与市银行的频繁往来。市银行实现其财政金融等职能并非都是直接与相关领域的企业或个人发生业务关系，大多数情况下是通过市府的具体负责部门与市银行接触，如第四章第三节表 4.10 所示。1945 年，上海市市立第二医院及公济医院的借款须由卫生局为承还保证人，闸北水电公司、上海自来火公司和上海自来水公司的业务由市公用局与市银行接洽，上海电车公司4 000万元法币借款亦由公用局担保。1932 年，在市府新屋建筑工程中，市工务局函请市银行向承造人透支洋 6 万元，并为后者担保。[①] 因此，市银行与市府府属机关主要是合作关系。

但是，战后经济形势恶化，市府各机关也面临资金困难，加之市政府对市银行的干预增加，各机关也借机通过政府要求市银行支援。1947 年，市社会局各公典每月抄送总分类账余额表嘱市银行查照，仔细考察各公典 1947 年 6 月底总分类账余额表后，发现第一二三公典向市银行透支分别为2 350万元、2 000万元、2 750万元；而市政府拨入的资本只有 300 万元[②]，也就是说，各公典主要依靠市银行的资金运营，而市银行的资金并非其为获利而主动投入，而是由市政府训令市银行增加市社会局各公典的透支额度。[③] 所以，市银行与各机关还有协助与被协助的关系。

在所有政府机关中，市财政局与市银行的关系尤为突出。首先，关于贷款担保人，市府单位往往是为具体经办企业担保，而财政局则可以为其他府属单位担保。1932 年，"工务局沈局长函，商以建筑市府新屋，拟向本行借款三万元，由财政局担保"[④]；1933 年"公用局拟设给水处需费一万四千九百余元""由财政局担保"[⑤]，"公安局函，为添购户籍瓷牌""由财政局担保，定期六个月向本行商借五万元"[⑥]；1936 年，教育局"向本行透支法币四十万元……财政局担保证明公函已到"[⑦]。

其次，财政局从市银行获得的授信额度远大于其他放款对象。虽

① 上海市银行理监事联席会议，1932 年 11 月 24 日。上档 Q61—1—277。

② 上海市社会局各公典报送上海市银行之总分类账余额等表。上档 Q61—1—638。

③ 上海市政府为各公典增透支二千万元事给上海市银行训令，1947 年 1 月。上档 Q61—1—638。

④ 上海市银行理事会第 36 次会议，1932 年 8 月 29 日。上档 Q61—1—277。

⑤ 上海市银行理事会第 44 次会议，1933 年 5 月 30 日。上档 Q61—1—277。

⑥ 上海市银行理事会第 47 次会议，1933 年 8 月 29 日。上档 Q61—1—277。

⑦ 上海市银行开理事会第 80 次会议，1936 年 10 月 26 日。上档 Q61—1—278。

然市财政局在市银行的透支额度为 15 万元，但是，在“税收淡月”，可“于原透支额十五万元外，暂行调借十五万元”[①]，如“因库储支绌”，透支额亦可“维持四十万元为度”[②]，其他“临时增加透支”的情况不胜枚举。相比之下，其他市府单位与市银行往来的频率及透支数额均不及财政局。

究其原因，主要有两个方面，其一，市财政局的工作性质决定其必须与市银行密切合作。市财政局总理全市的税收，掌管市库收支。抗战前有“大上海计划”，需要巨额的建设资金，“一·二八事变”后，灾区复兴亦需要资金投入，战后，恶性通货膨胀，时常导致市库收不敷支。满足这些关系上海市经济发展和社会稳定的需求不仅是市银行的营业宗旨，而且也是市银行放款的重要组成部分，同时财政局稳定的税收收入能够作为还款保证，降低市银行的风险。同时，市银行的财政金融职能潜在地要求其支持市财政局的相关工作，例如，市银行收款处的设立“配合财政局稽征处计，有总处七处，分处二十三处”。[③] 可见，两者的合作关系是天然形成的。

其二，市财政局与市银行的人事关系使双方联系更加便利。前文在剖析市银行内部治理机制时，一个重要特点是市财政局长抗战前为市银行监事或董事会主席和总经理，抗战后则一直兼任董事长。既然最高决策者相同，彼此自然“休戚相关”[④]，尤其是复业后，市银行董事长随着财政局长的更替而变化，市银行更是由于市库收入远不敷市政资金需求，因为对其提供支持，从而影响了正常业务的开展。因此，市银行与市财政局的利益是交织在一起的，一荣俱荣，一损俱损。从上海市银行的事例中，我们可以看到地方银行与当地政府通常是利益绑在一起的共同体。

---

① 上海市银行理事会第 47 次会议，1933 年 8 月 29 日。上档 Q61—1—277。

② 上海市银行理事会第 58 次会议，1934 年 10 月 1 日。上档 Q61—1—278。

③ 上海市银行复业后第 7 次董事监察人联席会议记录，1947 年 6 月 30 日。上档 Q61—1—388。

④ 上海市银行开理事会第 33 次会议，1932 年 5 月 24 日。上档 Q61—1—276。

第三节　上海市银行与同业的关系

一、与国家银行的关系

上海市银行虽然比其他市立银行规模大，但在某些情况下，资金仍然不敷应用，需要向其他银行贷款，而国民政府时期，中中交农四行的规模和网点分布范围是其他任何银行无法企及的，因此，市银行的借款对象主要是国家银行。例如，1935 年“财政局蔡局长，迩以冬防将届，所有积欠军警饷精亟待发放，经商允中国银行，以兴业信托社向本行抵押之市轮渡全部财产转向中国银行押借五十万元贷与财局，以资济用”。[①] 1935 年年底，“兴业信托社函称，该社已与交通银行接洽，拟以房地产及有价证券担保，向该行透支国币二十万元，商请本行代为出面办理”。[②] 1936 年“财政局前以需款应用，商由本行出面，向中国银行借款五十万元，转贷市库”，该项借款偿清后，“市库以前积欠之各机关经费为数甚钜，周转应付殊感困难，拟请于上项借款还清后再请转商中国银行续借应用”。[③]

除了寻求帮助之外，市银行由于性质不同于私营银行，对流动性的要求更高，保有相当比例的兑换券是必要的，市银行与国家银行之间更多的是与领兑换券有关的往来，但仅限于抗战前的阶段。市银行始终没有发行货币，所以，只能向有发行权的银行领用兑换券，其中以国家银行为主。领券业务之所以频繁，一方面是由于国家银行的兑换券供不应求，不得不多次申领。例如，1930 年，市银行拟向中国银行领用暗记券 100 万元，[④] 中行“因各行庄前数年所定领券合同内之应领新券，一向为供不应求，不敷分配，以致各行兹迄未领足，不免抱歉，故近来未敢新订领券，惟重承贵

① 上海市银行临时会议，1935 年 12 月 5 日。上档 Q61—1—278。

② 上海市银行开理事会第 71 次会议，1935 年 12 月 27 日。上档 Q61—1—278。

③ 上海市银行理事会第 74 次会议，1936 年 3 月 31 日。上档 Q61—1—278。

④ 更确切地说，中国银行于 1935 年 3 月底正式成为国家银行。

行谆切相嘱,兹拟允订50万元,勉应台命”,即使五十万元,也因“存券告罄”,只可先订合同,“俟新印之券由美运到,方可照办,大约须在三数月之后”。2天后,中国银行来函称“即使由美运来仍是供不应求,对于以前订领之各行庄仍属不敷分配……敝行存券已罄,实在无从遵办”,只能“酌为腾印五万元,容俟印就再行奉告,至续五十万元一层,照目下情形,委实无法遵命”。[①] 另一方面是由于作为领券保证的债券价格波动,需要随时补足。市银行向他行领用兑换券时,需要缴存现金准备金六成、保证准备金四成,其中“缴作保证准备金之债票库券或房产道契,如遇市价估值低落或他种原因,以致不足时,应由甲方随即补足,如遇市价估值增涨或他种原因以致发生溢额时得由甲方提回溢额”。[②] 由于债券市价跌落时有发生,因此,其他银行经常要求市银行补足保证准备。

另外,市银行即为政府创办性质,在落实国家金融政策方面,比私营银行承担更多的责任,因此,除严格执行中央银行相关法令之外,在特殊时期更要助其一臂之力。1948年,金圆券改革之际,中央银行需要足够的金银外汇作为发行准备,因此,《财政经济紧急处分令》中要求收兑金银外币,登记外汇资产。市银行同其他国省金融机关一样,受到中央银行委托,一面负责收兑金银[③],一面成立收换基金,代理收换法币、关金券及东北流通券。[④] 值得注意的是,接受委托的仅有国家银行和地方银行,所以市银行与私营银行相比,与中央银行的关系更为密切。

二、与其他地方银行或私营银行的关系

市银行与其他外埠银行之间主要是相互代理关系。1930年3月,市银行开业不久,南京市民银行来函称“京都方面,尊处曾否委托他行代理,

① 1930年本埠同业致上海市银行函,1930年4月。上档Q61—1—5。

② 1930年本埠同业致上海市银行函。上档Q61—1—5。

③ 中央银行业务局为委托代理收兑黄金希即查照办理见复由,1948年8月25日。上档Q61—1—1032。

④ 中央银行委托三行两局一库及各省银行代理收换法币券等办法的文件,1948年8月22日。上档Q61—1—1032。

如尚未接洽，敝行自当代为效劳”，市银行也针对代理手续费、往来户利息等事宜制订了合同。但是，后来市银行理事会认为“外埠汇兑应与分支行较多之银行订立概括契约”，南京市民银行“只作为外埠同业往来不必订立合同”[①]，浙江典业银行亦如此。

市银行与他行相互代理，均要求只存不欠。1934 年，“甘肃农民银行筹备处函以该行行将开幕，徒以甘地穹远，省外汇兑向感困难，拟托本行代办汇业，并附来组织章程合同草案各一份”，市银行理事会“议决可以代办，惟该省穹远，本行用款甚少，应订明只存不欠”。[②] 可见，市银行因位于上海，经济繁荣，各产业集聚，银行客户在此多有往来，所以，他行积极与其往来，与之相比，市银行的业务范围以上海市为主，在其他银行所在区域客户极少，故而要求相互只存不欠。但是，对于往来户存款利率，市银行根据不同银行的情况有所区别。例如，市银行原订存款年息为四厘，杭州浙江地方银行称“敝行与东莱通商等交往均属年息六厘，既蒙不弃亦恳照示计算”，市银行遂予应允。而对于南京市民银行，市银行原定利率为周息三厘，前者称“因敝行存放外埠各同业均属四厘，存于贵行之款，拟照四厘计算，以资一列”。对于杭州浙江典业银行则“存息杭照日拆沪照银差均以九五计算，每月结算一次”。[③] 可见，市银行与他行在代理业务时，不仅秉承审慎原则，而且也体现出灵活的一面。

同时，市银行与本埠同业之间通过相互沟通，了解贷款对象的相关信息。1930 年，上海浙江实业银行回复市银行关于客户押品真实性的函件称“接大函谓有敝行第九四八号富记户特种定期储蓄存单一纸，计洋贰百元零六角四分，在贵行押借款项，嘱为注册等语，敝行当查账册，户名存款均属相符，自应遵嘱注册，日后凭原存单付款，倘有挂失情事，当随时函告尊处可也”。[④] 四明银行也有类似回复，“接奉大函示有贵行以敝行彩记

---

① 上海市银行理事会第 7 次会议，1930 年 3 月 27 日。上档 Q61—1—273。
② 上海市银行理事会第 59 次会议，1934 年 10 月 29 日。上档 Q61—1—278。
③ 1930 年外埠同业致上海市银行函，1930 年 3 月 13 日。上档 Q61—1—6。
④ 1930 年本埠同业致上海市银行函，1930 年 4 月 1 日。上档 Q61—1—5。

户敬字……号存券一纸计五百元正，业在贵行抵押款项，嘱为注册，当经查明遵示照办，将来押款取赎之时，尚祈示之，以资接洽”。[①] 1948 年，市银行派员调查联合颜料厂的概况时称“平日往来行庄有浙兴浙实上海新华东莱等数家，均经分别探询，咸称信用良好”。[②] 通过其他银行的证明，市银行便可以降低贷款风险。

除此之外，市银行与其他银行之间相互学习，并了解对方的营业情况。1930 年，九江市财政局及昆明市财政局为筹建银行，函请参考上海市银行的章程。[③] 而市银行在 1931 年也向中国银行总管理处索取该行的章程及组织大纲。[④] 同时，银行之间相互索取营业报告也是常有之事。市银行在 1931 年分别向中国垦业银行、上海中国农工银行和中国通商银行等银行索取各该行 1929 年度营业报告，以资参考。[⑤]

三、与同业公会的关系

由于市银行于 1937 年 7 月加入上海市银行业同业公会，1938 年 11 月便因停业请求退会，因此市银行与银行业同业公会的往来主要集中在抗战胜利之后。然而，战后国内经济形势急剧恶化，银行公会的功能也发生了极大的转变，在促进货币及银行制度近代化方面的作用减弱，更多地成为替国家机关落实政策的中介。1946 年 12 月，市银行收到上海市银行商业同业公会奉苏浙皖区敌伪产业处理局训令，“为清查各企业之奸逆股份，兹特通令本市各业同业公会，希即转饬各会员，造具股东名册(包括胜利前夕及最近□[⑥]种)，董监职员姓名册及三十四年度(1945 年度)营业报告书各一份，于十日内汇送本局核办为要”。[⑦]

---

① 1930 年本埠同业致上海市银行函，1930 年 4 月 5 日。上档 Q61—1—5。

② 上海市银行常务董事会第 45 次会议记录，1948 年 10 月 4 日。上档 Q61—1—814。

③ 九江市财政局、昆明市财政局为筹建银行需章程等事给上海市银行的函，1930 年 4 月。上档 Q61—1—2。

④ 上海市银行与本埠同业的往来文件，1931 年 1 月。上档 Q61—1—15。

⑤ 上海市银行与本埠同业的往来文件，1931 年 1 月。上档 Q61—1—15。

⑥ 原档案不清楚。

⑦ 上档 Q61—1—387。

1948年上海市银行业同业公会为配合政府进行币制改革，向会员银行劝集外汇，称“当局属望甚切，不免催询，为此再行密函奉告，务希查照前函共同勉力进行”，并三番五次发送紧急密函，催促市银行申报外汇。[①] 同年，“据查报，本市各行庄公司多有避免签订抵用契约，而纷纷与客户签订临时增加透支契约，以代替抵用契约，所定临时透支限额至钜，往往一二客户所订透支限额即超出其全部存款总额，核属违反银行法之规定，且风险堪虞，亟应纠正”，金管局训令嗣后对于临时加额透支应注意办理，并通过上海市银行商业同业公会“转行各会员银行遵照核定试办之”。[②] 综观市银行与同业公会的往来函件，其中有关于票据交换、同业汇划、拆放办法等事宜的内容，但同业公会转达国家机关的指令文件亦不在少数，因此，市银行加入同业公会在便利同业往来的同时，也要配合后者执行各种有关银行业务的命令。

上海市银行在与同业公会及其行业组织的交往中得益匪浅。对于银行业来说，充分掌握客户的信息至关重要。因为信息不对称会引起逆向选择和道德风险问题，前者指的是由于客户相对于银行掌握更多的个人信息导致银行实际选择了不符合条件的客户，后者是契约成立之后，客户可能做出增加自身利益而损害银行利益的行为。信息不对称的问题始终存在于近现代的银行经营之中，如果依靠银行对每个客户进行调查显然成本很大，而建立专业的征信系统对于个人客户可能是有效的，但是对于企业而言，由于运营状况受到经济形势、行业周期等各种因素的影响，客观因素导致过去的违约并不表示未来不能遵守合同。再者，依靠政府法规约束银行客户的行为也不能满足银行的要求，因为政府同样面临信息不对称的问题，对行业内部的情况不能及时了解，也就不能制订出有效的法规条例，而且“政府的能力再强，实际上也不可能把道德约束的事情全

① 上海市银行商业同业公会业务部为继续劝集申报外汇资金事致上海市银行函稿，1948年9月。上档Q61—1—943。

② 为转金管局训令嗣后对于临时加额透支应注意办理由。上档Q61—1—1464。

部管起来”。[①]

近代介于政府和企业之间的民间组织在各行业发展中起着举足轻重的作用,上文所提到的银行业同业公会即属于此。对内为银行业的稳定制订行业规则,如上海银行公会制订的《公共准备金规则》;对外代表银行业维护会员的利益,如在《银行法》施行过程中与中央政府争夺部分利益。其他行业的同业组织作为上海市银行外部关系的一部分,在代表其行业利益的同时,也在一定程度上帮助市银行缓解了信息不对称的问题,节约了交易费用。

1948 年,财政部上海金融管理局沪管发稽字第三九号训令开“查银钱行庄往来之客户,应有确实记载,近迭据查报,各行庄其放款与透支户暨领用支票至存款户,其名称地址每多与事实不符,不仅易滋流弊且不无虚设行号或套用行款之嫌,亟应严切纠正,以利查核”,为此市银行向上海市绸缎商业同业公会、上海市赛璐珞工业同业公会、上海市汽灯工业同业公会等同业组织索取会员名册一份,其中包括庄号名称、经理人姓名、证书号码、地址、电话等信息[②],为市银行了解相关信息节约了成本。

除此之外,1947 年市银行在举办小本工商业贷款时,“贷款申请手续,亦力求简化,先由各该业公会备函向该行汇领申请书等件若干份,分发所属各贷款会员,填就后,并觅具妥保一家,及将自有工业设备作为担保品,再由公会负责证明汇送该行,经审核及对保后,即径行通知各贷户凭原印鉴领款”,通过同业公会统一办理,极大地节省了成本。在收回贷款的过程中,同业公会亦能协助市银行。1947 年 4 月,因为上海市手工棉织工业同业公会“会员小本贷款韦自新等一〇七户,第一期应还本息早逾规定期间,拟抄奉名单函”,市银行分别于四月一日及二十八日函请该

---

① 杜恂诚:《发展民间组织与培育公德约束机制》,《上海社会科学院学术季刊》2001 年第 3 期。

② 上海市绸缎商业同业公会给上海市银行的人员名册,1948 年 2 月。上档 Q61—1—1055。

公会“分别严饬各户克日归楚，以重信约”。[①] 倘若由市银行一一催偿贷款，无论是人力物力还是时间都将是非常大的消耗。

尽管如此，上海市银行与私营银行相比，同业间的关系有显著的不同。首先，市银行与同业的竞争较弱。中国的新式银行从起步之时，就同时面临着钱庄与外资银行的竞争，以及华资银行内部的竞争，究其原因，主要在于经营业务的大同小异和目标客户的重叠。毕竟像上海商业储蓄银行般能够创新性地提出一元储蓄和旅行支票的银行是少数，大多数银行的主要业务是无差异的，这一点从近代银行的区位分布特征亦可得到证明，近代私营银行在少数地区的集聚，说明其客户定位的相似性。而上海市银行不同，虽然普通银行业务也在其经营范围之内，但其主要依靠市政府赋予其的特许权，以政府及其附属机关为主要服务对象，与其他同业形成差异化经营，这也是市银行与同业间的联系少于私营银行间相互联系的原因。

其次，私营银行在一定程度上是同业的利益共同体，而市银行是官办的性质，与市政府形成利益共同体。抗战前，金融业资本集中的趋势已经出现，“甲银行或甲银行的董事长投资于乙银行，并在乙银行的董、监事会中占有席位，乙银行或乙银行的经理在甲银行投资，并在甲银行的董、监事会中占有席位”。[②] 这种交叉现象使私营银行业的命运交织在一起，因此在其内部治理之外，多了一层外部监管机制。相比之下，上海市银行纯粹依靠政府投资，董监事中虽然有业内人士，但毕竟话语权不及市政府派任的官员，其治理机制自成一体，这样无疑增加了与同业不同的运营差异性。

再次，虽然市银行与同业之间没有私营银行之间的利益交织，但是其性质决定存放同业是其资本的主要构成部分。抗战之前，市银行的头寸时常较为宽裕，然而由于其性质特殊，随时得应付政府及各机关的需要，

---

① 上海市手工棉织工业同业公会关于贷款事致上海市银行函，1947 年 4 月 4 日。上档 Q61—1—662。

② 杜恂诚：《抗战前上海民营企业的资本集中》，《上海经济研究》1997 年第 9 期。

对流动性要求较高，从前一章市银行的资产结构中可以看到，库存及存放同业的比例仅次于放款，并且高于私营银行的这一比例。一方面是相比库存现金的利息损失，存放同业则是更好的选择；另一方面说明市银行受到规模的限制，分支机构尚不能满足政府需求，需要更多的代理行。因此，市银行与同业的联系不在于竞争，不在于相互监督，而更多的是相互合作。

小　结

本章讨论的是上海市银行运营中与外部机构或组织之间的关系，其中包括政府机关、银行同业及其他同业组织。

上海市银行作为官办背景的银行，与政府之间的联系显然不同于私营银行，对于中央政府而言，由于市银行从与其往来中获得的利益较少，因此不会像私营银行业一般主动向其靠拢。但是，中央政府需要市银行及其他地方银行配合国家银行落实财政金融政策，并且鉴于其领导地位，市银行并没有选择的权利。同时，中央政府以国家利益为重，地方政府主要考虑地方利益，因此，市银行的设立及营业范围问题也成为地方政府与中央政府之间利益博弈的内容。市银行资本与内部治理结构与市政府的一体化特征，以市政府机关为主要服务对象，职能定位关系市政府的切身利益，以及盈利水平与地方财政的相关性等各方面因素说明上海市银行与市政府及其附属机关更多的是互利共赢、相互依靠的关系。

市银行与银行同业之间主要是正常的业务往来，相比私营银行相互投资、互任董监事的现象，市银行则更有差异性。虽然其管理层中不乏业内人士，但最终决定权始终掌握在市政府派任的官员手中。因此，市银行较私营银行与同业间的利益相关性更弱，同时也缺少了同业间的相互监督机制。与私营银行及其他地方银行之间以代理为主，市银行由于处在经济金融中心，因此，请求代理的银行较多；由于市银行加入同业公会的时间不长，并且主要在抗战后，这一阶段国内经济形势的恶化导致同业公会服务会员银行和同业发展的功能减弱，而以传达国家机关有关银行业经营的指令为主，市银行通常也因此才与之联系。

近代的其他行业组织，因其在各领域的重要作用，当市银行与相关行业企业进行业务往来时，行业组织出面作为代表与市银行联系，一方面节约了与每个企业往来的沟通成本，另一方面也节约了调查相关信息的搜集成本，一定程度上缓解了银行与客户间信息不对称的问题。

第六章　上海市银行的职能功效

地方银行作为金融机构的一种，不仅具有一般的中介职能，而且还有某些不同于私营银行和国家银行的特殊职能功效。首先是服务政府尤其是地方政府的功效，这是由其资本结构所决定的，并且其组织机构中地方官员的大比重使其在服务地方政府时拥有明显的优势；其次是补充性功效，这项职能类似于地方政策性金融的功能，即对商业性金融出于风险收益权衡不愿投资的领域进行融资补充，进而完善金融系统服务于经济发展的整体功效。虽然当代没有地方政府官办的银行，但是，地方银行所发挥的职能在当代并没有消失，根据金融功能观理论，金融功能比金融机构更加稳定。因此，分析地方银行在近代经济发展过程中特殊职能的发挥，有助于当代政府及金融机构更有效率地配置资源。

第一节　上海市银行的财政和金融功效

一、地方银行的财政金融职能

南京国民政府成立后，为了巩固政权，肃清剩余的军阀势力，需要雄厚的资本做后盾，于是财政金融改革成为当务之急。自 1927 年起致力于“统一国税”的财政政策陆续颁布，中央财政收入呈现稳步上升的趋势，如图 6.1 所示。

财政收入的增加并未对经济增长做出相应的贡献，反而将收入用于军费支出、债务费支出和政务费支出，并且以军费支出为主，建设支出很

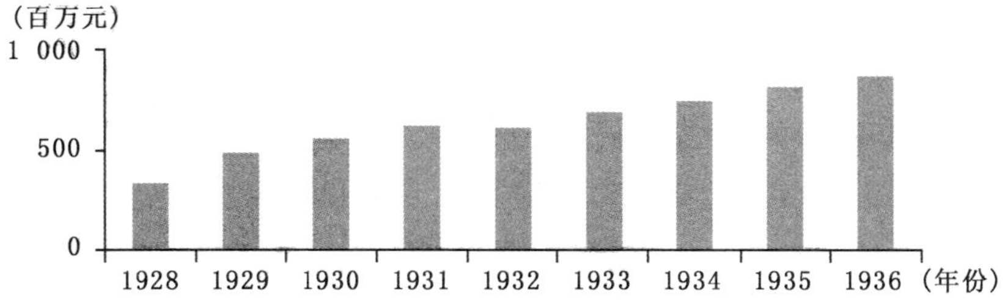

资料来源:根据杨格:《1927—1937 年中国财政经济状况》,中国社会科学出版社 1981 年版,第 38 页资料绘制。

图 6.1　1928—1936 年国民政府时期中央财政收入状况

小,1930 年开始建设费还包括国防建设费开支,因此实际建设费更少。[①] 表 6.1 反映了军务费和建设等费在财政支出中的比重。

表 6.1　　1928—1936 年南京国民政府财政支出状况　　(单位:百万元)

年份	财政支出	军务费		建设及其他	
1928	145	210	48.4%	26	5.9%
1929	539	245	45.5%	38	7.0%
1930	714	312	43.7%	47	6.6%
1931	683	304	44.5%	49	7.2%
1932	672	321	47.8%	58	8.5%
1933	873	386	44.2%	45	5.2%
1934	1203	387	32.2%	55	4.5%
1935	1337	362	27.1%	348	26.0%
1936	1987	665	27.9%	395	9.0%

资料来源:中国第二历史档案馆编:《中华民国史档案资料汇编》第五辑第一编财政经济(一),江苏古籍出版社 1994 年版,第 239 页。

这样的财政政策和财政支出结构会导致两个结果:第一,既然中央以

① 黄天华:《中国财政史纲》,上海财经大学出版社 1999 年版,第 453 页。

集中财权为目的,那么,地方的财政收入势必会受到影响,国地税收的状况犹如一块跷跷板,一头下沉,则另一头上翘。即使富庶的地方,也入不敷出,如江苏省积年亏短甚钜,1931 年度,收支已扩大为2 610万元,即便如此,中央的军费开支还给地方财政增加更大的负担,1930 年度江苏省即筹解中央特别军费 80 万元。① 抗战胜利后,全国地方合法的财政收入,共计不过战前币值的 18 亿余元,而必需之支出为 38 亿余元,已不足 1 倍有余。② 地方政府欲寻求更广阔的资金空间,必须另谋途径,其中部分地方政府通过名目繁多的税赋增加收入,各地的田赋附加最为典型,地方政府每举办一事,辄以田赋附加为筹款之不二法门,1934 年,江苏全省各县附税皆超过正税,最高者超过 24 倍至 26 倍之谱。浙江全省仅两县的附税未超过正税,占总县数 2.67%。③ 田赋附加对农民带来了沉重的负担,为复兴农村的最大障碍,是不足取的,但废除或减轻之又妨碍了地方的税收,好像是不能两全④;然而,如果建立地方银行,不仅可以替群众管理财产,而且还可以获得用于周转利用的资金,协助政府工作,改善城市生存环境,是对社会福利的帕累托改进。

第二,地方财政的收入数额有限,但地方政府所负的责任却很繁重⑤,中央政府的建设支出主要包括交通、文化教育、建设等费用,这些领域关系国计民生,是国民经济发展必不可少的投资。中央政府的缺位必然要求地方政府发挥相应的作用,但是,财权与事权的不相匹配制约了地方政府职能的发挥,因此,欲谋求地方事业的顺利开展,扩大财政收入的途径、提高财政支出的效率是地方政府首先要解决的。

国民政府时期,虽然不少地方为增加财政收入开征各种附加税或随意摊派,但是,从上到下都意识到控制金融是掌握钱袋子的最快途径。金融业本身并不创造财富,然而可以调剂配置资源,在某些情况下甚至可以

---

① 《江苏省财政困难》,《中行月刊》1933 年第 4 期。
② 吴斐丹:《战后我国财政建设之要点》,《财政评论》1946 年第 2 期。
③ 贺渡人:《中国田赋现状之考察》,《社会经济月报》1934 年第 1 卷,第 4、5 期。
④ 尤保耕:《田赋附加与中国财政》,《中国经济》1934 年第 7 期。
⑤ 吴斐丹:《战后我国财政建设之要点》,《财政评论》1946 年第 2 期。

转移财富。那么,私人银行是否能发挥财政职能呢? 由于银行以盈利为目的,以信用为基础,风险投机是其极力回避的。这与国民政府的财政需求时有矛盾。1934 年下半年,上海的经济萧条,银行界抵制政府公债,减少投资,使国民政府的财政政策面临危机。中国银行总经理张公权也曾认为,银行是银行,国库是国库,国家的财政和军费筹款不能依靠发行,也正是因此导致了他不得不离开中国银行。① 可见,私人银行并不能随时听命于政府。国民政府成立后不久即着手筹备中央银行,并赋予其经理国库、独享发行海关关金券等特权,同时通过控制和改造其他银行,一步步地取消其货币发行权,使得中央银行名副其实。在国家垄断金融体系建立后,银行为满足财政需要,发行货币、经理国债、垫付财政赤字。1937—1946 年,几乎所有的财政赤字都来自银行垫款,1939 年以及 1941 年之后后者甚至超过了前者②,足见中央政府对国家银行的依赖。

地方银行发挥的财政职能亦与此类似,前文曾经介绍了地方银行产生的直接目的即为满足地方政府的财政需要,那么,地方银行的财政职能就是与生俱来的,也是其区别于私人银行的特征,并且贯穿其存在的始终。抗战前,江苏省政府总共发行了两次地方公债,江苏银行均为代理发行者之一。安徽地方银行战前执行省政府的财政政策,完成省内金融网和金库网的铺设,抗战爆发后又为当局采办军粮,代募救国公债。在货币发行方面,湖南省银行比较典型,银行的发行业务本应由管理者如董事会等组织根据经济状况和市面货币流通量讨论决定,而湖南省银行每次出台的货币政策均由省政府委员会常会决议。1932 年湖南省稻谷丰收,粮价低落,省政府为了活跃经济,减少积压的谷米,命令湖南省银行发行 150 万元的兑换券,收购谷米并外销③。地方银行的财政职能不但体现在募集地方公债、经理地方金库和发行兑换券等"抓钱袋子"的领域,而且在

---

① 《张公权先生自述往事答客问》,《传记文学》第 30 卷第 2 期。

② 中央财政金融学院财政教研室:《中国财政简史》,中国财政经济出版社 1980 年版,第 271 页。

③ 姜宏业:《中国地方银行史》,湖南出版社 1991 年版,第 255、302、294 页。

日常业务的其他方面也透漏出地方银行“钱袋子”的作用。

下面针对上海市银行，具体说明地方银行如何协助地方政府筹集财政资金，或者通过哪些途径以自有资源为成本为地方政府带来收益，以及怎样协助政府运用财政支出。

二、上海市银行协助政府筹集财政收入的途径

上海市银行虽然是市政府的附属单位，但是，在资金的管理和往来中，两者却是独立的经济主体。通过设立市银行，市政府可以借助多种金融手段扩展筹资渠道，直接或间接地利用了更多的资金。

首先，对于市政府来说，在资金短缺时，市银行的透支借款与其他金融机关相比是最便捷的。上海特别市政府在成立初期，市政混乱、流氓横行、吸毒赌博等社会问题亟待新政府解决整理，但是，恢复经济的时滞常常不能及时提供相应的资金支持，造成市政府资金周转困难。1930 年 9 月市府秘书处函请市银行“暂借洋贰万五千元，凑解十九年关税短期库券”，并约定“俟向其他银行押到现款，即行尽先归还”。[①] 可见，市政府将市银行作为跳板，待时机成熟再从其他银行筹措资金，这说明市银行势力尚不雄厚，尽力使市政府不长期占用资金。更重要的是对于外界而言，此时的市政府与市银行是利益共同体，能够获得更多的资金，不仅缓解了市银行的压力，而且也提高了财政资金的利用效率。

此外，1930 年 9 月 24 日，财政局长给上海市银行经理的函电称“财局向市行透支款已逾十五万元，本月份收入不旺，恐须超出此数目，特预为奉商请料知顾陈二君通融一切为托……[②]”此类周转性质的往来透支不胜枚举，特别是在大上海计划实施期间，虽然该计划在黄郛任市长时就已经发起，但他很快即离职，继任市长张定璠由于无法募集大量资金，也没能进行实质性的推进，直至张群任市长时，计划才正式启动。当时，市政府面临政府开支和经济建设双重压力，不幸的是，1932 年爆发“一・二

---

① 上海市银行理事会第 13 次会议，1930 年 9 月 25 日。上档 Q61—1—273。

② 上档 Q61—1—1。

八事变”，新规划的市中心区遭到严重毁坏，同时上海经济受到1929—1933年世界经济危机的波及，形势大不如前，所以，战后复原给政府原本捉襟见肘的财政收入雪上加霜，而此时正值市银行成立，予以资金支持在所难免。1933年8月和1934年5月市银行的理事会议上，由于税收冷淡，“准予市财政局于原透支额十五万元外，暂行调借十五万元”。[①] 1936年4月财政局又以“市库方面积欠军警党政各费，势难再延”，商请市银行“垫借五十万元一个月”。[②] 因此，通过市银行在时间上的衔接，使得市政府有回寰的余地，不仅保障市政机关的顺利工作，而且免去了另寻他途的各种成本。“一·二八事变”后，市面较为安定的情况下，市银行规定“信用放款仍照旧章办理，惟于市公营事业及货物押款、总部军需署贴现等额度不妨稍为宽展”[③]，足见相对于通过正规流程的商业贷款，给予市政府及所属机关的贷款额度更大，要求更宽松。

战后，由于市银行代理市金库，加之物价水平不断攀升，市政府各单位要求通融周转的借款更加频繁。在1946年的《上海市政府所属各机关向市银行借款办法》中，有专门针对“财政局因库款收不敷支，须向市银行融通款项”和“市政府所属各营业机关或事业机关须融通款项周转”[④]的情况规定。至内战期间，与战前不同的是关于政府机关借款很多已无需董事会决议，多由政府一纸训令，直接放贷。如1948年11月总行奉市府训令，贷与市府员工福利委员会4万元，款项已于13日和17日分别贷出，只需在25日的董事会上予以备案。[⑤]

与此形成鲜明对比，中国飞纶制线厂函略称，“本厂前蒙贵行赐予开户往来，惟限于定额未获适度使用，爰经商由中国银行马襄理准良介绍，拟请贵行将敝厂往来透支额扩增为金圆五万元，敬恳惠予扶植，以利周

---

① 上海市银行理事会第47次会议，1933年8月29日。上档Q61—1—277。上海市银行理事会第55次会议，1934年5月11日。上档Q61—1—278。

② 上海市银行理事会第74次会议，1936年3月31日。上档Q61—1—278。

③ 上海市银行理事会第40次会议，1933年1月14日。上档Q61—1—277。

④ 《上海市政府所属各机关向上海市银行借款办法》，1946年11月18日。上档Q61—1—445。

⑤ 上海市银行常务董事会第49次会议记录，1948年11月25日。上档Q61—1—815。

转”。总行派员调查后称,“查该厂创立于民国十八年(1929 年)处,为独资,至民国三十六年(1947 年)十二月改组为股份有限公司,新建厂房于……并设立办事处于……,该厂业已向政府登记,执有经济部设字……号执照,其资本额在改组时增为法币二百四十亿元(间上项执照内所载查该执照发领日期为三十七年(1948 年)元月),内部重要职员计有总经理……副总经理……经理……厂长……兼及会计主任……等数人,业务为制造并经营各种纱线用飞纶万线箭牌等商标向外推销,该厂设备计有并线车……,每月产量据称约达木纱……销售地域以南洋为主,其分支店……有香港新加坡等处发行所(以上各地均不设厂)范围似尚不小,其他往来行庄有中国交通浙兴浙江第一中农等数家,信用亦均良好……”,但董事会并未增加其透支额度,议决“俟本行头寸宽裕时再行酌办”。①

不仅如此,在放款额度方面,商业企业与市府机关亦有相当大的差距,1948 年 9 月 30 日,市银行与市财政局订立了无息透支契约计金圆 50 万元,而著名的荣氏集团旗下的申新第一纺织厂拟向市银行订立透支契约,透支额计金圆 10 万元,市银行却只准予透支 5 万元②,诚如市银行注重市属各机关的业务方针,可见,为市府机关服务,发挥财政职能是市银行的第一要务,更说明市银行之规模尚不能随时满足工商业的需要,其定位必须有所取舍。

其次,市银行协助政府机关筹资的另一个表现是为其作担保。与普通商业银行不同的是,当市政府向其他银行借款,要求市银行作为担保人时,所有董事无一人反对。1932 年 7 月,市政府建设塘工,急需资金,商由银团垫借并指定码头捐按月摊还 1 万元,由税务司出函担保,而税务司未能照办,财政局沈科长则商请市银行代为担保。③ 1936 年 5 月,市政府向中中交三行借款 200 万元,除以地价税收入作抵外,请市银行作担

① 上海市银行常务董事会第 48 次会议记录,1948 年 11 月 11 日。上档 Q61—1—815。
② 上海市银行常务董事会第 46 次会议记录,1948 年 10 月。上档 Q61—1—814。
③ 上海市银行理事会第 35 次会议,1932 年 7 月 30 日。上档 Q61—1—277。

保。[1]

究其原因，市银行作为市政府的附属机关，全部资本都来自市政府，没有商股，同时替市政府管理资金在其业务中占有绝对比例，再者市银行关于市政府的财政状况有更多的信息，深知每笔贷款的风险程度，能够提出适当的条件以降低风险。后一项贷款，市银行在担保的同时要求财政局每月地价税收入应另立专户，按月存储该行，为备付第一年之利息，至第二年 6 月份起，应还本 3 万元，该款即在每月地价税付息余款项下拨付，至 1937 年 9 月市公债本息付清后，应每月将备付该项公债本息之房捐拨存该行，以备付该借款之本息，如财政局须续发他项公债，则应以相当公债票额备抵。[2] 因此，市政府要求担保的贷款均能按时偿还，市银行也并未因此受到损失。

复业后，政府机关向中央银行的透支借款也多由市银行为承还保证人。1948 年 12 月，市政府为紧急需用向中央银行订约免息透支金圆 1.5 亿元整，以全市地价增值税为担保，并由市银行为承还保证人。1949 年 4 月，财政局为补发各单位 3 月份俸给费，需款周转，以承兑汇票向央行抵借 40 亿元整，依照合约规定请市银行为承还保证人。[3]

除此之外，当市银行不能直接供给政府机关的资金需求时，也利用其他方式设法满足，例如，通过转抵押或开具承兑汇票分期摊还，来缓解自身的资金压力。1935 年 12 月理事会临时会议"财政局蔡局长，迩以冬防将届，所有积欠军警饷精亟待发放，经商允中国银行以兴业信托社向本行抵押之市轮渡全部财产转向中国银行押借五十万元，贷与财局，以资济用""议决可予照办，惟市轮渡既在本行抵押，应由本行出面承借，由财政局土地局担保，并由财局以土地执业证壹百万元，送存本行作为转贷之抵押品"。[4] 1948 年 12 月，财政局因拨发上海市各单位 11 月份补发俸给费

① 上海市银行理事会第 76 次会议，1936 年 5 月 30 日。上档 Q61—1—278。
② 上海市银行理事会第 76 次会议，1936 年 5 月 30 日。上档 Q61—1—278。
③ 上海市银行常务董事会第 57 次会议记录，1949 年 4 月 21 日。上档 Q61—1—816。
④ 上海市银行理事会临时会议，1935 年 12 月 5 日。上档 Q61—1—278。

需要，奉令向中央银行透借金圆 800 万元，由上海市银行签具承兑汇票 4 纸，按 4 个月平均摊还本息。[①] 市银行为了满足财政需要，甚至不得不牺牲利益，替财政承担筹资成本。1948 年 11 月，市财政局拨发 11 月份俸给费，向市银行免息透借 300 万元，市银行转向中央银行以九折借入 270 万元，“应付国行之借入款利息二分四厘，由市银行付账”。[②]

再次，市政府同一般市场主体不同的特殊身份，在与其他银行往来时，可能不符合商业规定，此时就需要市银行在其中起协调作用，由银行代表政府参与金融活动，既达到了对方的要求，又解决了政府的难题。民国二十五年十二月，“上海市政府因国防需款承奉中央核准，以全市营业税收入作抵，向中中交三行借款三百万元，计中央银行一百二十万元，中国银行一百二十万元，交通银行六十万元……嗣因中央银行以地方政府借款对于行章有碍，嘱本行出面转借一百二十万元，并嘱本行出一六月期本票，向中央银行贴现，本行因以后期满该款财局尚未还清时，拟仍照原合同向中央银行转期”。[③]

三、上海市银行代理市金库，代收各种款项

上海市银行不仅设法为政府筹集财政资金，而且在各项财政收入征缴过程中的作用也不容小觑。20 世纪 30 年代，由于市银行未获得市库的代理权，因此，代理各个机关收缴税费的业务不多，但是抗战结束复业后，市银行经理市金库，负责具体的出纳事宜，对财政收入的顺利征集起到了显著的作用。

首先，从市银行的机构规模来看，战前其营业网点仅有天津路 66 号的总行以及南市分行、西门支行以及市中心区支行。复业后，由于获得了市库代理权，保管上海市政府暨其所属各级机关所有一切现金、票据、证

① 上海市银行常务董事会第 51 次会议记录，1948 年 12 月 24 日。上档 Q61—1—815。
② 上海市银行常务董事会第 50 次会议记录，1948 年 12 月 9 日。上档 Q61—1—815。
③ 上海市银行理事会第 81 次会议，1936 年 12 月 1 日。上档 Q61—1—278。

券之出纳保管移转及财产之契约等事宜[①]，为此市银行专门添设公库课，负责办理相关事宜。同时，市银行还负责收缴各种名目繁杂税捐，如营业税、屠宰税、所得税、房捐、市政建设捐、码头捐、保安捐等，并代收各项公共设施、公用事业的收入，如学校医院的学膳宿费等。因此除总行外，为适应地方需要、便利商民纳税缴捐起见，开设办事处 10 处，组成公库网，并且于 1946 年 10 月底已经在各区设立收款处 27 处，职员总数共 216 人，代理公库职员计 96 人，后者比例将近 50%。[②] 公库业务在市银行业务中的重要性可见一斑。

除此之外，市银行为配合府属各机关的工作，向某些单位派驻数名工作人员，专门负责相关费用的收纳工作。1945 年，地政局因定期举办土地登记，关于土地登记费款，市政府训令市银行派员征收以专责，市银行遂派员分驻各土地登记处办理。[③] 1946 年 1 月，市政府第十三次市政会议，上海市公用局为简化考验汽车驾驶人各项手续，先由卫生局指定医院检查体格，再考验技术，由市银行派员常驻公用局第四处，会同办理收费事宜。[④]

要求派员的单位很多，但运营成本的增加是市银行不得不考虑的因素，因此，市银行一面增加营业网点，一面与其他单位沟通。1946 年 1 月，清洁公司因经理全市的粪便收入，每日款项约在 100 万元左右，为求手续简便，请市银行派员久驻该处收款，所有现金膳费可由该处负担。市银行批示“如该公司负担收款员全部薪津，本行似可派员驻收，惟须交换公函，俾所依照”[⑤]，可见，派员驻外给市银行带来的成本负担。

---

① 上海市银行与上海市财政局关于代理市库的合约，1945 年 10 月 29 日。上档 Q432—2—389。

② 上海市银行复业后第 4 次董事监察人联席会议，1946 年 10 月 29 日。上档 Q61—1—388(2)。

③ 1945 年份筹设各收款处卷宗。上档 Q61—1—377。

④ 上海市财政局函请市银行派员驻在公用局第四处会同办理收纳汽车驾驶人检验费，1946 年 1 月 4 日。上档 Q61—1—439。

⑤ 为函请派员与卫生局洽办经收清洁公司款项，1946 年 1 月 10 日。上档 Q61—1—439。

为减少此项开支，市银行也会视情况，拒绝某些单位的要求。公用局沪南及沪北船舶登记所于 1945 年 11 月 1 日成立，并经财政局分别派征收员 1 人及 2 人，驻所征收船捐及登记费等，该局称“为严密船舶管理及增裕市库收入起见，拟于三十五年(1946 年)一月一日起成立吴淞船舶登记所，其他各所登记工作亦积极推进，力谋扩展，以故自三十五年(1946 年)度起，各所每日登记船舶艘数将大事增加，所有财政局派驻各所征收员拟请财政局一律增为两人，以利工作”。由于沪南沪北两稽征处征收船捐登记费等均已移归市银行代收，因此，财政局认为应由市银行派员。然而，市银行并未应允，回复称“……吴淞区本行现正积极筹设行处，代收税款，惟在未成立前，仍请暂由原收入机关自收缴库，至沪南沪北方面，可分别转饬缴款人，径向本行沪南区之西苍路及尚文路二收款分处，或沪北区之靶子路、海宁路、爱而近路、乍浦路及天妃宫等收款分处缴纳取据换领证……”。[①] 市公用局要求派员驻局直接收取工商业登记费，由市银行函知其所辖工商登记费并归马当区收款处办理。[②]

四、协助地方政府发挥财政职能

国民政府建立后，虽然经济状况与政治形势较前有大幅度的改善，但是局部的战乱以及频发的自然灾害，给经济稳定带来了极大的威胁，尤其是靠天吃饭的农民阶层，以及收入微薄的小工商业阶层，日常生活得不到保障。然而，掌握财权的中央政府忙于军费开支的筹措，无暇顾及于此，资金缺乏的地方政府则心有余而力不足。作为地方政府附属机关的地方银行，恰恰成为政府实现财政政策的桥梁，通过相关业务的开展，代替政府发挥职能。政府财政政策的目标可以分为微观目标和宏观目标，前者是经济结构的问题，通过财政在资源配置和收入分配两个方面的职能来实现，后者是经济总量的问题，通过财政在稳定经济方面的职能来实现。

① 上海市财政局、公用局关于征收船舶登记等费事宜与市银行来往函，1946 年 2 月。上档 Q61—1—439。

② 1945 年份筹设各收款处卷宗。上档 Q61—1—377。

综观地方银行的业务种类，不难发现其配合地方政府实现各项财政目标的倾向。

以市场机制为基础的分配结果，往往体现了经济效率的最大化，却损失了社会公平。由于每个人的能力差别和所拥有资源数量的不平等，市场分配的结果会导致收入差距的扩大，和贫富两极分化的加剧。根据福利经济学第二定理，如果政府欲得到与市场配置不同的分配结果，只需要调整初始的资源禀赋，即可实现帕累托最优配置。换句话说，如果市场配置的结果有失公平，政府首先要做的就是对穷人进行一次性的转移支付。然而，近代中央及地方财政的拮据状况显然不可能对穷人进行无偿地转移支付，但通过与地方银行间的相互配合，向贫民阶层提供了更多的资源，从而使其获得了改善生活水平的机会。中国的经济经过8年战争的破坏，物价无限止暴涨，人民苦不堪言，特别是底层群众更是到了山穷水尽的地步。

以工商业为例，由于整个行业的形势十分不景气，失业人数众多，许多小工商业，无法支持，已经降落到摊贩地位，或改做单帮生意去了。而这些小摊小贩的信用，不似公司商号，不能从普通银行获得活动资金。战前尚有社会局开办的贫民借本处，以及一些慈善团体的照应，战后由于物价节节攀升，公私经济，同感困难，社会局的平民借本处，也没有恢复得起来，而私人举办的，又绝无仅有，这些小本经营的人，除了以高利向典当质押外，没有其他可以融通的途径。当时，市银行为救济本市贫苦失业平民，决定举办"小本工商业贷款"，贷款户头以摊贩等为对象，至放款取息，"绝不稍以贸利为目的"，与发放于公用工务事业等方面之大宗款项，同一利率，月息2分。①

1947年，上海市银行为了配合政府的政策，扩大了小本工业贷款额。之前市银行曾办理本市各小本手工业贷款，"第一次贷放二亿元，旋增加至五亿元，现又经市参议会议决，请市府转饬市行扩大办理，每户贷额增

① 《市银行筹办小本工商贷款》，《金融周报》1945年第13卷，第8期。

至一百万元,期限六个月,在满三个月时,先行偿还本息半数,余俟到期归清,利率按月五分计算”。[①] 此次贷款亦非盈利性质,对比当时典当的月息三角六分,是小本贷款的7倍多,足见其纯粹是出于政策性的需要,诚如行内各种会议上屡次指出的:市银行宗旨不同于普通银行,而在于为本市市政府服务暨为本市全体市民谋便利与福利。同期,上海市小本贷款委员会也在开展类似的业务,不同的是,其贷款总额仅1亿元,每户最高数额也才50万元,贷款期限只有4个月,并且每个月还一次本息[②],据当时记载,此事甫经发表,各公典所接到的声请书,早已超过了定额。[③]

将市银行的贷款与其相比较,首先市银行在每笔贷款额和贷款总金额上都多于前者,并且还款期限也更长,说明市银行自身实力和活动力度都优于前者;其次,前者委托市立各公典办理,由公典派人核查申请人,而市银行则不仅调查申请人的状况,还包括其所在公会的营业性质、全员家数、公会成立时日、负责人姓名、会员曾否向社会局注册以及经济状况等[④],可见,市银行较前者更具专业性,控制风险的能力更强。由此不难发现,地方银行在协助政府实现财政目标时表现出的与生俱来的优势,既有改善民生的意愿,又有落实政府政策的实力,这也正是财政职能成为地方银行核心职能的原因。1947年,上海市银行业公会创办联合福利小额信用贷款,旨在服务社会,对受到抗战影响,遇到婚丧嫁娶事件以及疾病等意外变故时,生活面临威胁的市民进行救济。[⑤] 该银团将贷出的款项转抵押给上海市银行,致使贷出的款项与转抵押的数字相接近。[⑥] 市银行因其事关市民福利,竭诚予以协助,[⑦]大大提高了该银团的资本运用效

① 《上海市银行准备扩大小本工业贷款》,《申报》1947年5月11日。

② 《上海市小本贷款委员会贷款办法》,《金融周报》1947年第15期。

③ 《小本贷款问题》,《申报》1947年4月8日。

④ 上海市饼干面包糖果食品商业同业公会与上海市银行关于扶植小工业请求小本工业贷款的往来函,1947年5月12日。上档Q61—1—666。

⑤ 联合福利小额信用贷款银团筹备经过。上档Q324—1—1。

⑥ 联合福利小额信用贷款银团第六次全体委员会议。上档Q324—1—1。

⑦ 联合福利小额信用贷款银团、上海市银行关于七折转抵押福利贷款的往来公函,1947年4月。上档Q61—1—671。

率，增加了救济贫民的数量。对于市银行在此中发挥的重要作用，该银团亦表示“惟是基金（银团基金）有限，只恐杯水车薪无济于事，不得不仰赖贵行之转抵押，以资周转”[①]，有了市银行的转抵押，其实力增加并坚定了服务之信心。[②]

在市场机制的作用下，物价波动是不可避免的，但是，大幅度的物价上涨会导致通货膨胀，如果政府不加以干预，必然会制约经济的稳定与发展，甚至造成社会动荡。保持物价稳定、供求平衡仅仅依靠政府的力量有时是不够的，市银行在调节经济方面同样有所作为。1930 年 4 月，上海市米价高涨，民食恐慌。经社会局调查发现，“洋米到货不为不厚，而价继长增高……察核情形，难免利用粳米市面紧张，趁机攫利，不独妨害本市民食，亦且影响全国民生，驯致产地涨价，洋商居奇，国计民生，交受其害”。[③] 于是，米粮平价委员会奉令组织成立，通过政府采购洋米，并低价向市场供应，来缓解物价上涨的压力，同时消除市民的恐慌情绪，其中“关于筹款抵补采购洋米亏耗问题业于第一次会议提出讨论，拟定为十万元至十五万元，各团体分担款额……分函各该团体即日筹募并于旬日之内将款陆续送交贵行收足，以利进行在案，将来米粮到埠垫款出货以及代收平价米售款等事统请贵行（上海市银行）办理”。[④]。

市银行凭借其开展相关业务的便利，在平抑物价的过程中，负责所有的资金往来并收取各团体的捐款。通过同业往来，由指定钱庄收取分销处的米款，然后转解上海市银行。[⑤] 同时，在各业缴款不见踊跃的情况下，届期要照额垫付款项，保证每期的米粮采购顺利进行，其间，上海市银行先后垫付各期的米款金额逾 20 万元。倘若没有市银行的协助，完全依

---

① 联字第三十九号。上档 Q324—1—6。

② 联字第三十七号。上档 Q324—1—6。

③ 《社会局取缔洋米居奇》，《申报》1930 年 4 月 12 日。

④ 上海特别市米粮平价委员会委员长潘公展为米粮到埠垫款、出贷及代收平价米售款等事致上海市银行函，1930 年 4 月 18 日。上档 Q61—1—4。

⑤ 上海特别市米粮平价委员会关于核收各分销处米款事致上海市银行函，1930 年 5 月 7 日。上档 Q61—1—4。

靠各个组织团体筹募款项,可以想见平米发售断不会如此顺利。对此,当时的报纸亦对市银行的行为客观陈述并给予肯定——“本市米价飞涨,民食维艰,市府前经组织米粮平价委员会,积极筹办平粜,以资救济,所有第一次购米垫款七万余元,已由市银行垫付,现又定米五万包,须付定银五万两,亦由市银行代垫,并该行行将会同银钱界同业组织银团,以便继续应付出货垫款,闻平价米实行期,业已拟定,不日将分区举办,由此调剂民食,当不致再生恐慌,市银行之利及民生,良匪浅鲜”。[①]

第二节　上海市银行的城市建设功效

一、地方银行的城市建设职能

城市建设是完善城市功能、发挥城市作用以及提高城市竞争力的基础,主要包括市政工程建设和管理,如道路、桥梁等基础设施;城市住宅及房地产管理;公用事业建设和经营管理,如公共汽车、轮渡、水电煤等方面;城市市容及环境卫生建设等内容。[②] 其目的是保证城市有序协调地发展,为居民提供良好的生存环境,实现城市建设的社会效益、经济效益以及环境效益。然而,城市建设资金是维持和扩大城市建设规模的基本保证,城市建设产品尤其是基础设施产品的准公共物品性质,使得完全依靠市场机制在金融领域不能有效地配置资源,城市建设资金所具有的一次投入量大、回收周期长和部分资金将不能收回的特点[③],以及与之相应的收益较低、风险较大的缺陷,一般性商业金融机构不愿涉足。在这种情况下,基于公共利益的考虑,只能由政府出面来承担。

在近代中国的较长时期内,政权更迭,战争频仍,且不论城市建设,甚至已存的城市设施都遭到不同程度的破坏。到了南京国民政府时期,政

---

① 《市银行垫款办米平价》,《申报》1930 年 5 月 3 日。

② 崔新桓:《城市经济词典》,四川科学技术出版社 1986 年版,第 354 页。

③ 张仲敏:《城市建设经济学》,中国财政经济出版社 1990 年版,第 412 页。

治环境的相对稳定使得城市建设成为可能，地方政府亦对地方建设踌躇满志。但是，地方公库资金的稀缺性制约着地方政府的经济行为，作为地方金库经理人的地方银行，理所当然地承担起酌盈剂虚，辅助地方经济建设的职责。

近代的上海作为能与纽约、伦敦相媲美的大都市之一，频繁的贸易往来、发达的金融市场、集聚人才的优势与支持其发展的外部环境密切相关，城市基础设施等硬件条件在城市经济运转中起着重要作用。相关研究指出，超前、同步与滞后的城市基础设施对经济发展的作用分别为促进、协调和阻碍。[①] 然而，至 20 世纪 30 年代，上海的城市建设格局主要以公共租界和法租界为主。为了与租界抗衡，上海特别市政府制订大上海计划，开发新的市中心，同时根据市民的实际需要，改善原有的城市环境。在此期间，虽然政府的财政收入有所增加，但是仍然不能及时满足众多建设项目的资金需求，经常需要向市银行贷款周转。与此同时，安定局面的来之不易使人们对政府及未来的经济形势怀有良好的预期，有着官方背景的上海市银行因此业务开展得非常顺利，进而能够有力地协助政府，保障各个建设项目的顺利开展。

抗战胜利后，面临艰难的经济形势，市银行依然坚持扶植地方公用事业、生产事业及社会福利事业为目的。复业后，工商业放款限额甚少，并有可靠之担保品，公用事业放款，固毋容辞，惟以力量单薄，随时与四行二局搭做。[②] 并釐订放款及拆放同业办法，以公用事业放款、有关市政建设之放款、同业集团贷款、生产事业短期抵押贷款或承兑票据贴现为主。[③] 表 6.2 以 1946 年为例，反映公用事业放款与工商业放款情况，公用事业占工商事业比重最低约为 1/5，最高达 2/3 以上。同时根据需要，随时配合市政府保障城市公用事业的开展，例如 1948 年 8 月，公用事业各公司

---

① 叶孝理：《现代城市管理手册》，经济科学出版社 1990 年版，第 68 页。

② 上海市银行复业后第 1 次董事监察人联席会议，1946 年 1 月 18 日。上档 Q61—1—388。

③ 上海市银行第 1 次常务董事会议记录，1946 年 11 月 6 日。上档 Q61—1—387。

亏折金圆2 837 547.73元，由市政府向央行贴补，而央行要求市政府向市银行贴现，再由后者向央行重贴现，市银行随即予以办妥。[①]

表 6.2　上海市银行 1946 年工商事业与公用事业放款情况表　单位:元

时间	放款对象	金额
2 月 14 日	工商业放款	509 828 976.17
	公用事业放款	100 000 000.00
3 月 22 日	工商业放款	550 304 032.21
	公用事业放款	349 354 472.25
4 月 13 日	工商业放款	803 852 926.87
	公用事业放款	318 180 270.90
6 月 14 日	工商业放款	1 264 991 752.16
	公用事业放款	391 554 992.16
8 月	普通商业放款	156 000 000
	公用事业放款	83 000 000

资料来源：上海市银行 1946 年行务会议记录。上档 Q61—1—1152。

二、上海市银行对交通事业的贡献

最能体现上海市银行对交通事业支持的是市轮渡建设项目，对项目的投资几乎贯穿于抗战前的整个时期，工程需款数额庞大，而且资金运用较为复杂，涉及轮渡和码头建设相关各方。1930 年，由于行驶在南京路外滩至东沟间的两艘轮渡终年不断，不能满足整理维修的要求。以及现有轮渡载客量较大，高桥与南京路外滩间商办轮渡航线与市轮渡航线自东沟以上完全重复且办理未尽得宜，有人民呈请市办。因此，需要添造市轮渡两艘，一系备用一系加入高桥航线行使。此外，还需添造对江渡轮三艘，在高桥和庆宁寺两处分别建造浮码头三处。[②] 然而，在市政府于 1927

① 上海市银行常务董事会第 44 次会议记录，1948 年 9 月 16 日。上档 Q61—1—814。

② 《上海特别市轮渡拟造两渡轮说明书》，《上海特别市公用局业务报告》1930 年第 1—6 期。

年接收前浦东塘工善后局后，虽然营业逐渐发展，预定扩充的航线亟待举办，但是，所有轮渡码头的建筑，需费浩繁，若专待营业盈余扩充，实嫌缓不济急，而市库支绌，又无余款可以支用，所以虽具计划，终感无法推行。直至1930年市银行成立，市长张群才嘱公用局会同财政局与市银行磋商。[①] 市轮渡扩充业务共计三期，每期扩充均须投资数10万元，在计划书已定之后，历次均与市银行磋商借款，第一期扩充，计借国币36万元，第二期扩充续借36万元，第三期扩充续借46万元，扩充借款总数达120万元，此项借款均在营业收入项下按月还本付息，截至1936年6月底，对于市银行之负债数额计为41万余元。[②] 相比之下，轮渡总管理处的资产从接收之初的不足4 000元，增加到1936年年底的国币160万元，从7艘拖船、3艘快船舢板，扩充到12艘轮渡，10多处码头。[③] 显然，在市轮渡规模的扩大及其对城市交通业的贡献中，市银行起到了主要作用。

然而，对于银行本身而言，此类工程不仅所需资金数额庞大，而且工程持续时间也较长，贷出的款项面临极大的风险。事实证明，“一·二八事变”爆发后，公用局函称，战事紧张，市轮渡营业因此受到影响，对于市银行的借款本息势必无法应付，惟有将市轮渡产业交由市银行接管，请市银行将接管方法预为筹划。面对此种状况，银行方面也很难处理，正如理事会所言，“设在该局管辖之下不能行驶则本行自亦无法处分”，因此，为了保全市轮渡产业的安全，市银行仍请公用局设法办理。[④] 即便如此，市银行并没有停止对该项工程的支持，依然根据工程需要，陆续给予资金支持，并于1933年1月顺利完成第二次扩充借款案。

值得注意的是，市银行不仅直接向轮渡码头建设进行资金支持，而且参与市轮渡的管理工作。1933年，市政府设立上海市兴业信托社，经营

---

① 《上海市轮渡》，载于张研等：《民国史料丛刊（经济金融）》第628册，大象出版社2009年版，第398页。

② 兴业信托社承办市轮渡公司沿革，1936年9月，上档Q422—1—1。

③ 《上海市轮渡》，载于张研等：《民国史料丛刊（经济金融）》第628册，大象出版社2009年版，第398页。

④ 上海市银行理事会第30次会议，1932年2月17日。上档Q61—1—276。

信托地产保险等业务，并经理市内各项公用事业，市轮渡业务遂拨归信托社管理。而兴业信托社是市银行将其信托部独立后生成之机构，该信托社的管理人员主要来自于市银行，因此，由信托社管理无异于由市银行管理。抗战前，市银行还协助其创办附属产业，包括高桥公共汽车、高桥海滨浴场及水上饭店。高桥公共汽车与轮渡班次衔接，夏令期间，由于海滨浴场游客增多，营业极为繁盛；水上饭店设在北京路外滩之双层码头上层，地位优越，餐食精美，全年之营利足以维持该码头本身之一切开支。[①]这些附属产业不仅丰富了民众生活，而且增裕了轮渡营业，一定程度上缓解了基础设施本身盈利能力弱的缺陷。1937 年，沪战西移，轮渡被迫停航，待战争胜利，由于兴业信托社复业较迟，而市公用局成立在先，市轮渡及附属事业均由公用局代为接收。[②]

战后，通货膨胀已经十分严重，一方面复业后的市银行营业状况受到影响，1948 年底讨论业务方针时，黄常董称，“在八一九以前营业尚称发达，惟自币制改革以后，币值紧缩，利率陡降，除市府饬办之公用事业等放款外，其他放款几于停止，以致坐耗开支，为数甚钜”。[③] 可见，公用事业放款有别于其他放款，即使营业困难也必须遵从府令。另一方面交通事业的收入增加远不及燃油等成本的上涨，也亟待支援，市银行因此对交通事业放款给予优待，以维持其正常业务的开展。1949 年 1 月，公用局呈上海市民营济渡因购油需款，无法筹措，市银行奉市政府令贷与民营济渡公会 10 万元，俾维交通。同月，市公共交通公司筹委会因购买汽油需款向央行商借 500 万元，市政府令市银行办理承兑，并免收手续费及一切担保品以维交通事业。[④]

除了轮渡、码头之外，市银行还参与了机场、公路等的建设项目。1934 年 12 月，因扩充龙华飞机场，市财政局向上海市银行筹款，市银行

---

① 兴业信托社承办市轮渡公司沿革，1936 年 9 月，上档 Q422—1—1。
② 上海市兴业信托社简史及组织、业务状况，1946 年。上档 S175—1—9。
③ 上海市银行常务董事会第 50 次会议记录，1948 年 12 月 9 日。上档 Q61—1—815。
④ 上海市银行常务董事会第 52 次会议记录，1949 年 1 月 6 日。上档 Q61—1—815。

鉴于款关要需，遂与邮政储金汇业局平均分担贷款53万元，期限3年。[①] 1935年3月，市财政局筹拨沪苏路直达公路沪昆段工程经费，向市银行借款30万元，以市田赋收入担保，定期1年。市银行在相关手续尚未办妥之前，考虑到工程经费需款恐亟，先行拨借5万元以资应用。[②]

三、上海市银行对水电煤事业的支持

供水是城市最重要的公用事业之一。近代上海的供水情况存在两个问题：首先，外商自来水公司率先成立，并拥有先进的供水设备，向包括租界及部分华界的居民提供自来水，供水量远在华商公司之上，截至1947年，外商自来水公司的优势依然比较明显，如表6.3所示。

表6.3　1947年下半年度6个月上海市供水一般概况表

项别	总计	英商自来水公司	法商自来水公司	闸北水电公司	内地自来水公司	浦东自来水厂
制水总量（立方公尺）	110 171 129	62 958 800	18 751 710	12 399 330	15 438 210	623 079
售水总量（立方公尺）	78 341 344	42 779 900	16 227 438	8 827 816	9 985 160	521 030
平均每日制水量（立方公尺）	598 756	342 167	101 911	67 388	83 903	3 386
用电总量（度）	19 464 323	8 043 895	4 607 926	3 081 773	3 574 600	156 129
管线长度（公尺）	828 924	340 167	148 519	200 500	126 345	13 393
消防龙头（具）	3 143	2 138	509	170	278	48
用户数（户）	68 028	24 300	20 218	8 537	14 053	920

资料来源：上海各种公用事业概况（上海调查资料公用事业篇之二）：上海市公用事业概况。上档Y12—1—78。

其次，在供水系统分配不平衡的情况下，上海市各区域的供水设施参差不齐。浦东与浦西仅一江之隔，不仅地价相差千里，而且连房捐地税等市政收入都不能按时交纳，其原因是洋商栈厂藉口市政设备不周，抗不缴捐。该地区的交通已经通过市轮渡有所改善，但是，对于居民而言，由于

① 上海市银行理事会第60次会议，1934年12月8日。上档Q61—1—278。

② 上海市银行理事会第62次会议，1935年3月1日。上档Q61—1—278。

该区河流淤塞，水质不堪饮用，不得不从黄浦江挑水，加上挑资，比浦西的水价高出5—8倍。因此，市政府接着欲兴办自来水厂，然其深知自来水事业本重而利轻，商人视为畏途，但是又关系到地方兴衰，世界各国多以市办为原则。[①] 虽然当时英商和法商均有较大规模的自来水公司，但是供水事业关系国计民生，完全依赖外商风险颇大。而在1930年12月，就曾发生英商上海自来水公司加价不遂，“不顾居民之生存权利，公用事业之特定原则及刑法上之规定，寔行十日断绝供水，百万居民生命财产之安全均被摇动”。[②] 鉴于此，1934年市政府委托兴业信托社筹办浦东自来水厂，1935年9月兴工，1937年6月工竣，开始供水。

除了直接参与基础设施的建设之外，市银行也通过贷款条件的放松，间接支持与此相关的项目。1930年5月，据南市分行报告，沈敏德号、陈炳记、内地自来水公司、华商电气公司等与该分行订约透支额度一案，理事会议决“内地自来水公司与华商电气公司，其营业均有关市政，应准照办，至其余各家仍照本年二月十三日第六次理监事联席会议决案办理，即往来透支一项不得超过资本及存款总额十分之二”。[③] 内地自来水公司是近代上海华商自办的自来水公司，由此可见，只要贷款内容与市政建设有关，即使贷款人是私人商户，市银行也会尽力予以支持。

电力与煤气是城市公用事业的重要组成部分，工业生产、人们生活缺一不可，但是与自来水供应类似，外商公司的起步时间早于华商，实力亦在华商之上。上海第一家电厂——上海电气公司成立于1882年，由英国创办，后经工部局收购并出售给美商，更名为上海电力公司。1935年成立的沪西电力公司为中美合资(美方股份占51%，中方股份占49%)，通过向上海电力公司购电，转售给沪西越界筑路地区的用户。如表6.4所示，外商公司的发电能力及出售的电量均明显高于华商电厂，因此也能为更多的用户

① 《浦东自来水厂计划书》，《上海特别市公用局业务报告》1930年第1—6期。

② 上海房产公会紧急会议通知，1930年12月12日。上档Q61—1—2。

③ 上海市银行理事会第9次会议，1930年5月22日；上海市银行理监事联席会议，1930年2月13日。上档Q61—1—273。

提供电力服务。值得注意的是，华商电厂由于自身发电能力有限，不得不从外商电厂购电。从表6.4中可以看出，上海电气公司和沪西电气公司向其他同业出售电力，而华商电气公司和浦东电气公司的购电量甚至超过了自身的发电量。即便如此，华商公司的发展也并非一帆风顺的，以闸北水电公司为例，“一·二八事变”后，闸北一带受日机轰炸，公司供电设备惨遭损毁，1933年，上海市银行参与银团贷款，协助其恢复生产。[①] 当然，上海市银行对电力事业的支持并不局限于华商公司，1948年，法商电灯公司向市银行借款600亿元，定期1月，利率仅8分半，相比期限相同的同类贷款，利率是较低的。在该款偿还次日，该公司因经济困难，燃油购置难以应付，要求转期1个月，市银行又再次满足其贷款要求。[②]

除此之外，市银行凭借与市政府及公用局或工务局的特殊关系，相互配合，为各公用事业单位提供便捷的服务。1948年12月，市政府训令市银行借与浦东电气公司金圆15 000元，市银行奉令放款，并由工务局局长及工务局第六区工务管理处为保证人。[③] 同一月内，市政府又训令市银行借与吴淞煤气厂50万元，市银行“自应遵办，由上海市公用局为承还保证人”。[④] 诚然，并非所有的公营事业借款都有政府担保，1945年12月，公用局所属的吴淞煤气厂向市银行透支的2 000万元借款，由于事前未据呈准，因此市政府指令市银行自行清理。[⑤] 无论是自主选择，还是与其他单位协作，上海市银行自始至终都对公用事业的发展给予支持。

表6.4　　1947年下半年度六个月上海市供电一般概况表

项别	发电量(度)	购电量(度)	售电量(度)	同业趸售(度)	用户数(户)
上海电力公司	494 608 109	0	462 002 799	170 897 958	99 700

---

① 闸北水电公司银团委员会为商洽借款折合事致上海市银行函，1933年7月17日。上档Q61—1—37。

② 上海市银行常务董事会第42次会议记录，1948年8月5日。上档Q61—1—814。

③ 上海市银行常务董事会第53次会议记录，1949年1月17日。上档Q61—1—814。

④ 上海市银行常务董事会第52次会议记录，1949年1月6日。上档Q61—1—814。

⑤ 上海市银行1945年放款。上档Q61—1—366。

续表

项别	发电量(度)	购电量(度)	售电量(度)	同业趸售(度)	用户数(户)
沪西电力公司	0	109 061 600	102 530 551	6 223 840	22 165
法商电灯公司	46 386 722	5 579 000	45 300 510	0	47 235
华商电气公司	4 655 158	28 304 519	26 577 789	0	26 077
闸北水电公司	39 247 480	22 591 281	49 630 906	0	11 786
浦东电气公司	7 435 010	11 585 398	15 796 483	0	10 804
总计	592 332 479	177 121 798	701 839 038	177 121 798	225 767

资料来源:上海公用事业概况(上海调查资料公用事业篇之二):上海市公用事业概况。上档 Y12—1—78。

四、上海市银行对住宅条件及公共服务的改善

改善人们的居住条件是城市建设的重要内容,前文曾介绍过 20 世纪 20 年代末,上海的劳工、佣工等低收入人口及无业人口形成了一个庞大的社会群体,在地价昂贵、房荒加剧的情况下,生存条件每况愈下。他们通过搭建棚户或租赁陋室栖身,“上无以蔽风雨,下无以去污湿,疾病疫疠,最易发生”,同时“草棚易于着火,遇有火灾,复动辄延烧数百户”,为此,1928 年,上海特别市第十九次市政会议,通过建造平民住所的提议,专门成立筹建平民住所委员会负责相关事项。“所有租地及造屋经费统由市政府临时指拨,至十九年(1930 年)度始有规定经费十二万元列入预算,嗣因不敷应用,又向市银行借银十万元”。[①] 事实上,1930 年 6 月,筹建平民住所委员会和市财政局就曾以跑马税做抵向市银行请贷 12 万元,然市银行当时因“以该税做抵,贷与市轮渡与米粮平价委员会的款项已经为数甚钜,再放长期钜款,力量实有未逮”。[②] 直至 1931 年 2 月,市轮渡借款开始归还时,按照市轮渡借款每月偿还之数,分批陆续借给。[③] 1931 年

① 《上海市之平民住所》,《道路月刊》1931 年年第 35 卷,第 2 号。
② 上海市银行理事会第 10 次会议,1930 年 6 月 27 日。上档 Q61—1—273。
③ 上海市银行理事会第 18 次会议,1931 年 2 月 26 日。上档 Q61—1—273。

12 月三处平民住所相继完成，分别位于杨浦区全家庵路（今虹口区临平北路）第一平民住所、卢湾区斜土路第二平民住所和闸北区交通路第三平民住所。第一、第二和第三平民住所每年能解决4 000左右平民的住房问题，1930 至 1935 年间，这三处平民住所解决了24 000余人的住房问题。[①] 不仅如此，据调查所得，平民等迁住所内以后，不独斗殴赌博等恶习扫除净尽，向之借印子钱为生活者，竟得偿还清楚，并可略有储蓄矣。[②]

从中可以看出，市银行在支持平民住所建设的过程中，实力尚显不足，需要依赖于财政收支状况，通过对资金高效率的运用，发挥相应的职能。同时，该项目仅选择市银行为合作银行也说明，市银行在市政建设领域的天然优势，例如，税收的收取与管理使得以税收收入为抵押的不同贷款，由市银行办理，如同转期操作一般方便，显著地降低了交易成本。

1929 年，上海特别市政府第 123 次市政会议上通过的“大上海计划”，将五角场、江湾一带划为新的中心区，欲建设新的市政府大厦、体育场、图书馆等公共设施。这时，市银行凭借自身的官办背景，积极发挥作用。以市府新屋为例，市银行与市财政局、工务局相互配合，由财政局担保，先后借给工务局65 000元用于建筑市府新屋。

与此同时，市银行也给予负责建造的相关方需要的协助。1932 年 11 月，市府新屋承造人朱森记曾向市银行透支 6 万元，工务局准于第 2 年 2 月间应领之第六、七两期工款内扣还，由于有工务局担保，市银行仅要求该承造人觅具殷实铺保，便予以通过。[③] 拥有政府及其附属各部门更多的信息，使得市银行对政府计划进行的详细情况更加了解，不仅便于及时向各单位提供资金支持，而且也有利于调剂政府与相关商业企业的资金往来。

除了支持建设市府新屋，以协助政府更好地服务市民之外，市银行也积极促成各种公共服务项目的完成。1932 年 9 月，由于市内公墓均属民营，其利益未能普及一般民众，卫生、公务两局因此于闸北高境庙地方开

---

① 汪华：《近代上海社会保障事业初探（1927—1937）》，《史林》2003 年第 6 期。

② 《上海市之平民住所》，《道路月刊》1931 年第 35 卷，第 2 号。

③ 上海市银行理监事联席会议，1932 年 11 月 24 日。上档 Q61—1—277。

辟市立第一公墓,并建筑礼堂等附属房屋①,所需建筑款先向市银行借得42 000元,后因公墓前面中山北路一带,路面不良,交通困难,须加整理,原订借款额度不敷,请增加8千元,市银行均一一满足。② 同时,市政府指定市银行为代收墓穴价格之银行,由其全权负责与购穴者的业务往来。③

另外,由于市内肉商屠宰牲畜"向沿袭旧规,无良善之组织,自市政府成立后始从事检验,迨十七年(1928年)十一月,市卫生局动议拟建一沪北宰牲厂,原拟官商合办,曾屡次召集肉商及屠户代表会议投资办法,结果肉商与屠户方面无资可投,后呈准市政府决定市办,并扩大范围"④,由包括市银行在内的银团贷款对该项目提供资金。

第三节　上海市银行的科教文卫功效

一、上海市银行对教育事业的支持

教育是国家发展的基础,关系一个民族的未来,涉及每个家庭的利益。南京国民政府成立后,恰逢新文化运动兴起不久,正是中国的教育从传统向现代转变的重要时期。南京国民政府为了巩固自己的统治,维护和平安定的局面,对教育事业的长远发展给予了较大的重视。分别于1928年5月和1930年4月连续召开两次全国教育会议,各地方教育官员与教育专家共同讨论教育改革方案,包括教育政策、各级各类学校的教育经费等诸多内容,对全国教育做通盘打算。在此背景下,上海作为国民政府的特别市,经济社会各个方面都发生了深刻的变化,教育也不例外。

---

① 《开辟市立第一公墓》,《上海市工务局业务报告》1931年7月至1932年6月,第9、10期合刊。

② 上海市银行理事会第37次会议,1932年9月22日。上档Q61—1—277。

③ 《上海市第一公墓出售墓穴办法》,《上海市政府公报》1935年第160期。

④ 《沪北宰牲厂计划》,《上海特别市工务局业务报告》1929年第4、5两期合刊。

1927 年 7 月，上海特别市教育局成立，负责上海市教育行政事宜和文化事业。仅 1927—1931 年 4 年间，各类学校由 191 所增至 229 所，社会教育机构从 54 所增至 89 所。1928 年至 1936 年，教育文化经费年年增长，从 78.35 万元增加至 205.66 万元。即便如此，教育经费仍然不能满足发展需要，1928 年财政支出中教育文化经费占 19.8%，1936 年这一比例反而只有 18.6%。[①] 由此说明，虽然投入教育的资金绝对值有所增加，但相对于市政建设、城市维护等其他领域，仍然是偏少的。国民政府教育部曾指出，上海市存在教育经费未能符合事实需要以及历年积欠的问题。

上海市银行在成立初期，虽然根基未稳，但作为官办地方金融机关，在财政短缺时，毅然承担起支付教育经费的职责。1933 年 9 月，教育局为预防市库一时不能如期拨款，便于应付紧急支用起见，向市行商订透支契约 2 万元。[②] 1934 年 6 月，教育局以财政局支付通知向市银行抵借 15 万元，以便发清 4、5、6 月份教育经费。[③] 1934 年 12 月，市银行西门支行称，市立各校往来户以市库支绌，教育局所发各校经费不能按期支领，向市银行暂借经常费 2 个月，后来教育局根据各校声请，最终向市银行透支借款 10 万元。[④] 1936 年 10 月，教育局向市银行透支法币 40 万元，其中“十二万四千九百二十四元七角，以七月份支付通知作抵，其余法币二十七万五千零七十五元三角”由财政局证明担保。[⑤] 贷与教育局的资金多因财政收入短期不敷应用，由财政局担保或财政局的支付通知作抵，那么，相对于其他银行，市银行对政府部门的信誉自然更加了解，进而能准确判断还款的可能性，为双方节约精力和时间。从另一层面来看，经费短缺对不同的学校影响不同，处于扩张阶段及设施陈旧的学校，对资金的需求更加紧迫，因此，影响尤为严重。例如，上海法学院，因添筑校舍，建筑费不敷，先后三次向市银行抵押借款，市银行鉴于其“扩展市民教育”，“本

---

① 上海财政税务志，第三编财政支出，第四章教科文卫生事业支出，第一节教育事业费。
② 上海市银行理事会第 48 次会议，1933 年 9 月 28 日。上档 Q61—1—277。
③ 上海市银行理事会第 56 次会议，1934 年 6 月 11 日。上档 Q61—1—278。
④ 上海市银行理事会第 61 次会议，1935 年 1 月 29 日。上档 Q61—1—278。
⑤ 上海市银行理事会第 80 次会议，1936 年 10 月 26 日。上档 Q61—1—278。

行为辅助教育”[1]“自应力予赞助”，“所有一切抵借手续费及契约等均妥慎办理”。[2]

在抗战胜利后，教育文化经费在地方财政支出中所占比重急剧下降，1945 年和 1946 年分别为 6.6%和 4.1%，远不及第一届市参议会提出的教育经费达到 20%的预算。虽然市政府与教育局都意识到教育经费严重不足的问题，但是，并未采取任何切实有效的措施，1949 年地方财政支出中教育文化经费比例跌至 1.3%。[3] 这种情况下，各级学校势必要寻求其他途径筹集经费，因此，市银行在战后贷放给教育单位或团体的资金也就更多更频繁。以 1948 年为例，表 6.5 反映了一年中市银行与各级学校的业务往来。从学校的类型来看，贷款对象既有公立学校，又有私立学校；从贷款事由来看，多为建筑或修葺校舍需款。

相对于战前，除了与学校之间不间断的业务往来值得关注之外，市银行的官办背景造成其在放款过程中的与众不同。首先，关于申请贷款的程序。一种途径是市政府直接训令市银行放款，例如 1948 年 7 月，奉市政府 6 月 30 日训令，为私立市中小学联合会垫借国币 650 亿元。[4] 另一种途径是获得市教育局的担保或者由教育局长为承还人，如 1948 年 12 月，上海市立新陆示范学校呈请垫借师范生膳食费 3 万元，由上海市教育局为承还保证人。同月，上海市立师范专科学校定放的 3 万元亦由教育局长为保证人。[5] 虽然由于教育局属于“府属各机关”，市政府规定府属各机关向市行申请借款，应事先呈准市政府后，方可办理；但是，由于市立各学校获得市教育局担保相对容易，这一途径对其仍然十分有利的。1947 年 7 月，市教育局函嘱市银行，准市立七宝农业职业学校透支 1 亿元，于 10 月 24 日到期后续准教育局函嘱，准予展期 3 个月偿还，并

---

① 上海市银行理事会第 44 次会议，1933 年 5 月 30 日。上档 Q61—1—277。
② 上海市银行理事会第 10 次会议，1930 年 6 月 27 日。上档 Q61—1—273。
③ 上海财政税务志，第三编财政支出，第四章教科文卫生事业支出，第一节教育事业费。
④ 上海市银行常务董事会第 41 次会议记录，1948 年 7 月 15 日。上档 Q61—1—814。
⑤ 上海市银行常务董事会第 51 次会议记录，1948 年 12 月 24 日。上档 Q61—1—815。

且通知该校来行洽办展期手续，1948 年 1 月 7 日该校仍未照办。1948 年 1 月底，教育局来函称，“市政府请在三十七年(1948 年)度，中教临时费项下拨还一亿元，利息(五千余万元)仍着该校长另行拨付在案”。① 相比之下，私立学校申请贷款就显得有些困难。1948 年 12 月，私立市范中学向市银行贷款 20 万元，后者称该校如能提供妥实押品，再行提会核议。②

其次，关于贷款金额。市立各校通过教育局申请贷款，多能如数拨给，而私立学校大都不能完全满足。彼得小学儿童乐园为建校舍函请贷款 20 亿元，最后准予贷借 10 亿元③；南山职业学校拟向本行贷款 70 亿元，最后仅获得资金 50 亿元④；1949 年 1 月，私立中正补习学校请贷 30 万元，后准予贷借 20 万元。⑤ 由此看来，首先地方政府有发展教育事业的责任，所以市银行必须通过将资金投向学校来配合政府政策；其次由于政府直接承担办学义务，市银行对市立学校的资金需求更是义不容辞。

对教育事业的支持，一方面是对学校中硬件设施的建造给予资金帮助，另一方面是为学生提供更多求学的机会。1946 年 1 月市银行复业后的第一次行务会议中，代总经理再次强调“本行与普通商业银行立场不同，营业宗旨以为本市市政府服务暨为本市全体市民谋便利与福利为原则，自复业以来先后举办代理市公库及教育贷金，无不为适合上项宗旨而行者”，“为辅助本市清寒市民筹措子女教育费用起见，特举办教育贷金，并组织上海市民教育贷金审核委员会，由本行三人，市教育局二人，教育界四人组织而成……”。⑥

---

① 上海市教育局为市立七宝农业职业学校透借款项与上海市银行往来函，1948 年 1 月。上档 Q61—1—942

② 上海市银行常务董事会第 51 次会议记录，1948 年 12 月 24 日。上档 Q61—1—815。

③ 上海市银行常务董事会第 39 次会议记录，1948 年 6 月 24 日。上档 Q61—1—815。

④ 上海市银行常务董事会第 40 次会议记录，1948 年 7 月 8 日。上档 Q61—1—815。

⑤ 上海市银行常务董事会第 53 次会议记录，1949 年 1 月 17 日。上档 Q61—1—815。

⑥ 上海市银行第 1 次行务会议记录，1946 年 1 月 15 日。上档 Q61—1—1152。

表 6.5　　1948 年上海市银行学校放款

时间	学校名称	事由
1948 年 1 月	市立七宝农业职业学校	该校欠本息 102 174 100 元请教育局清结
1948 年 1 月	上海市女子中学	由于经济困难,所借国币 1 亿元请求展期 1 月
1948 年 5 月	杨思中学	筹建校舍透借 2 亿元请展期 3 月
1948 年 6 月	彼得小学儿童乐园	贷借 10 亿元完成新建托儿所之未竣工程
1948 年 7 月	南山职业学校	添建介寿堂贷借 50 亿元
1948 年 7 月	私立市中小学联合会	政府训令垫借 650 亿元
1948 年 7 月	上海市公训同学会	修理房屋、布置餐厅借款 50 亿元
1948 年 7 月	中华初级中学	贷款 7 亿元
1948 年 7 月	提篮桥霍山路国民学校	借 15 亿元银行承兑汇票
1948 年 7 月	私立大经中学	10 亿元
1948 年 8 月	各民众学校	生活补助费 37 386 039 000 元
1948 年 8 月	新建中学、思源中学	修葺校舍共 70 亿元
1948 年 8 月	私立中正补习学校	修缮、添置校舍 40 亿元
1948 年 8 月	抗战蒙难同志会所属忠义小学	修缮购置等费 10 亿元
1948 年 9 月	私立海兴国民学校	添建校舍贷借 50 亿元
1948 年 12 月	上海市新陆示范学校	膳食费 3 万元
1948 年 12 月	上海市立示范专科学校	3 万元

资料来源:根据上海市银行档案整理所得。

贷金制度最初是 1938 年由教育部针对沦陷区经济困难的学生,制定《公立专科以上学校战区学生贷金暂行办法》,以保证贫困学生可以继续学业。市银行开展这项活动一直持续到 1948 年上半年,以 1947 年下半年为例,通过参照学校收费标准,制订办法继续举办,规定大学生 150 名,每名 40 万元,高中生 200 名,每名 30 万元,初中生 300 名,每名 25 万元,小学生 800 名,每名 20 万元,共计1 450名,贷金总额为35 500万元。①虽然相对于数以万计的学生而言,获得贷款的学生是凤毛麟角,

① 上海市银行复业后第 8 次董事监察人联席会议记录,1947 年 9 月 30 日。上档 Q61—1—388(2)。

但对市银行而言，已经尽力。1948 年 1 月，对于是否要继续举办教育贷金，市银行周秘书说明了相关情况，“本行举办教育贷金已届四期历届，贷出款项以户数众多，款额零星，不易追偿，积欠在二亿九千一百万元之谱，现虽逐日追收，每天仅收回二三百万元不等”，足见该项贷款对市银行造成的损失。然而，市银行并未因此而放弃，周秘书曾提议“市政府有统一奖学金委员会之设立，本行上年度曾捐助二亿元，该会近已函请本行继续捐助，数额将较上年度为多，复查此项统一奖学金之发放，几占全市大中小学生百分之六十强，贫苦学生均得占惠，本行除依例捐助外，教育贷金似可中止举办，以节物力而免损失”，而行务会议最终决议“教育贷金与统一奖学金性质不同，仍应继续举办，惟贷款技术应力求改进以免损失”。①

更为难得的是，市银行对教育贷金的发放秉承公平的原则，甚至更倾向于行外人员。1946 年 9 月，人事课提出“教育贷金申请书已发出甚多，惟金额有限，以后外界人士前来索取时可否停发”，结果行务会议决议“(1)贷金申请书应尽量发给；(2)本届核定之教育贷金应先仅外界人士申请，凡本行员工申请者应在外人贷余之款内借给，如外人贷金超过规定额数贰万元时，即另行拨款贷与之，仍由主办人签呈办理。”②

二、上海市银行对文化事业的支持

上海作为接受西方文化的前沿，中外文化交汇融合，是近代中国的文化中心。它率先打破传统的意识形态，对重农抑商、男尊女卑等传统思想提出挑战，并紧跟世界先进文化潮流。上海开放宽容的文化氛围，不仅造就了众多诸如邹韬奋、张元济等文化名人，而且同时吸引了各种新闻机构纷纷来沪开设，他们对各种先进文化的传播功不可没。据上海市政府社会局第十科(新闻出版科)统计，1926 年 4 月至 1947 年 7 月，上海先后共

① 上海市银行第 23 次行务会议记录，1948 年 1 月 12 日。上档 Q61—1—522。

② 上海市银行第 10 次行务会议记录，1946 年 9 月 4 日。上档 Q61—1—1152。

有通讯社 100 多家[①],各种报纸杂志更是数不胜数。1936 年,上海商务、中华、世界三家出版社出版的图书占全国出版图书的 71%。1937 年前,上海历年出版的期刊、图书分别占全国 80%和 70%以上[②],可见,上海文化事业的发展对全国而言举足轻重。

抗战胜利后,通讯社陆续恢复发稿,报纸复刊。然而,今非昔比,文化事业的举办"及其艰苦","对于许多问题,立论也颇不易",[③]究其原因在于战后国民政府对新闻出版行业的控制越来越严,1946 年下半年起,100 种报刊被政府当局勒令停刊。[④] 同时,规定通讯社每天发出的电讯稿,须先送电信局审核通过后才能发出,以致大批报刊被查封或被迫停刊,通讯社的订户大量减少,大批通讯社无法维持。[⑤] 除此之外,一方面通货膨胀导致社会购买力低下,从而使得需求减少,另一方面构成新闻出版行业成本重要因素之一的纸张缺乏和纸价高涨。

对城市文化事业的支持也是地方银行的职能之一,上海市银行战后对报社、通讯社等文化团体放款的增加就是最好的证明。从表 6.6 关于 1948 年总行 51—55 号放款表的放款对象来看,14 户中有 11 户是报刊社、印刷厂,从贷款金额来看,报社的性质决定其规模较小,运营资金较少,因此,需款金额相对其他机关更少,这对于资金规模同样较小的地方银行而言,恰好可以满足其需要。另外,对于贷款利率,表 6.6 的信息由于缺乏与同类型贷款对象的对比,仿佛不足以体现出其对文化事业的支持,但是在 1949 年 3 月,第五十五次常务董事会议明确拟具文化事业贷款办法,"兹为扶助文化事业之发展并谋本行资金之合理运用起见,谨拟

---

① 《上海新闻志》,上海市地方志办公室网站:http://www.shtong.gov.cn/node2/node2245/node4522/node5600/index.html。

② 《上海通志》,上海市地方志办公室网站:http://www.shtong.gov.cn/node2/node2247/node4598/index.html。

③ 吴斐丹:《当前中国文化事业之困难》,《学识》1947 年第 1 期。

④ 《上海通志》,上海市地方志办公室网站:http://www.shtong.gov.cn/node2/node2247/node4598/index.html。

⑤ 《上海新闻志》,上海市地方志办公室网站:http://www.shtong.gov.cn/node2/node2245/node4522/node5600/index.html。

具文化事业贷款办法如后：

"（一）报馆

资格在本市出版并经主管机关核准登记者为限

贷款比照本行一般放款限额为准

贷款方式定期放款并须提供银行承兑汇票

利率比照原定放款利率按九折计算

期限最长不得超过十天

（二）杂志、出版社、通讯社以及其他学术团体

资格在本市出版并经主管机关核准登记者为限

贷款比照本行一般放款限额为准

贷款方式银行承兑汇票贴现

利率比照规定贴现利率按八五折计算

期限七天为原则"[①]

除了报社、通讯社、出版社等文化媒体之外，其他文化相关机构也得到市银行的资金援助。1945 年 12 月，上海市立图书馆由于 11 月份经费尚未领到，需款孔急，请市银行允予暂行透支国币 80 万元以应急需，市银行急于缓解其资金困难，随即放款，然而，由于未请市政府核准，市政府反而以"前未据呈准、事后遂请备案，殊有未合"，令市银行将"所借之款仰迅即自行清理"。[②] 由此看出，作为官办机构，在某些情况下，业务操作灵活性的缺乏局限了其职能的发挥。但是，通过市政府训令的方式，开展文化活动就方便得多。1949 年 4 月，市参议会议长潘公展和国民党市党部主任委员方治称"上海系文化中心区域，文化事业亟待开展"，"拟组织文化合作社，藉以联络各方之人士共同从事精神建设之工作"，"请惠在市银行暂借两千万金圆，以利进行"，市银行奉令照借。[③] 除此之外，私营国泰影

① 上海市银行常务董事会第 55 次会议记录，1949 年 3 月 10 日。上档 Q61—1—815。

② 上海市银行 1945 年放款。上档 Q61—1—366。

③ 上海市银行常务董事会第 57 次会议记录，1949 年 4 月 21 日。上档 Q61—1—816。

业公司为购办原料胶片，也屡次受到市银行的协助。[①]

表 6.6　　上海市银行 1948 年 51—55 号放款表

户名	种类	金额	利率	承兑人或保证人	押品	起讫日期
新夜报社	贴现	五万元	一角八分	华东照相制版厂、国华广告印刷公司	垦业银行承兑汇票	12.2—12.30
时事新报社	同上	五万元	一角八分	山西裕华银行、申时电讯社	山西裕华银行承兑汇票	12.2—12.30
大晚报社	同上	五万元	一角八分	志成纸号、华康纸号	元亨大钱庄承兑汇票	12.2—12.30
大陆报社	同上	十五万元	一角八分	协昌号、时事新报	敦裕钱庄承兑汇票	12.2—12.30
大众夜报社	同上	五万元	一角八分	金城轮船公司	东莱银行承兑汇票	12.2—12.30
圣光诊所	定期	捌万元	二角二分五厘	万泰烟纸茶食号		12.3—49.3.3
上海市卫生局	定放	一百万元	一角八分	上海市财政局		12.3—49.6.30
上海市印刷厂	定放	六万元	照市八折	上海市财政局		12.4—12.19
商办上海内地自来水公司	定放	三十万元	四角五分	上海市公用局		12.4—12.11
前方日报社	贴现	五万元	四角五分	自由出版社	中国信托公司承兑汇票	12.8—12.30
新民报上海社	贴现	五万元	九分	久大农产制贮公司	和成银行承兑汇票	11.25—12.25
现代会计月刊社	定放	十万元	一角五分	华信企业公司、新化化学厂		12.17—49.1.16
和平日报社	定押	十万元	三角六分	华德线厂、长治华德线厂、长治印刷厂	交通银行栈单计算筒纸五十六筒	12.17—49.1.16
正言报	贴现	十五万元	三角六分	《华美晚报》社、《铁报》社	中国实业及浙江储丰银行承兑汇票	12.17—49.1.15

资料来源：1948 年 12 月上海市银行常务董事会第 50、51 次会议记录。上档 Q61—1—815。

三、上海市银行对医疗卫生事业的支持

医疗卫生是与市民生活息息相关的另一个重要方面，设立公共医疗机构也是各地政府的职责所在。上海特别市政府建立后，便开始致力于医疗卫生体系的现代化建设，对城市的公共卫生给予了高度重视，至抗战爆发之前，先后举办了十三届卫生运动会。抗日战争期间，华界医疗卫生

① 上海市银行常务董事会第 46 次会议记录，1948 年 10 月。上档 Q61—1—814。

设施遭到严重破坏，抗战胜利后，市卫生局统一管理全市的卫生事业，这对于财政状况大不如前的市政府而言，无疑是雪上加霜。此时，市银行的存在，某种程度上缓解了各医疗卫生机构的燃眉之急。仅举两例，1945年，上海市市立第二医院以及上海市公济医院分别向市银行短期借款300万元和透支借款100万元，并要求展期。在由卫生局为保证人的情况下，市银行均满足其请求。

然而，市银行的实力有限，面对频繁的需款请求，自身也心有余而力不足。1945年，当上海市市立戒烟医院紧随上述两项借款之后提出要求时，市银行因“近来市库支出浩繁，头寸异常支绌”，难以应允。① 但是，有些情况下，市银行不得不做出牺牲。1949年3月，新设立的上海市第二劳工医院开诊在即，为购置急用家具暨布置诊疗设备，拟恳先行拨借金圆券壹仟万元济用，利率按市六折计算。② 事实上市银行对医药卫生行业的贷款利率已经给予优惠，同月放出的仁济医院的贷款，利率已经是市场利率的七折，而该项借款由于是奉市政府的训令，利率更低至六折。

诚然，市政府的训令也是为了提供更好的医疗卫生服务，有了市银行的协助，政府的目标便更容易实现。1946年，顾乾麟等人创办的上海市市民急病医药助金社，医药费用须随时拨付，市政府训令由市银行先行拨给，在币制改革之前，透支额数已增加至40亿元，1948年10月，由于申请助金的人数增多，流动资金及透支之款不敷医药费，顾乾麟恳请市政府饬行上海市银行，对于该社透支额数准予暂以金圆贰万元为限，俾清付款而利进行。市银行收到后即贷与其贰万元，随后的12月，在上笔款项即将到期之时，市政府又令市银行放款至6万元。③ 该社的正常运转与市银行及时的资金援助是分不开的，两年多来，该社救助的贫苦疾病患者多达7 000余人，减轻了很多家庭的负担。

---

① 上海市银行1945年放款。上档Q61—1—366。

② 上海市银行常务董事会第56次会议记录，1949年3月24日。上档Q61—1—815。

③ 上海市府为上海市市民急病医药助金社借款事给上海市银行的训令，1948年10月。上档Q61—1—964。

第四节　上海市银行的公益性功效

一、救济功效

1927年国民党建立政权，国内局势趋于好转，但是，内外局势仍然不乐观，部分地区仍然处于军阀控制之下，即使国民政府统治区域，也难免会遭受外部日军的侵略。人们的生活随时会受到威胁，如遇自然灾害，特别是对于贫困家庭而言更是雪上加霜。而当时的社会保障体系尚在建设之中，不能惠及所有民众，一方面需要政府各部门相互配合，加速完成；另一方面，解决受困人群的生存问题还需要社会慈善团体等其他机构的协助。

地方银行作为地方政府创办的机构，维护社会稳定是职责所在。首先，上海市银行直接通过政策性放款发挥救济职能。1932年“一·二八事变”，国民党与日军在江湾血战一月，江湾遭到日军飞机的狂轰滥炸，成为一片焦土，给民众带来深重的灾难和巨大的损失，同时政府的财政收入骤然下降，致使战后重建任务异常艰巨。市银行奉市长谕，贷与工务局4万元，用于江湾灾区的房屋建筑。① 并在随后的两年中，先后借给财政局45万元，用于复兴灾区工程建设。②

其次，救济职能的发挥还可以通过两种方式：一是直接捐助；二是代收捐款。1946年设立的冬令救济委员会即是针对严冬季节贫困流民的收容救济机构。其经费来源于政府拨款和劝募。但是，政府拨款常常不能及时到位，市政府因此会借助市银行，保障救济工作的正常进行。其一，捐助。1947年度冬令救济事业亟待展开时，所需救济费用迫切，市政府便训令市银行捐助50亿元，转入上海市冬令救济委员会账户。③ 其二，免息贷款。

---

① 上海市银行理事会第39次会议，1932年12月22日。上档Q61—1—277。

② 上海市银行理事会第45次会议，1933年6月29日；上海市银行理事会第53次会议，1934年3月6日。上档Q61—1—277。

③ 上海市银行第9次董事监察人联席会议议程。上档Q61—1—388(3)。

1948年，市银行奉市长手谕，拨付上海市救济委员会基金200亿元，利息免计。[①] 当然，政府亦会令市银行对社会慈善团体给予资金支持，但是市银行对后者与市府机关有明显差别。1948年6月，市政府令市银行与英济慈善基金保管委员会签订透支契约，以100亿元为限，不同的是，该项透支借款的利息与承还保证人都不能少。[②] 这样的要求是可以理解的，毕竟银行不是慈善机构，况且市银行的规模又比较小，必须考虑自身的状况。正如1934年，理事会在讨论救济农村事业的办法时钱新之理事所言，"主张极是，惟鄙意以为兹事体大，非群策群力不易举办，本行力量有限，最好与本埠各银行通力合作较易集事"，"可先与各银行接洽商讨办理"，会议通过并议定提拨10万元以备办理救济农村事业之用。[③] 可见，市银行需要在支持救济事业的方式与自身能力方面做好权衡。

另外，由于市银行的官办背景，很多赈灾团体在募捐中首先想到与市银行合作。1930年，上海市筹赈东北水灾委员会将所有捐赈款项委托市银行担任经收。[④] 甲戌全浙救灾会、上海慈善团体联合救灾会、上海筹募黔灾义赈会等各种慈善团体也委托市银行代收捐款。

二、民食调配

战后，政府为了维护社会秩序，保障市民基本的粮食消费，于1947年成立上海市民食调配委员会，负责办理配售工厂、学校、贫户、慈善团体等食米。由粮食部、市政府参议会、市社会局组织，所有配米价款在市银行另立专户，凭民食调配委员会缴款书收缴，并由市银行指派收款员1人，常驻调配委员会收款，以资便捷。[⑤] 同时，该会以经费收支浩繁，偶因配米来源不继，收不敷周转，有时经费充裕，余款待存，与市银行订约透支

---

① 上海市银行常务董事会第44次会议记录，1948年9月16日。上档Q61—1—814。

② 上海市银行常务董事会第40次会议记录，1948年7月8日。上档Q61—1—814。

③ 上海市银行理事会第56次会议，1934年6月11日。上档Q61—1—278。

④ 上海市筹赈东北水灾委员会给上海市银行函，1930年9月26日。上档Q61—1—2。

⑤ 上海市社会局为收缴配米价款即将开始函请派员常驻民食调配委员会收款以资便捷由，1947年6月10日。上档Q61—1—682。

100万元,以备随时收付。[①] 1948年,政府的配售政策从局部变为全面配售,市银行也随之在全市各处设立代收米款处,方便各配售店缴解米款。[②] 虽然这些努力对于物价的飞速上涨没有丝毫的缓解,但却也帮助市民维持基本的生存,避免抢米风潮引起的社会动荡。

除了维护上海市面的稳定,市银行对于国家政策,也积极配合。1946年,"中中交农四联总处放款审核委员会,以配合国策,统筹盐贷,使各地食盐供求适应,稳定盐价,安定盐民生计起见,拟组织各盐区盐贷银团,贷额大约国币四百余亿元之谱,已拟就'盐贷管理委员会组织规程''盐贷管理委员会贷款银团合约'暨组织规程并商得中央银行同意,将承贷之押款(包括进出口押汇及活期质押放款)或贴现(三行两局照实际贷额为七折),凡属商业各行庄得按实际贷款七五折转抵押或重贴现",上海市银行商业同业公会"征求银钱两业愿否参加"[③],表6.7是银团团员名单,从认贷金额来看,除了国家金融机构和金城银行,上海市银行的认贷金额是比较多的,甚至多于"北四行"中的中南银行和"小四行"中的四明银行。1946年11月,盐政总局拟定豫区贷款40亿元,市银行又承贷了4 000万元。相对于银行的资本和规模而言,市银行的认贷金额更能充分证明,其与一般商业银行的定位与职能是完全不同的,不是以盈利为目的,而是配合政府政策,维护经济社会的稳定。

表6.7　　参加上海区食盐贷款银团团员行庄名单

行庄名称	认贷金额(百万元)	行庄名称	认贷金额(百万元)
中国银行	5 565	江苏农民银行	2 455
交通银行	4 770	上海市银行	200
中国农民银行	3 180	山西裕华银行	200

---

① 上海市银行常务董事会第51次会议记录,1948年12月24日。上档Q61—1—815。

② 上海市民食调配处为本行撤销漕河泾代收米款处并入龙华收款处办理函请查照由,1949年1月11日。上档Q61—1—1349。

③ 上海市银行商业同业公会关于盐贷银团事致上海市银行函,1946年6月24日。上档Q61—1—456。

续表

行庄名称	认贷金额(百万元)	行庄名称	认贷金额(百万元)
中央信托局	1 192.5	中南银行	50
邮政储金汇业局	1 192.5	茂华银行	50
金城银行	500	聚兴诚银行	50
新华银行	150	通惠实业银行	50
□[①]中银行	150	泰和兴银行	40
建业银行上海分行	20	大中银行	30
中国垦业银行	20		
永大银行	20	大康银行	20
惠中商业储蓄银行	20	大陆银行	100
江苏银行	100	国华银行	100
四川美丰银行	100	和成银行	100
四明银行	100	上海亚西实业银行	100
上海煤业银行	10	开源银行	10
女子商业银行	10	正明银行	10

资料来源：上海市银行商业同业公会关于盐贷银团事致上海市银行函，1946 年 6 月 24 日。上档 Q61—1—456。

三、社会福利

消费合作是上海市政府提倡的一项惠民事业，1931 年实施的《修正上海市消费合作社暂行通则》中定义“凡以平等互助精神，集合资金，用最经济方法，供给人生需要品，以图改良社会生活状况及实现公平普利之经济制度而组织之社团，为消费合作社”[②]，通过省却中间环节，为社员谋取利益。抗战前，经济环境相对较好，消费合作事业也开展顺利，市政府通过免纳消费合作社的营业税及所得税的形式予以支持。到了战后，消费

① 原档案不清楚。

② 《修正上海市消费合作社暂行通则》，《上海市社会局业务报告》，1930 年第 4—5 期。

合作事业开展并不顺,“各社困难之处不外乎资金不易周转,业务难以扩充”。[①] 1948年,市银行认缴上海市消费合作社整理委员会股款4 000元[②],并先后贷与其金圆券10万元,以支持合作事业,福利市民。[③] 另外,市政府成立了专门的福利委员会,用于提供市府员工的福利保障。考察与该委员会的相关业务,往来更为频繁,同时金额也较多,市银行所发挥的职能也更大。总结其特点,主要有:

第一,根据政府指令拨给委员会相应资金。1947年10月,在市府员工福利委员会成立之前,市政府考虑到委员会“正式成立尚需时日,而员工生活日濒艰苦,可于福利委员会改组成立以前,先行指派沈秘书长宗……七人,暂时负责主持员工福利事宜,以免贻误时机,至福利基金准由兴业信托社向该行(市银行)透借二百亿元先行运用”。[④] 1949年3月,市府员工福利委员会以扩大员工福利事业,原有经费不敷维持,市政府训令其向市银行增加定期贷款肆仟万元。[⑤]

第二,福利委员会仰赖市银行的资金运营。1948年7月5日,“员工福利委员会呈称,窃查本会第二组第十一次常务干事会议第七项讨论事项,以本会第一组原有基金为数有限,近以物价狂涨,……下月份约计须二十四亿余元,较本月份增加达百分之一百四十,尚须垫付食费、所须食米及菜金等款项,应如何增拨该组基金,以资应用。经决议,由本会向市银行贷借三百五十亿,交市行信托部,加入定期放款B户内,连前共为四百亿元,放款生息”[⑥],7月27日,该笔投资款项及利润所得共计国币500亿元,“除将贵会前在本行欠款二笔,计共本息三百八十二亿九千七百伍

① 梁士聪:《上海市消费合作巡礼》,《合作经济》1948年新2卷第5期。

② 上海市银行董事会第12次董事监察人联席会议记录,1948年12月27日。上档Q61—1—388(3)。

③ 上海市银行常务董事会第50次会议记录,1948年12月9日;上海市银行常务董事会第52次会议记录,1949年1月6日。上档Q61—1—815。

④ 上海市银行第9次董事监察人联席会议议程。上档Q61—1—388(3)。

⑤ 上海市银行常务董事会第55次会议记录,1949年3月10日。上档Q61—1—815。

⑥ 为据本府员工福利委员会呈请向该行贷款350亿元一案仰遵办具报由,1948年7月5日。上档Q61—1—947。

拾壹万四千(38 297 514 000)元,及上海市民政局等六单位向本行借垫同人购置……款项之利息扣除外,结余款项业于七月二十三日交还本行信托部九十七亿零贰佰四十八万六千(9 702 486 000)元,及七月十六日交还十二亿四千零六十二万三千四百(1 240 623 400)元,共计一百零九亿四千三百一十万玖仟四百(10 943 109 400)元,分别予以营运……"[①]。1948 年 12 月,市府员工福利委员会给市政府的信函,明确表达了市银行对于该会的作用。"本会成立以还,无固定基金,筹设本府大厦暨社会教育、地政民政等局员工食堂,仅赖向市银行临时贷款维持业务,积欠该行达十万元,若不设法开源,不特以前欠款无可归偿,即以后本会经费亦难以为继""由本会向市银行贷金圆二十万元,交市银行信托部放款生息,除归偿市行贷款本金外,并以余款扩充本会经费"。[②]

第三,为福利委员会垫付资金,并代售货物。1949 年,该会因筹措员工福利经费,市社会局拨台糖7 000担,委托市银行提出3 000担,按照市价出售,由于上项价款亟待运用,在未出售前请市银行垫款,如市价上涨,所有差额作为市银行垫款息金。[③] 后来的4 000担亦援照此例。除此之外,市银行在 1949 年还替该会垫付资金,并出售白布、卡其布上百匹。[④]

第四,市银行董事及监察人为员工福利委员会的贷款担保。1949 年,市府员工福利委员会以活透方式订借金圆 100 万元,由欧阳遵诠、闵湘帆及田永谦为承还保证人[⑤],而此 3 人分别是市银行董事、监察人和董事长。通过市银行与市府员工福利委员会的业务往来,不难看出,市银行的特殊背景决定了其为市府及相关机构提供的服务比其他单位更周到更便捷。

四、其他功效

市银行除了在上述方面发挥了积极作用之外,还有一些业务也在市

---

① 为特约投资款项结存情形函请查照由,1948 年 7 月 27 日。上档 Q61—1—947。
② 上海市银行常务董事会第 51 次会议记录,1948 年 12 月 24 日。上档 Q61—1—815。
③ 上海市银行常务董事会第 55 次会议记录,1949 年 3 月 10 日。上档 Q61—1—815。
④ 上海市银行常务董事会第 57 次会议记录,1949 年 4 月 21 日。上档 Q61—1—816。
⑤ 上海市银行常务董事会第 54 次会议记录,1949 年 2 月 10 日。上档 Q61—1—815。

银行的服务范围之内。例如，1930 年，市银行为海陆空军总司令部垫付超过 150 万元的资金，并负责其与各单位的资金往来[①]。战后，上海市及前公共租界官有资产与义务债务清理委员会需款，市银行免息贷与金圆券 2 万元。[②]

小　结

上海市政府在发行市政公债之初，即考虑到设立市银行一面可以便利市民，一面可以将所生之利用于城市建设，成立后的上海市银行也将总管市府收支和发展地方经济作为营业宗旨，其职能定位不同于私营银行，并非以盈利为目的。在城市经济发展过程中，对地方基础设施等硬件环境和民生条件的改善是必不可少的，因此，地方银行的城市建设职能是对地方金融职能的补充，同时也是对整个金融体系的完善。在实践中，上海市银行主要通过对市府及附属机关、文化医疗等机构的不同贷款额度以及利率优惠的方式，发挥其在财政金融、城市建设和公益事业等方面的功效。

当然，作为地方政府的附属机关，其独立性必然会受到限制，对于政府指令大多是不能违抗的，尤其是中央政府命令，因此，地方银行职能的发挥与政府的政策目标息息相关。当政府政策不符合经济发展规律时，地方银行作为落实政策的工具，客观上也就阻碍了经济的发展。因为作为官办金融机构，相对商业银行而言，地方银行是国家推行经济政策更为便捷的平台，对政府命令的执行也更加及时与彻底，从其财政金融职能来看，的确具有财政附庸的一面，上海市银行也不例外。如前一章提及的所谓“金融券改革”骗局中，包括上海市银行在内的各地方银行不遗余力地充当“帮凶”，就是一大佐证。

然而，深入考察上海市银行功效发挥的过程，可以看出，政治形势及

---

① 海陆空军总司令部给上海市银行函，1930 年 12 月。上档 Q61—1—2。

② 上海市银行常务董事会第 50 次会议记录，1948 年 12 月 9 日。上档 Q61—1—815。

社会环境的稳定是中央和地方政府以经济利益为核心的前提，因而也是地方银行发挥积极功效的必要条件。全面抗日战争之前及之后的上海市作为中国的经济金融中心，局势相对比较稳定，上海市银行为上海的城市建设作出了较大的贡献。战后，由于当局货币政策的失败而导致的恶性通货膨胀，造成上海市银行身不由己，并且损害了市民利益，但是，与其一直以来发挥的积极功效相比，弊远小于利。

第七章　上海市银行运营和职能的定性和定量分析

本章主要对上海市银行的运营和职能进行定性和定量分析。首先，通过定性分析揭示其自身的特性及其包含的国民政府地方银行的共性。其次，通过定量分析对上海市银行经济效益进行考察，并将其与其他地方银行和商业储蓄银行比较研究，进一步反映上海市银行的运营状况和职能功效。最后，针对上海市银行官办特性以及与财政的密切关系，运用计量史学的方法，验证财政因素对包括上海市银行在内的地方银行利润的影响。

第一节　上海市银行运营和职能的定性分析

一、上海市银行自身的特性

通过前述对上海市银行运营机制和职能功效的分析，我们可以看到，上海市银行是国民政府时期运营治理相对规范、职能功效比较显著的地方银行。上海市银行具有以下不同于其他地方银行的特性：

首先，上海市银行的规模虽然比一些市立银行大，但是，与其他省立银行和大型私营银行相比则较小。上海市银行既按照一般商业银行规范进行运作，也经营商业银行的一些业务，举办教育贷金、开展小额信贷，但由于受到规模的限制，在总量上，商业性业务运营并没有显著的优势。

其次，上海市银行在存续期间并未发行货币，降低了金融风险。一些省立银行曾经都拥有发行权，但是很多银行因为没有充足的准备金，导致货币贬值，信用扫地。而上海市银行则严格遵守央行关于领用兑换券的规定，虽然没有获得发行权，但也由此因祸得福。此外，上海市银行从设立到关闭只有短短十几年时间，因此，从总体上说，它的运营一直比较平稳，具有一定的经营收效。

再次，由于上海的金融中心地位及其良好的金融环境，上海市银行在银行业务营运过程中具有天时地利的优势，对其规范经营至关重要。比如，上海是中央银行所在地，同时，由于上海地区的银行业同业组织相对成熟，并且存在众多的私营银行，在信息披露方面较其他的地方银行更为透明，监管更加严格，从而促进上海市银行更合规地运营。

最后，上海市银行最显著的特性就是集官办性和商业性于一身。一方面，作为上海市政府的附属机关，不仅管理人员均由市政府聘派，而且主要负责管理和筹集财政资金，得益于官方给予的扶持和庇护政策；另一方面，其组织机构和治理结构均参照商业银行的形式，拥有一定的运营独立性，在财政支出负担严重影响其营业的情况下，能按照其商业运作规范及时调整贷款方针，以避免发生危机。

总而言之，上海市银行兼具官办性质和商业运营的双重特性，其官办机构的权威性和商业运营的效率性相结合，在协助市政府推行财政和金融政策中发挥了较大的积极作用。

二、上海市银行具备的地方银行共性

通过对上海市银行的研究，笔者认为上海市银行的运营机制和职能功效既有自身的特性，又有国民政府时期地方银行的共性。

就共性而言，其主要体现在：第一，国民政府时期地方政府在地方银行内部治理和管理方面具有明显的主导作用。从清末到南京国民政府时期，地方政府在地方银行的管理和经营中都起着决定性作用。前文中表4.1反映出地方银行多由地方政府设立，表7.1亦说明地方银行的决策者多为地方政府官员。上海市银行的资本自始至终都由市政府拨付，上海市政府通过聘派董监事和委托市银行代理市金库等特种业务，从治理结构、主营业务等各个方面影响市银行的内部运营，并且通过政府政策及训令影响市银行的职能发挥。市银行的董事长随着市长的更替而变化，市政府是掌控上海市银行的权力机构，并依据长官意志聘撤市银行经营管理人员。这说明市银行在管理人员派任时没有一个甄选与考核的过程，往往受到政治裙带关系的影响，从而显示浓厚的官办色彩，既能发挥较明显的运营和职能功效，又在较大程度上制约其经营业务和管理效率。当政治局势及经济环境稳定时，市政府会更多地关注地方经济发展，市银行则体现为城市建设、救济等方面的职能较强，当恶性通胀导致市库支绌时，市政府则会训令市银行提供资金周转，市银行的职能则更多地让位于地方财政的职能。

第二，国民政府时期地方银行服务地方财政，并受地方财政状况的影响。地方政府设立地方银行的动机即是出于地方财政考虑，地方银行的共同特征是代理地方金库。上海市银行设立的动因，在很大程度上正是市政府要求专门的金融机构筹集城市建设等需要的财政和公共团体的资金。以 1936 年为例，大部分地方银行的决策者与负责财政的政府官员系同一人，足见地方银行的主要职能是为地方财政服务。观察表 7.1 中各银行的实收资本和相应省市的财政收入预算，会发现财政状况较好的省市，银行的实收资本也相对较多，原因在于地方银行的资本大多来自地方政府拨款，地方财政与地方银行的实力因此正相关。

表 7.1　　　　　　　1936 年省市立银行决策者及实收资本

行名	决策者	实收资本(元)	岁入预算(元)
上海市银行	徐桴(市财政局长)	1 000 000	12 683 928
山西省银行	陆近礼(省财政厅长)	20 000 000	15 425 555
山东省民生银行	王向荣(省财政厅长)	3 200 000	26 135 170
天津市市民银行	张自忠(市长)	500 000	6 359 128
北平市银行	秦德纯(市长)	500 000	7 969 414
四川省银行	周焯	1 250 000	
安徽地方银行	杨绵仲(省财政厅长)	1 000 000	15 522 906

续表

行名	决策者	实收资本(元)	岁入预算(元)
江西裕民银行	刘体乾(省财政厅长)	2 000 000	26 625 295
江苏银行	赵棣华(省财政厅长)	2 000 000	27 889 938
河北省银行	杨天受		20 457 445
河南农工银行	尹任先(省财政厅长)	1 539 727	23 226 244
青岛市农工银行	宋雨亭(市商会会长)	250 000	7 217 855
南京市民银行	吴求哲(行长,受市政府直接管辖)	475 372	10 971 801
南昌市立银行		250 000	
浙江地方银行	朱孔阳(省政府委员)	1 735 200	28 878 578
陕西省银行	王怡然(商界)	1 000 000	15 191 659
湖北省银行	贾士毅(省财政厅长)	3 000 000	19 828 613
湖南省银行	鲁兆庆(省政府审计处长)	1 500 000	19 882 919
富滇新银行	卢汉(省政府委员,负责省内的财政整顿)		11 231 147
宁夏省银行	杨鸿寿(省财政厅长)		4 386 623
新疆省银行	陈德立(省财政厅长)		
福建省银行	斯烈(省财政厅长)	1 000 000	19 424 317
广州市立银行	曾养甫(市长)		
广西银行	黄蓟(省财政厅长)	4 930 927	43 736 544
广东省银行		12 000 000	34 198 518

资料来源:中国银行总管理处经济研究室编:《银行年鉴》1936 年;刘寿林等编:《民国职官年表》,中华书局 1995 年版。

第三,国民政府时期地方银行对于地方经济发展和城市建设方面具有一定的积极作用。前文提到清末和北洋政府时期地方银行纯粹为地方财政服务,成为各军阀筹措军费的工具,而到南京国民政府时期,一些地方银行开始服务于地方经济。上海市银行在城市建设、科教文卫和救济方面对地方经济发展作出了积极贡献,是当时地方银行服务于地方经济发展的一个缩影。

第二节 上海市银行经济效益的统计和比较分析

一、上海市银行经济效益的统计分析

在银行学理论中，商业银行的经营管理目标是保证资金的安全、资产的流动以及资本的增值，即安全性、流动性和盈利性，其中盈利性是最终目标。对于上海市银行而言，由于其职能定位不同于一般的商业银行，其盈利性目标的实现是为了银行根基的稳固以及规模的扩大，是服务地方经济，追求安全性和流动性的必要条件，而不是最终目的。然而，虽然上海市银行不以盈利为目的，但其实际的盈利状况是否与一般商业储蓄银行不同，其资产规模以及存放款等情况究竟如何，什么因素促成其盈利等问题是需要进一步探讨的。

表 7.2　　1932—1936 年上海市银行营业情况　　单位:法币元

年份	1932	1933	1934	1935	1936
纯益	20 648	47 215	105 777	136 978	97 925
存款	2 804 322	3 170 577	6 657 106	4 632 111	9 475 394
放款	1 239 487	2 059 710	4 695 958	4 749 574	5 530 931
总资产	4 819 970	5 213 439	9 215 667	7 554 531	12 166 479
单位资产开支	0.024	0.026	0.018	0.032	0.015

资料来源:中国银行总管理处经济研究室编:《全国银行年鉴》1934—1937 年。

关于上海市银行业务状况的数据记载，抗战前的一个时期较为系统，因此本书以该时期分析为主。如表 7.2 所示，1932—1936 年，上海市银行的纯益增幅较大，并且在 1935 年达到最高点，是 1932 年的 6.6 倍。与银行经济效应相关的因素很多，接下来以上海市银行的存放款、总资产以及成本为例进行考察，它们分别与银行利润、银行规模以及银行经营管理水平直接相关。

从上海市银行的损益计算表来看，其利益来源包括利息、汇水、有价证券损益以及手续费等。其中，利息收益的比例最大，1930—1936年，利息收益占总收益的比重分别为72.8%、96.1%、98.7%、96.3、90.0%、98.8%、89.1%。[①] 利息收入主要来自发放贷款、投资证券、存放同业等。结合前文表4.8中上海市银行的资产结构，可以看出，上海市银行的利息收入主要来源于存放同业和发放贷款，然而，随着开办时间的增加，运营经验逐渐丰富，库存和存放同业的比重下降，各类放款的比重不断上升。与此同时，造成利息支出的存款规模也不断增加，但是，各项放款占各项存款的比重有所上升，并且在除1935年之外的其他年份放款总额始终保持在存款总额的70%以下（如表7.2所示），这不仅体现了上海市银行稳健经营的理念，而且也是其始终保持盈利的原因之一。

上海市银行的规模也在稳定扩张。在通常情况下，总资产用来反映银行规模的大小。从表7.2来看，1936年上海市银行的资产规模是1932年的2.5倍左右。值得注意的是，1935年总资产有所下降，并且1936年的纯益也随之下降。从数据来看，原因在于存款数量的下降导致放款增速减缓。但是，考察1935年上海市财政收支状况，可以发现，1935年上海市财政收入和支出均比上年减少大约1/3。结合前文关于上海市银行资产负债结构来看，由于机关存放款是其存放款的主要组成部分，财政收支的减少直接影响存放款规模，从而导致资产总额以及纯益的下降。

增加存放款及总资产的规模会提高银行的总收益，但是，必须支付存款利息并管理资产的相应成本。因此，从成本角度来看，经营管理水平越高，各项开支节约越多，最终银行的利润也就越高。表7.2统计了上海市银行总开支与总资产的比值作为衡量银行成本的指标，其经济含义是经营管理每单位资产需要付出的成本。上海市银行在营业中重视成本的节约，1931年，由于总分行处开支预算为10.3万余元，理事会以“初办之银行，而开支竟占基金[②]十分之一以上，若再加官息计算，较诸一般银行，其

① 上海市银行损益计算表。上档Q61—1—163。

② 指实收资本。

数未免过钜"，但是"查阅各项预算，又均系核实应支之数，无可节省"，"为全局计，此后惟有酌量情形，设法将分行范围缩小或改为办事处，至于其他一切支出，亦当随时设法裁减"。① 而 1932 年比 1931 年各项开支又节约了将近4 000元，1933 年"本可再行撙节"，但是由于"另迁新屋"，"加以巡捕捐、电费、自来水费及一切杂费等"②，导致支出增大。

战后，上海市银行正式代理市库，而市财政经常入不敷出，加之治理结构的变化，独立性受到影响，除此之外，通货膨胀使情况更加恶化。1946 年 12 月以及 1948 年 12 月的纯益分别为39 741万元(法币)③、147万元(金圆券)④，根据上海基要商品趸售物价指数折算后，相当于 1937 年的69 560元和25 084元。不仅利润有所下降，而且与抗战前相比，也有很大差距。

二、上海市银行与其他地方银行的比较分析

1927—1937 年，国民政府的统治逐渐稳固，国内经济顺利实现了国家垄断资本主义，地方银行也得到了长足的发展，根据全国银行年鉴 1937 年的统计，26 家省市立银行中 23 家是在这 10 年间设立的。⑤ 上海市银行位于全国的经济中心，经营管理相对比较规范，那么，与其他地方银行相比，上海市银行的地位如何需要更进一步地探索。

表 7.3　　1932—1936 年地方银行纯益情况　　单位：法币元

行名	1932	1933	1934	1935	1936
上海市银行	20 648	47 215	105 777	136 978	97 925
山西省银行	88 087	238 183	358 085	426 027	1 231 158
山东省民生银行	41 706	159 745	232 644	311 557	297 478

① 上海市银行理事会第 18 次会议，1931 年 2 月 26 日。上档 Q61—1—273。
② 上海市银行理事会第 42 次会议，1933 年 3 月 27 日。上档 Q61—1—277。
③ 上海市银行全体资产负债平衡表，1946 年 12 月 31 日。上档 Q61—1—1106。
④ 上海市银行全体资产负债平衡表，1948 年 12 月 21 日。上档 Q61—1—1104。
⑤ 中国银行总管理处经济研究室编：《全国银行年鉴》1937 年，第 A12 页。

续表

行名	1932	1933	1934	1935	1936
天津市市民银行					12 984
北平市银行					45 194
四川省银行			555 872	592 459	917 508
安徽地方银行					117 591
江西裕民银行	60 347	66 320	362 469	583 393	538 510
江苏银行	121 888	168 444	178 231	245 778	373 786
河北省银行	2 325	8 555			
河南农工银行	171 989	118 514	2 265	122 184	50 037
青岛市农工银行			7 646	8 935	20 115
南京市民银行	18 157	41 379	73 006	88 141	83 551
南昌市立银行	57 236	15 143	9 940	25 794	11 600
浙江地方银行	86 402	235 460	315 694	433 983	558 420
陕西省银行	74 512		91 000	105 598	318 026
湖北省银行	153 753	198 013	261 939	359 738	550 036
湖南省银行	343 599	271 372	352 951	563 925	789 732
富滇新银行					
宁夏省银行		187 247	135 862		
新疆省银行				580 887	
福建省银行					88 838
广州市立银行				64 089	
广西银行		438 026	340 676	631 157	2 685 663
广东省银行	227 686	388 746	261 784	743 192	3 447 459

资料来源：中国银行总管理处经济研究室编：《全国银行年鉴》1934—1937 年。

如表 7.3 所示，从纯益的大小来看，上海市银行远远高于其他市立银行，但是低于大部分省立银行。在其他市立银行中，南京市民银行的纯益仅次于上海市银行，但后者也始终高于前者 13%以上，差距最大的 1935

年，上海市银行的纯益比南京市民银行高 55%。相比之下，南昌市立银行不仅没有盈利的增长，反而从57 236元下降到11 600元，最低的 1934 年仅有9 940元纯益，波动非常大。虽然地方银行的纯益总体上呈上升趋势，但是就运营的稳健性而言，上海市银行的纯益变动趋势显得较为平稳。形成鲜明对比的是广东省银行，虽然其纯益远高于上海市银行，但是波动剧烈，1934 年比 1933 年下降约 33%，1935 年又比 1934 年增加了 1.8 倍。

与上海市银行的收益结构类似，其他地方银行的总收益中，利息收入的比重也最大，以 1936 年有统计的地方银行为例，除北平市银行和广西银行之外，其余银行的利息收入占总收益的比重均在 60%以上，有 4 家银行更高达 90%以上。[①] 因此，对比上海市银行与其他地方银行的存放款情况十分必要。

从表 7.4 来看，上海市银行的存放款规模高于其他市立银行，在某些年份，存款甚至高于经营状况良好的江西裕民银行、湖北省银行等省立银行。但是，与存放款规模最大的广东省银行的差距还是非常大的，然而，广东省银行在前三年的放款总额均超过存款总额，因此，与上海市银行稳定增长不同，其纯益波动较大。从存放款的增长速度来看，上海市银行 1936 年比 1932 年的存放款分别增加了大约 78%和 34%，而浙江地方银行 1936 年比 1932 年的存放款分别增长了约 10 倍和 7 倍。随着管理经验的积累，规模的扩大，存放款有所增加是必然的，但是，浙江地方银行的增长速度远高于上海市银行的主要原因在于，1933 年该行先后开始代理杭州市金库、浙江省金库，并在其他各市县建立各级金库，至 1937 年，浙江省的各级金库全部由该行代理，而其存款主要来自金库和机关存款[②]，可见，机关存款对于浙江地方银行的重要性。在所有地方银行中，除广东省银行外，1936 年与 1932 年相比，上海市银行的存款增加并非最少，但放款增加却是最少的，这再一次证明上海市银行相对其他地方而言，经营的稳健性和规范性。

---

① 中国银行总管理处经济研究室编：《全国银行年鉴》1937 年，第 C3—64 页。

② 姜宏业：《中国地方银行史》，湖南出版社 1991 年版，第 213 页。

表 7.4　**1932—1936 年地方银行存放款情况**　单位:法币元

年份 行名	1932		1933		1934		1935		1936	
	存款	放款	存款	放款	存款	放款	存款	放款	存款	放款
上海市银行	2 804 322	1 239 487	3 170 577	2 059 710	6 657 106	4 695 958	4 632 111	4 749 574	9 475 394	5 530 931
山西省银行	18 371 912	20 891 276	9 095 171	11 260 797	10 452 600	12 206 969	12 406 364	13 730 946	32 672 959	27 963 040
山东省银行	2 489 652	4 396 350	4 072 736	6 498 719	5 105 355	7 294 379	5 859 451	8 116 737	10 389 807	11 792 049
天津市市民银行									712 862	1 214 129
北平市银行									685 940	1 080 246
四川省银行					7 642 834	6 092 558	9 567 463	8 754 138	22 352 004	12 795 256
安徽地方银行									4 987 857	4 003 822
江西裕民银行	1 470 194	1 641 026	2 432 596	3 075 998	4 942 820	6 124 807	6 999 221	6 703 250	13 057 301	15 329 809
江苏银行	11 957 076	10 577 479	13 863 951	11 292 242	16 163 067	12 567 391	10 175 155	15 273 121	37 552 342	34 489 150
河北省银行	7 982 550	8 629 142	6 697 438	6 863 429						
河南农工银行	3 271 045	4 213 048	3 324 149	4 089 958	3 660 220	4 357 778	3 981 317	5 067 760	5 724 677	7 623 313
青岛市农工银行					592 554	644 606	407 495	509 380	605 428	820 488
南京市民银行	369 680	618 766	583 337	856 580	990 252	1 166 806	1 541 723	1 898 459	2 073 726	1 577 603

续表

年份 行名	1932		1933		1934		1935		1936	
	存款	放款	存款	放款	存款	放款	存款	放款	存款	放款
南昌市立银行	277 195	557 111	118 726	465 045	262 173	579 333	358 772	732 461	471 743	936 779
浙江地方银行	3 539 437	3 744 812	6 203 115	6 751 451	9 187 393	9 407 467	15 620 222	12 704 271	38 677 867	30 365 093
陕西省银行	1 187 326	2 054 546	2 908 232	3 278 559	4 281 417	5 085 619	7 147 195	7 358 712	10 626 716	9 775 175
湖北省银行	2 009 703	2 467 862	2 033 454	3 282 619	6 279 716	5 965 105	7 522 711	6 181 236	17 661 399	13 511 286
湖南省银行	2 883 080	4 733 377	3 770 295	5 153 163	7 068 164	8 704 291	7 280 553	8 607 829	9 540 756	11 894 312
富滇新银行	4 011 239	5 290 855	3 970 886	19 560 373						
宁夏省银行			2 306 151	3 935 606	807 630	3 996 674				
新疆省银行							8 228 081	7 100 929		
福建省银行									5 435 832	5 577 848
广州市立银行							4 148 364	4 075 395		
广西银行			8 231 190	8 891 232	11 996 884	12 061 098	21 968 569	11 601 075	57 343 314	45 198 430
广东省银行	40 514 154	46 220 202	45 390 304	50 550 052	54 888 495	57 779 538	121 837 288	70 110 080	35 637 710	21 665 612

资料来源:中国银行总管理处经济研究室编:《全国银行年鉴》1934—1937 年。

表 7.5 列出了地方银行的总资产数据，从中可以看出各银行规模的大小及变动情况。从总资产的绝对数来看，上海市银行的规模仍然大于其他市立银行，小于大部分省立银行。除了营业范围的因素之外，规模最大的广东省银行和广西银行，以及最小的南昌市立银行的事例说明，垄断程度也是影响其规模的重要因素之一。当时，广东省在陈济棠的统治下，中中交农在广东未设立分支机构，地方经济由广东省银行全权负责，因此，活动空间相对于其他地方银行更大。广西省的情况同样如此，新桂系的独立统治使得广西银行的权利大增，1936 年坐落在该省的银行分支机构共有 42 处，而仅广西银行的分支机构就达到 30 处，1936 年资产规模的骤然增加系发行大量桂钞以应战争需要所致。相比之下，南昌市立银行则面临江西裕民银行和江西建设银行的竞争，因此资本最小，扩大规模也比较困难。上海市银行在抗战前虽然没有其他市立银行的竞争，但是并未获得市库的代理权，营业网点相对较少，所以，1936 年相比 1932 年的规模增长也仅处于其他有记载的地方银行的中下等水平，低于拥有市库代理权的南京市民银行。

表 7.5　　1932—1936 年地方银行总资产情况　　单位：法币元

行名＼年份	1932	1933	1934	1935	1936
上海市银行	4 819 970	5 213 439	9 215 667	7 554 531	12 166 479
山西省银行	23 961 812	17 559 424	20 929 156	24 302 567	64 518 114
山东省民生银行	5 731 358	9 213 167	10 760 001	11 863 020	18 572 791
天津市市民银行					1 625 846
北平市银行					2 111 134
四川省银行			15 118 772	1 387 504	39 471 820
安徽地方银行					11 115 125
江西裕民银行	3 121 800	4 216 736	7 401 415	10 357 276	30 214 925
江苏银行	16 200 708	18 854 752	21 636 110	26 568 996	47 611 644
河北省银行	12 931 739	11 898 797			

续表

年份 行名	1932	1933	1934	1935	1936
河南农工银行	6 411 003	6 087 988	6 286 830	6 650 601	11 098 691
青岛市农工银行			802 281	905 490	952 203
南京市民银行	976 905	1 252 827	1 802 265	2 263 943	2 872 220
南昌市立银行	940 007	680 148	903 699	1 139 444	1 394 677
浙江地方银行	5 559 638	10 093 281	14 813 467	22 580 564	52 200 016
陕西省银行	4 062 501	5 910 076	8 571 196	14 092 212	18 270 432
湖北省银行	7 037 949	9 189 606	17 882 573	18 671 067	39 614 190
湖南省银行	6 496 356	9 182 255	17 018 901	19 207 754	24 540 242
富滇新银行	17 924 969	32 163 825			
宁夏省银行		5 293 599	5 160 772		
新疆省银行				9 303 422	
福建省银行					11 681 295
广州市立银行				12 671 715	
广西银行		16 326 449	21 497 634	45 002 415	116 926 025
广东省银行	85 449 694	88 228 990	99 665 090	209 800 458	304 201 427

资料来源:中国银行总管理处经济研究室编:《全国银行年鉴》1934—1937 年。

表 7.6　　　　1932—1936 年地方银行单位资产开支统计

年份 行名	1932	1933	1934	1935	1936
上海市银行	0.024	0.026	0.018	0.032	0.015
山西省银行	0.009	0.019	0.020	0.016	0.009
山东省民生银行	0.014	0.019	0.023	0.021	0.015
天津市市民银行					0.014
北平市银行					0.010
四川省银行			0.012	0.178	0.022
安徽地方银行					0.016
江西裕民银行	0.018	0.024	0.027	0.027	0.015

续表

行名＼年份	1932	1933	1934	1935	1936
江苏银行	0.019	0.020	0.019	0.017	0.012
河北省银行	0.010	0.025			
河南农工银行	0.044	0.053	0.062	0.042	0.022
青岛市农工银行			0.043	0.043	0.099
南京市民银行	0.043	0.033	0.020	0.026	0.022
南昌市立银行	0.058	0.087	0.065	0.048	0.040
浙江地方银行	0.023	0.018	0.017	0.017	0.011
陕西省银行	0.044	0.058	0.028	0.023	0.019
湖北省银行	0.028	0.029	0.018	0.033	0.017
湖南省银行	0.023	0.013	0.013	0.013	0.012
富滇新银行	0.001	0.023			
宁夏省银行		0.007	0.005		
新疆省银行				0.078	
福建省银行					0.029
广州市立银行				0.009	
广西银行		0.032	0.024	0.015	0.013
广东省银行	0.006	0.006		0.004	0.002

资料来源：中国银行总管理处经济研究室编：《全国银行年鉴》1934—1937年。

上海市银行与其他地方银行相比，单位资产开支位于平均水平，说明其运营成本并非最低。广东省银行的单位资产开支最低，主要原因是其总资产规模庞大；进一步分析其资产构成，发现发行兑换券准备金的比重最大，1936年接近总资产的70%。广东省银行发行的兑换券数额也远大于其他省市立银行，历年的发行量占所有省市立银行总发行量的50%左右，1936年最高时占后者的65%。[①] 而上海市银行在筹设之初，章程中关于银行业务原本有“经财政部之特许得发行辅币券”一项，但是，行政院

① 中国银行总管理处经济研究室编：《全国银行年鉴》1934—1937年。

训令称,“辅币券之发行权,应专属于国家银行,以辅币券关系平民生计至钜,而历来各银行之挤兑风潮,亦多由辅币券滥发而起”,“不应再予特许”。前文曾说明上海市银行的成本逐渐下降,然而,由于1935年财政状况恶化,导致其成本向上波动。其他地方银行中,四川省银行出现更加明显的波动,究其原因,仍然与地方政府密切相关。1935年四川省政府正式成立,为了全省政务的顺利推进,省政府改组地方银行,全行员生数从1934年的50人猛增至1935年的169人,分支行由成都扩大到万县,并增加了5个办事处,1个代理处,1936年,四川省政府又增加该行资本①,占总资产最大比重的放款数额出现急剧上升,总资产相应增加,因此呈现出1935年的开支高于前后两年的局面。由此可见,地方银行的成本不仅与经营管理者的经验和能力相关,也与地方财政状况,以及政府政策关系密切。上海市银行正是由于政府在发行及市库代理等方面的政策缺失,不能最大程度节约成本,同时,因受到财政入不敷出的影响而出现波动。

三、上海市银行与商业储蓄银行的比较分析

(一)银行盈利性的比较分析

对上海市银行的经济效应进行全面了解,仅仅将其与其他地方银行对比是不够的;为了进一步凸显其特征,本书将其与总行位于上海的商业储蓄银行进行比较分析。选择商业储蓄银行作为比较对象,是因为其在银行体系中占有比重最大,1936年所有银行中,商业储蓄银行的比重在50%左右,是近代银行业的重要组成部分。

表7.7　1936年上海市银行与总行位于上海市的商业储蓄银行统计比较

行名	纯益(元)	总资产(元)	存款(元)	放款(元)	单位资产支出	放款比重(%)	现金比重(%)	有价证券比重(%)	存放款差额(元)
上海市银行	97 925	12 166 479	9 475 394	5 530 931	0.015	45.46	38.77	5.21	3 944 463

① 中国银行总管理处经济研究室编:《全国银行年鉴》1934年,第B127页;1935年,第B115页;1936年,第C12页,1937年,第C14页。

续表

行名	纯益（元）	总资产（元）	存款（元）	放款（元）	单位资产支出	放款比重(%)	现金比重(%)	有价证券比重(%)	存放款差额（元）
大中银行	56 171	35 179 251	5 085 762	30 845 534	0.013	87.68	0.79	0.21	−25 759 772
大来商业储蓄银行	16 394	4 686 326	2 492 200	1 931 131	0.006	41.21	7.49	14.79	561 069
大亚银行	14 281	2 351 881	1 320 135	1 514 595	0.029	64.40	0.82	11.43	−194 460
大康银行	39 328	4 399 642	2 355 040	1 748 077	0.016	39.73	0.34	20.10	606 963
上海女子商业储蓄银行	35 976	7 069 595	5 631 665	5 521 799	0.015	78.11	2.76	7.09	109 866
上海永亨银行	56 727	6 513 618	4 203 953	4 137 535	0.014	63.52	0.69	8.91	66 418
上海至中商业储蓄银行	83 078	9 690 181	6 455 561	5 502 354	0.006	56.78	10.29	11.15	953 207
上海商业储蓄银行	761 694	2.59E+08	1.69E+08	1.66E+08	0.019	64.12	3.54	6.90	2 847 539
上海通和商业储蓄银行	79 122	8 268 588	4 961 628	5 516 240	0.011	66.71	1.50	7.06	−554 612
太平银行	45 208	2 461 475	723 047	1 514 206	0.015	61.52	2.55	3.53	−791 159
中孚银行	228 369	35 329 878	30 515 066	26 116 936	0.012	73.92	2.82	16.30	4 398 130
中和商业储蓄银行	2 122	3 626 786	2 481 593	2 220 903	0.097	61.24	2.07	19.49	260 690
中南银行	996 460	1.49E+08	1.21E+08	93 123 127	0.008	62.39	13.62	10.30	27 377 305
中华商业储蓄银行	90 220	5 555 632	4 392 294	4 798 235	0.035	86.37	2.19	5.31	−405 941
中汇银行	233 592	32 610 365	18 156 800	17 430 984	0.012	53.45	0.90	5.07	725 816
民孚商业储蓄银行	30 286	1 931 172	1 143 370	1 399 829	0.023	72.49	6.21	7.90	−256 459
永大银行	65 167	11 400 836	8 121 670	7 213 712	0.008	63.27	0.80	11.61	907 958
正明商业储蓄银行	42 783	4 395 285	3 305 616	2 751 579	0.055	62.60	1.84	17.93	554 037
光华商业储蓄银行	754	3 345 767	1 802 612	1 764 970	0.025	52.75	0.69	14.38	37 642
辛泰银行	64 753	3 683 325	2 429 095	3 456 700	0.024	93.85	1.49	2.58	−1 027 605
东莱银行	41 410	26 233 192	18 794 164	16 895 216	0.014	64.40	1.61	18.14	1 898 948
金城银行	1 145 879	1.95E+08	1.83E+08	1.44E+08	0.009	73.72	5.44	17.41	39 605 498
亚洲银行	57 410	5 604 604	2 890 957	2 437 900	0.018	43.50	0.22	17.14	453 057

续表

行名	纯益(元)	总资产(元)	存款(元)	放款(元)	单位资产支出	放款比重(%)	现金比重(%)	有价证券比重(%)	存放款差额(元)
恒利银行	53 591	4 187 180	2 908 995	3 028 917	0.014	72.34	0.84	9.03	−119 922
建华银行	22 395	901 382	344 487	745 759	0.047	82.74	0.78	14.49	−401 272
浙江兴业银行	613 344	1.1E+08	93 039 272	68 909 793	0.012	62.67	4.18	15.92	24 129 479
浦东商业储蓄银行	20 383	4 672 989	2 531 731	1 938 927	0.018	41.49	1.90	12.57	592 804
浦海商业银行	7 102	732 316	615 170	686 101	0.014	93.69	4.66	1.65	−70 931
国信银行		9 726 507	6 370 439	4 751 830	0.016	48.85	9.52	16.15	1 618 609
国华银行	44 581	65 318 684	49 609 523	40 511 871	0.012	62.02	6.88	14.52	9 097 652
惇叙商业储蓄银行	18 454	1 980 125	1 427 343	1 393 846	0.055	70.39	2.61	6.86	33 497
统原商业储蓄银行		3 541 960	2 336 654	3 254 138	0.026	91.87	3.43	1.10	−917 484
惠中商业储蓄银行	36 294	3 233 124	1 619 410	1 539 814	0.018	47.63	2.78	16.33	79 596
新华信托储蓄银行	172 762	39 144 291	33 662 122	17 866 863	0.012	45.64	19.44	20.71	15 795 259
裕津银行	66 337	2 686 999	1 636 184	2 183 403	0.034	81.26	3.29	2.08	−547 219

注:纯益、总资产、存放款、单位资产支出及存放款差额的单位均为法币元,放款比重、现金比重、有价证券比重均相对总资产而言,存放款差额为存款减去放款。

资料来源:中国银行总管理处经济研究室编:《全国银行年鉴》1937 年。

表 7.7 将 1936 年上海市银行与总行位于上海的商业储蓄银行进行比较,后者共有 42 家,但是有统计数据的有 35 家。首先,上海市银行的纯益比大多数商业储蓄银行要大,只有新华信托、中孚、中汇、浙兴、上海、中南和金城银行在其之上。而这些纯益较多的银行中,有的拥有 20 多年的创办历史,有的则属于著名的“南三行”“北四行”,它们所积累的经验和信誉是上海市银行无法企及的。其次,上海市银行的资产规模同其纯益所处地位相似,超过大部分商业储蓄银行。这与当时的经济环境有关,银行只要满足《银行法》中资本、性质等基本规定,均可向财政部申请成立,银行的决策者对创办、停业、业务范围和经营区域等有充分自由的选择权。商业储蓄银行属于私营银行,追求利润为其最终目的,因此涌现出大

量规模较小的银行。再次，从单位资产支出来看，上海市银行位于中等偏上的水平。根据商业储蓄银行的性质及营业目的，对成本的控制以及效率的追求应该甚于上海市银行，但是结果却有很多银行不及后者，这与前文关于上海市银行的设立能够很大程度上节约交易成本的结论相一致。相比之下，商业储蓄银行在金融市场上开展招揽存款、发放贷款等业务，信息不对称及服务对象的分散性等问题都会增加运营的成本。另外，从放款、现金及有价证券在总资产中的比重来看，上海市银行与商业储蓄银行相比，放款及有价证券的比重都比较低，而现金资产的比重最大。这说明上海市银行对流动性的要求更高，而盈利的动机低于商业储蓄银行。最后，关于存放款差额，只有6家商业储蓄银行超过上海市银行。一方面证明上海市银行的放款渠道相对单一，另一方面也证明其在盈利性与安全性两个目标中，对安全性更为重视。

（二）区位因素对银行盈利性的比较分析

上海市银行与上海的商业储蓄银行存在诸多方面的差异，根源于二者的性质不同，前者是市政府创办的地方银行，而后者是私营银行，资本来源、营业宗旨和目的不同。也正是因为这样，影响两者利润的主要因素截然不同。对于商业储蓄银行来说，主要业务是针对个人和企业客户吸收存款，向工矿业、商业等提供贷款等，那么，银行所在区域的经济发展水平对其业务影响尤为重要。1934年6月底，上海的商业银行数量已经占全国的44%，实收资本、存款和放款分别占到72%、75%和76%以上。[①] 相比之下，上海市银行的宗旨是为地方经济服务，而非从地方经济中获利，所以，上海市银行的区位优势并不能直接提高其利润或绩效。为此，笔者专门进行了定量分析，但是，由于上海市银行个体不能满足分析要求，故将样本扩展到所有的省市立银行进行计量分析。

通过对商业储蓄银行和省市立银行空间特征的描述及其对银行盈

---

① 黄鉴晖：《中国银行业史》，山西经济出版社1994年版，第157页。

利性的分析，证明区位因素对二者的影响截然不同。商业储蓄银行的空间地理分布呈现明显的集聚特征，并且其分支行所在的区域经济水平对银行绩效有显著的正向影响；而地方银行的空间分布较为分散，区位因素对其盈利性的影响也不显著。这一结果进一步验证了包括上海市银行在内的地方银行不同于商业储蓄银行的设立宗旨、主要业务以及活动范围；同时，也证明特殊的区位对上海市银行的盈利性没有显著的提高。[①]

第三节　财政因素影响上海市银行盈利的定量分析

上海市银行的内部治理、外部关系以及职能功效无不体现出浓厚的官办特点，而官办的最大优势之一就是其核心的财政金融职能得以有效的发挥，那么，地方财政状况对上海市银行运营的影响应该是很大的。为此，本节运用计量模型加以验证。由于仅上海市银行无法直接进行计量分析；而基于上海市银行与国民政府时期的地方银行存在如前所述的服务于财政的共性，现存的文献资料所记载的当时地方银行的数据可以扩大样本量，从而提供分析依据，以弥补上海市银行数据的缺失。因此，下面利用国民政府时期地方银行的文献数据就财政因素对银行盈利的影响进行计量验证分析。

一、其他地方银行与地方财政的关系

南京国民政府时期，各项法令相对健全，政治局势也渐趋稳定，无论是地方官员出于一己私利还是为了争夺政权，利用地方银行的行为越来越少，而此阶段仍然有大量的地方银行创设，从设立地方银行的动机入手，分析其与地方政府的关系是关键。前文阐述过设立上海市银行的动机，其中市政府管理财政收支的需要是直接原因，其他地方银行的情况同

① 具体过程参见笔者:《近代华资银行分支机构区位选择对绩效的影响》,《财经研究》,2014 年第 2 期。

样如此。1927 年《国民政府财政部会计则例》公布，其中收支款项分为国库和省库两种，而省库出纳、税赋征收、公债募集和偿还、公产管理等均由省财政厅负责，市县政府设有财政局(科)，管理市县的财政事务。[①] 地方财政部门可以选择与商业银行配合，也可以自行设立银行协助其工作，通过前文分析，无论从主观意愿还是客观效率方面，后者都是最优选择。事实亦如此，虽然某些地方银行为官商合办，在其创办初期需要私人资本的协助，但是，随着银行各项事务的逐渐开展，原有的商股被退还，最终成为完全由地方政府官办的银行。

在地方银行业务开展过程中，财政状况也无时无刻不影响其经济效益。图 7.1 展示了 1932—1936 年地方财政预算与地方银行经济效益的相关关系，(a)是岁入概算与存款规模的相关关系，(b)描述了岁出预算与放款规模的相关关系，(c)是岁入预算与总资产规模的相关关系，三幅图反映出每两者之间均呈正相关关系。

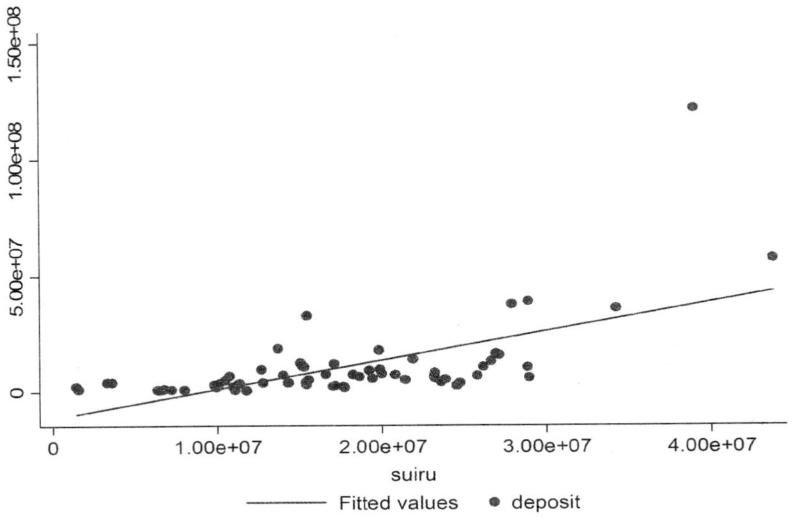

(a)地方财政岁入概算与地方银行存款总额的相关关系

① 孙翊刚:《中国财政史》，中国社会科学出版社 2003 年，第 420 页。

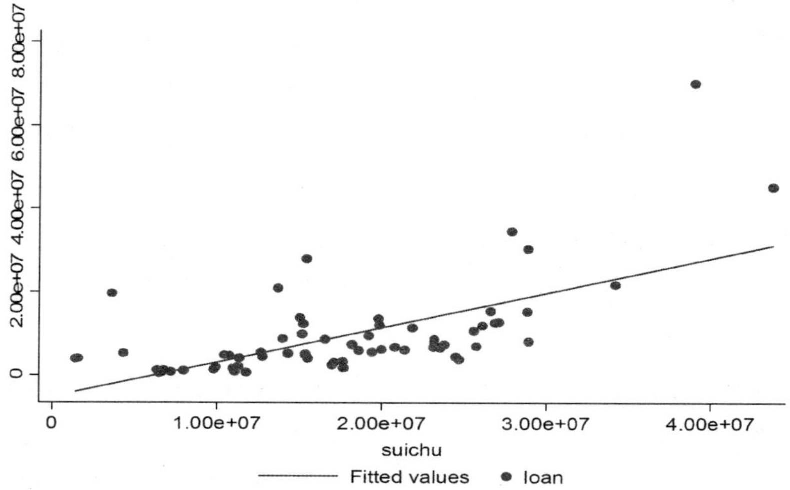

(b)地方财政岁出概算与地方银行贷款总额的相关关系

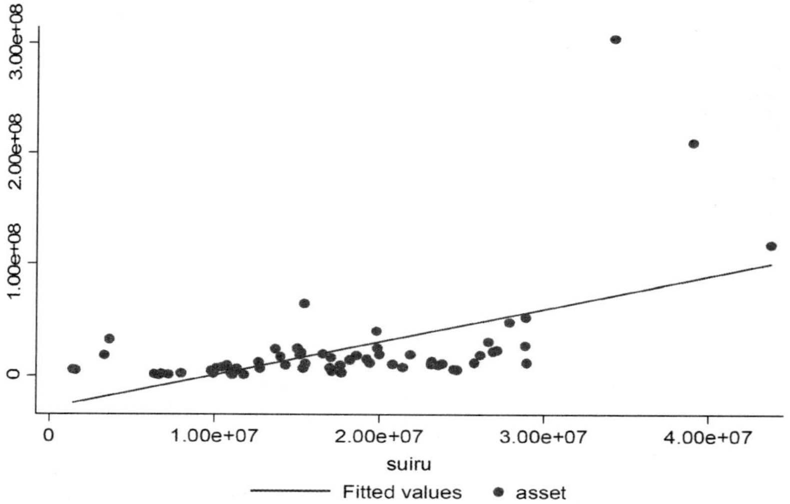

(c)地方财政岁入概算与地方银行总资产的相关关系

资料来源:中国银行总管理处经济研究室编:《全国银行年鉴》1934——1937年。

图 7.1　财政收支与地方银行经济效益的相关性

综合前文对上海市银行和其他地方银行的分析，本节将试图揭示地方财政对地方银行利润的影响，所提出的基本假说是：地方财政状况会显著影响地方银行的盈利，财政状况较好的省市，其地方银行的利润较高；相反，财政状况较差的省市，地方银行的利润较低。

二、数据来源与模型设定

本书所使用的数据主要包括两个部分，一部分描述地方银行的特征，包括银行纯益、总开支、营业范围的数据，来源于中国银行经济研究室整理出版的 1934 年至 1937 年的《全国银行年鉴》的银行统计部分；另一部分描述地方财政状况，包括财政岁入岁出概算、各项财政支出的数据，来源于国民政府财政部财政年鉴编纂处，以财政部档案文书为主要依据编纂的《财政年鉴》及《财政年鉴续编》第十三篇地方财政部分。样本所反映的时期为 1932—1936 年，之所以选择这一时期，是因为该阶段国内局势相对稳定，地方银行不似清末和北洋时期那般畸形，沦为筹集军费的工具；相反，多数地方银行已经发挥了经理地方财政，调剂地方经济的职能。模型中的银行样本为银行年鉴中的省市立银行，根据其定义，省市立银行系各该省市所设立之银行，其主要任务为调剂省市金融、经理省市库，并代理国税收支，多数省银行及个别市银行有发行兑换券的特权[①]，因此，省市立银行即为地方银行。另外，由于这一时期少数区域尚有国内战争，影响其财政收支，故政局稳定性的变量被控制，该数据来源于国防部史政编译局编印的《中国战史大辞典〈战役之部〉》和中国人民革命军事博物馆编著的《中国战争发展史（下）》。

最小二乘回归将作为实证模型的基本方法，具体模型设定为：

$$\ln profit_{it}=\alpha_0+\alpha_1\ln revenue_{it}+\beta X_{it}+\varepsilon_{it} \quad (7.1)$$

其中，被解释变量 $\ln profit_{it}$ 为银行 i 在 t 年的纯益的对数值；核心解释变量 $\ln revenue_{it}$ 为银行 i 所在的省市在 t 年的财政岁入概算对数值；

① 中国银行经济研究室：《全国银行年鉴》1936 年，第 A6 页。

X_{it}为一组表示银行特征的控制变量，包括总资各项开支与纯益的比率，即每获得一单位利润需要花费的成本，表示银行的经营管理水平；银行的营业范围，省银行为1，市立银行为0；省市立银行所在省市当年是否有战争，有的为1，没有为0；以及年份虚拟变量（以1932年为参照）。α，β和ε为估计系数和随机扰动项。这里我们关心的是财政岁入预算的估计系数α_1，显著大于零表明财政收入对银行利润的影响为正，反之为负。

下一步将通过替换核心解释变量来验证回归结果的稳健性，根据财政收入的用途及地方银行的放款方向，财政岁出概算中的建设费、教育文化费和卫生费将分别作为解释变量加入模型，具体方程如下：

$$\ln profit_{it}=\alpha_0+\alpha_1\ln jiaoyuwenhuafei_{it}+\beta X_{it}+\varepsilon_{it} \qquad (7.2)$$

$$\ln profit_{it}=\alpha_0+\alpha_1\ln weishengfei_{it}+\beta X_{it}+\varepsilon_{it} \qquad (7.3)$$

其中，$\ln jiaoyuwenhuafei_{it}$为银行i所在的省市在t年财政岁入概算中的教育文化费对数值；$\ln weishengfei_{it}$为银行i所在的省市在t年财政岁入概算中的卫生费对数值；其余的被解释变量与控制变量与模型(7.1)相同。我们关心的是不同财政支出项目的估计系数α_1，大于零并且显著表明其对银行绩效的影响为正，反之为负。表7.8为回归模型中主要变量的统计描述。

表7.8　主要变量的统计描述

变量名称	样本容量	均值	标准差	最小值	最大值
银行纯益的对数值	84	11.823 2	1.451 4	7.725 3	15.053 2
该省市岁入概算的对数	77	16.435 9	0.743 5	14.176 5	17.776 0
该省市卫生费的对数值	53	11.613 5	1.331 7	7.673 7	13.304 0
该省市教育文化费的对数值	77	14.487 2	0.709 2	12.144 5	15.563 5
总开支与纯益的比值	83	4.755 1	19.750 6	0.182 0	171.048 6
是否省银行(是=1)	107	0.813 1	0.391 7	0	1
该省市当年是否有战争(是=1)	107	0.121 5	0.328 2	0	1

三、回归结果及结论

表 7.9 的前三列通过不断加入控制变量来深入考察地方财政对地方银行盈利的影响，结果表明，地方岁入对利润的影响始终是显著为正的。第四列和第五列分别将核心解释变量替换为地方岁出预算中的教育文化费和卫生费，结果显示二者对地方银行纯益的影响均显著为正。也就是说，财政收入越多，地方银行的利润越高；地方财政中用于教育文化事业以及卫生领域的资金越多，地方银行的利润越高。

表 7.9　　　　地方财政对地方银行利润的影响：OLS 估计结果

被解释变量	银行纯益的对数值				
	(1)	(2)	(3)	(4)	(5)
解释变量					
财政岁入概算的对数值	0.857** (0.398)	0.826** (0.402)	0.385* (0.223)		
教育文化费的对数值				0.340* (0.192)	
卫生费的对数值					0.524*** (0.164)
控制变量					
总开支与纯益的比率			−0.035*** (0.008)	−0.036*** (0.007)	−0.027*** (0.004)
是否省银行(是=1)			1.672*** (0.292)	1.744*** (0.278)	2.567*** (0.372)
该省市当年是否有战争(是=1)		0.826** (0.402)	−0.103 (0.361)	−0.063 (0.362)	0.252 (0.368)
年份(以 1932 年为参照)	控制	控制	控制	控制	控制
常数项	−3.278	−2.827 (6.634)	3.303 (3.619)	4.636* (2.772)	2.932 (1.973)
观测值	65	65	65	65	47
R-squared	0.254	0.259	0.668	0.666	0.751

注：(1)第一列至第五列的被解释变量为银行纯益的对数值；(2)第一列至第三列的解释变量为所在省市财政岁入概算的对数值；(3)第四列的解释变量为所在省市岁出预算中教育文化费的对数值；(4)第五列的解释变量为所在省市岁出预算中卫生费的对数值；(5)括号内为稳定性标准误差；(6)*** 显著水平为 1%；** 显著水平为 5%；* 显著水平为 10%。

本书研究结果与学者关于地方政府制约地方银行发展的观点并不矛盾,前人的研究更加微观,深入到具体的管理层面,尽管某些地方银行的组织结构、管理制度、业务重点并不合理,但是,从宏观角度来看,地方财政状况会显著影响地方银行利润的论点仍然成立。虽然地方银行也投资企业,甚至抗战期间及战后,某些省银行从事投机活动,但是,这些业务都是在局势动荡时为了维持生存,获得更多的资本增值,这种情况在抗战前处于次要方面。总而言之,地方财政会影响地方银行的利润,在局势相对稳定的时期,地方财政收入越多,地方银行的利润也越多,并且是显著的,这一结论进一步证明了财政因素对上海市银行的重大影响,与前文的定性分析相吻合。同时,地方政府增加社会公共产品和城市建设方面开支会显著提高地方银行的利润,证明地方银行在为社会提供公共服务产品和促进城市建设方面发挥了积极的功效,与前文的上海市银行职能功效相一致。因此,计量验证表明,财政因素对上海市银行盈利和职能功效产生显著影响,从而佐证了上海市银行服务于财政,并受制于财政状况的定性分析。

小　结

本章通过定性分析,不仅揭示上海市银行自身的特殊性,而且揭示其所包含的地方银行共性,为后面进一步的计量分析提供依据。

对上海市银行的经济效益进行统计分析发现,其利益的主要组成部分是利息收入,而在利息来源中,库存及存放同业的比重不断下降,放款比重不断上升;并且,总资产规模逐渐扩大,成本逐渐降低。然而,因受到恶性通胀及财政状况恶化的影响,其战后利润急剧下降。与其他地方银行相比,上海市银行的纯益、存放款规模以及总资产规模的大小超过所有的市立银行,低于大部分省立银行;但是,其增长速度却比很多省立银行更为平稳。从成本控制来看,上海市银行也仅处于中等水平。与商业储蓄银行相比,上海市银行的纯益和总资产规模比大多数商业储蓄银行要大;单位资产支出位于中等偏上的水平;放款及有价证券的比重都较低,而现金资产的比重最大;并且存放款差额,大于大部分商业储蓄银行。这些表面上差异的根源,在于两者背景和经营目标的不同,因此导致影响各自利润的因素有所不同,分支行所在区域经济发展水平对商业储蓄银行的利润有显著的正向影响,而对包括上海市银行在内的地方银行的影响却不显著。

鉴于上海市银行浓厚的官办特点以及与地方财政的密切关系,并基于上海市银行与其他地方银行的共性,财政因素被设定为核心解释变量,验证其对地方银行利润的影响。计量结果表明,地方财政收入对地方银行利润有显著的正向影响,并且通过稳健性检验。财政收入以及作稳健性检验的与地方银行职能功效相关的各项财政支出的结果,充分证明了上一章关于上海市银行在财政金融等方面职能功效的论述。

第八章　结论与借鉴

一、结论

综上所述，近代地方银行萌芽于清朝末期，经过北洋政府时期的畸形发展，到国民政府时期步入比较正轨的运营，成为当时初兴的银行体系的重要组成部分。上海市银行是国民政府时期运营较为成功的地方银行之一，因此，在国民政府时期的地方银行中具有一定的典型性和代表性。

国民政府时期的地方银行是强制性制度变迁和诱致性制度变迁相结合的产物，而上海市银行的设立是上海市政府财政和上海城市发展共同的需求。上海市政府为了解决急剧增加的人口在居住生活、教育、就业、医疗等方面的问题，需要设立市立银行筹集和管理相关经费。上海工商业、金融业和国内外贸易的繁荣发展对城市建设及公共事业提出了更高的要求，需要设立专门的金融机构负责资金的调拨。因此，上海市银行是经济发展和政府管理的双重需求。上海市银行的产生和发展不仅弥补了公共物品供给不足的缺陷，而且也节约了交易费用，即通过外部金融市场的交易转移到机构内部完成，实现了外部性的内在化。

上海市银行融官办性与商业性于一体，其组织形式、理(董)监事构成、资产负债结构以及外部关系中，政府的核心作用，是实现其经营宗旨和职能功效的基础；而其组织机构和治理结构的商业银行形式，为保持一定的独立性提供了条件，是政府权威性和商业效率性的结合。作为市政府下属的金融机构，它的设立意义在于：第一，上海市银行属于市政府下设的金融机关，直接为政府服务，能够节约各种交易费用；第二，市政府对其附属机构的运营状况能够了如指掌，便于监管和控制；第三，各种金融服务的费用转移到政府机构内部，可以实现潜在的外部利润，从而间接地增加市政府的收入；第四，上海市银行的总经理由市财政局长兼任，后者对市政发展与附属各机关能够发挥的作用、财政开支的有效运用和城市建设规划等信息的掌握，具有先天的优势，在与各部门往来中节省了沟通的时间和成本。

不可否认的是，上海市银行在协助政府推行财政和金融政策时，的确存在搜刮民脂民膏的行径。当国民政府错误的政策对经济发展和民众生活带来灾难时，上海市银行积极执行政府命令无疑起到了推波助澜的负面作用，尤其蒋介石在内战中大肆搜刮民众钱财并将其转移至台湾而策划的“金圆券改革”骗局中，上海市银行大力推销金圆券，充当了不光彩的角色。但是，从上海市银行整体的发展历程来看，其产生的消极影响相对于其做出的积极贡献而言是次要的。笔者对其作用的总体评价是利大于弊。

研究结果表明，上海市银行不仅发挥了财政金融的主要职能功效，并衍生出城市基础建设、科教文卫事业发展及民生救济等其他职能功效；而且由于商业运作的规范取得了一定的经营收效，对地方经济的稳定、城市的建设以及民生的改善具有一定的促进作用。

通过定性分析，我们可以看到上海市银行运营机制和职能功效的特性：就运营机制而言，由于地理位置的特殊性，上海市银行在相对透明的金融市场中和严格的监管下，运营比较规范，能发挥商业的效率性，但又体现官办的权威性，制约其营业的盈利性；就职能功效而言，上海市银行发挥了财政金融、城市基础建设、科教文卫事业发展及民生救济等职能功效，但受到规模的限制，与其他省立银行及开办同类业务的私营银行相比，优势并不显著。同时可以看到，上海市银行具有国民政府时期地方银行的共性，即地方政府在地方银行内部治理和管理方面具有明显的主导作用，从而体现服务地方财政，并受地方财政状况影响的主要特征。

通过定量分析，我们可以看到上海市银行作为国民政府时期地方银行中比较规范的典型，与商业储蓄银行受区域位置影响不同，其在协助政府推行财政和金融政策时，实施财政金融的职能是显著的，从而在弥补社会公共产品供给不足方面能发挥积极的效能。

二、借鉴意义

尽管地方政府创办的银行存在于近代中国的历史上，但是，通过本书对上海市银行运营和职能功效的分析，我们可以看到，其中不乏经验教训可以为当代银行业发展所借鉴。近代的地方银行作为地方政府下属的金融机构已经消失，然而，其职能功效在当代却被城市商业银行及国有银行所替代。目前，高额的地方政府债务与地方政府的融资方式、地方财政收支的管理体系有着密切的关系。国民政府时期上海市银行在辅助政府进行经济建设的同时，利用自身的优势，履行监督职能，根据地方财政状况，将地方政府债务控制在安全的范围之内。金融机构这种管理地方财政收支与为地方政府融资相结合的方式，有利于实现信息对称和风险控制，为当代的金融改革提供了借鉴经验。

从微观层面来看，当代的城市商业银行可以被看作是近代地方银行的化身，“地方政府拥有对城商行的实际控制权，不仅地方政府大多是城商行的第一大股东，而且其经营者也通常由地方政府任命”。[①] 那么，近代地方银行尤其是上海市银行的历史经验可以为其提供哪些启示呢？

其一，地方银行要有一定的独立性。通过上海市银行抗战前后两个阶段的对照，可以看出，战后由于其独立性较弱，致使大量资金被政府机关占用，其中很大一部分用于市府职员的薪俸及福利的资金周转，这样一方面影响到市银行职能的发挥，另一方面对普通存款的占用蕴含着极大的风险。因此，地方银行必须保持一定的独立性，才能提高资金的运用效率，保障运营的安全性。地方银行独立性的缺失，从根源上讲是由于地方官员治理。然而，由于其职能功效的特殊性，每项功效的发挥都与地方政府及其附属机关密切相关，官员背景的管理层能够节约沟通成本，降低信

---

① 李维安、钱先航：《地方官员治理与城市商业银行的信贷投放》，《经济学季刊》2012 年第 11 卷第 4 期。

息的不对称。那么，二者综合考虑，选择什么样的官员是关键，上海市银行抗战前的历史表明，非本地官员掌管地方银行，在某种程度上能够摆脱地方政府的“压力”，增加地方银行的决策空间，并且对于地方政府各部门间的关系了如指掌，便于配合协调主管机构的资金调拨。

其二，地方银行的业务范围不能过于依赖地方财政。财政金融职能是地方银行的主要职能，也是地方政府设立地方银行的直接原因，并且公库及机关存款的低成本和易获得性成为地方银行的绝对优势，但是地方银行不能因此而忽视一般银行业务。原因在于，虽然地方银行不以盈利为目的，但只有保持盈利才能存活，倘若地方财政入不敷出，而地方银行没有其他业务获得利润，其后果可想而知；相反，如果地方银行通过业务范围的拓展而获得利润，并将其运用到地方经济发展中，其积极作用将更大，地方银行的人力资本也会在经营中不断提高。需要注意的是，地方银行经营普通银行业务必然会与私营银行业竞争，政府就需要提供公平的竞争环境。

从宏观层面来看，上海市银行的案例说明地方银行的积极作用是大于消极作用的，并且其职能定位的差异化，弥补了银行体系的缺陷。近年来，地方政府在发展地方经济、应对危机及自然灾害、改善民生的过程中，举借了大规模的地方债务。截至 2010 年年底，全国地方政府性债务余额已经超过 10 万亿元，为此 2012 年底，财政部、国家发改委、央行、银监会联合发布《关于制止地方政府违法违规融资行为的通知》。地方政府过度举债，给经济发展带来了极大的隐患，一些政府借新还旧，一些则依靠土地财政，归根结底是地方政府没有安全高效的融资平台。地方银行所发挥的功效恰能契合地方政府的需求。尤为重要的是，地方银行负责管理地方财政，配合地方政府进行建设，可以将风险控制在小范围之内，而不波及整个金融体系。本书提及上海市银行在战后曾经针对地方政府贷款占用普通存款的情况，提出市库存款用于政府机关放款，普通存款用于一般工商业放款的方法，为防范地方债务拖累金融体系提供了启示。此外，在地方银行保持一定独立性的条件下，当其发挥财政金融职能时，还可以实现对地方财政的监督,从根源上杜绝过度扩张产生的债务。

三、有待进一步研究的问题

国民政府时期上海市银行的历史只有十几年,尽管留下了较为丰富的文献档案,但毕竟历时短暂,对其深入研究存在一定的局限,还有一些问题值得进一步研究:第一,关于上海市银行的内部治理结构。虽然异地聘任可以缓解地方银行政治控制问题,但是其多重委托代理关系使得内部治理异常复杂,最优治理结构尚有待研究。第二,关于上海市银行对上海市经济发展的定量分析。本书通过分析上海市银行的职能功效,反映了其在城市经济发展和社会环境改善方面的贡献,但是,并未构建出衡量各方面贡献的系统指标,需要更细致的史料进行精确证明。第三,由于文献数据的缺乏,对上海市银行财政金融职能的深层剖析存在困难,比如,通过上海市银行融通的资金在市政府财政支出中的比重等,因数据缺陷而无法予以分析,有待进一步挖掘文献资料。

参考文献

一、历史文献

档案

上海市档案馆藏:上海市银行档案(全宗号:Q61)。

上海市档案馆藏:上海市财政局档案(全宗号:Q432)。

报刊

《申报》《银行周报》《钱业月报》《金融周报》《工商半月刊》《东方杂志》《广东省银行季刊》《广东省银行月刊》《广西银行行务通讯》《金融知识》《中央银行月报》《上海市通志馆期刊》《全国经济会议专刊》《财政评论》《经济部公报》《上海市政府公报》《四川经济月刊》《湖北农村合作》《时事大观》《旅行杂志》《现代评论》《广东省政府公报》《中行月刊》《社会经济月报》《中国经济》《道路月刊》《上海特别市公用局业务报告》《上海市工务局业务报告》《学识》《合作经济》。

二、专著

阿瑟・恩・杨格:《1927 至 1937 年中国财政经济情况》,中国社会科学出版社 1981 年版。

陈禾章等:《中国战时经济志》,文海出版社 1973 年版。

程霖:《中国近代银行制度建设思想研究(1859—1949)》,上海财经大学出版社 1999 年版。

崔新桓:《城市经济词典》,四川科学技术出版社 1986 年版。

戴国强主编:《商业银行经营学》,高等教育出版社 1999 年版。

丁日初:《上海近代经济史》,上海人民出版社 1997 年版。

董昕:《中国银行上海分行研究(1912—1937)》,上海人民出版社 2009 年版。

杜恂诚主编:《上海金融的制度、功能与变迁(1897—1997)》,上海人民出版社 2002 年版。

郭荣生:《中国省银行史略》,载《近代中国史料丛刊续编第十九辑》,文海出版社有限公司 1975 年 7 月版。

贺水金:《1927—1952 年中国金融与财政问题研究》,上海社会科学院出版社 2009 年版。

洪葭管:《中国金融史》,西南财经大学出版社 1998 年版。

洪葭管:《中国金融通史》第 4 卷,中国金融出版社 2008 年版。

洪葭管:《中央银行史料(1928.11—1949.5)》,中国金融出版社 2005 年版。

洪泽:《上海研究论丛》第三辑——上海:通往世界之桥(上),上海社会科学院出版社 1989 年版。

黄鉴晖:《中国银行业史》,山西经济出版社 1994 年版。

黄天华:《中国财政史纲》,上海财经大学出版社 1999 年版。

黄逸平:《中国近代经济史论文选》下册,上海人民出版社 1985 年版。

姜宏业:《中国地方银行史》,湖南出版社 1991 年版。

康金莉:《北四行研究(1915—1937)》,冶金工业出版社 2010 年版。

柯柏年:《社会问题大纲》,上海南强书局 1933 年版。

匡小平主编:《财政学》,清华大学出版社 2008 年版。

李国胜:《浙江兴业银行研究》,上海财经大学出版社 2009 年版。

李维安:《公司治理学》,高等教育出版社 2005 年版。

李一翔:《近代中国金融业的转型与成长》,中国社会科学出版社 2008 年版。

刘国铭:《中国国民党百年人物全书》,团结出版社 2005 年版。

刘慧宇:《中国中央银行研究(1928—1949)》,中国经济出版社 1999 年版。

刘寿林等:《民国职官年表》,中华书局 1995 年版。

刘银国:《国有企业公司治理研究》,中国科学技术大学出版社 2008 年版。

刘永祥:《金城银行——中国近代民营银行的个案研究》,中国社会科学出版社 2006 年版。

刘佐人:《省地方银行泛论》,广东省银行 1946 年发行。

罗兹·墨菲:《上海——现代中国的钥匙》,上海人民出版社 1986 年版。

毛里斯·柯立斯著,李周英等译:《汇丰—香港上海银行》,中华书局 1979 年版。

诺斯:《制度、制度变迁与经济绩效》,格致出版社 2008 年版。

潘国旗:《近代中国地方公债研究——以江浙沪为例》,浙江大学出版社 2009 年版。

千家驹:《旧中国公债史资料(1894—1949 年)》,中华书局 1984 年版。

青木昌彦、钱颖一:《转轨经济中的公司治理结构:内部人控制和银行的作用》,中国经济出版社 1995 年版。

上海市档案馆:《上海档案史料研究》第二辑,上海三联书店 2007 年版。

上海市社会局:《上海市工人生活程度》,中华书局 1934 年版。

上海市政府秘书处:《上海市市政报告(1932—1934)》,汉文正楷印书局 1936 年版。

沈长泰:《省县银行》,大东书局 1948 年版。

宋钻友等:《上海工人生活研究(1843—1949)》,上海辞书出版社 2011 年版。

孙翊刚:《中国财政史》,中国社会科学出版社 2003 年版。

王丹莉:《银行现代化的先声——中国近代私营银行制度研究(1897—1936)》,中国金融出版社2009年版。

魏建猷:《中国近代货币史》,黄山书社1986年版。

吴敬琏:《现代公司与企业改革》,天津人民出版社1994年版。

吴景平:《上海金融业与国民政府关系研究(1927—1937)》,上海财经大学出版,2002年。

徐学禹等:《地方银行概论》,福建省经济建设计划委员会出版,1941年。

薛念文:《上海商业储蓄银行研究(1915—1937)》,中国文史出版社2005年版。

杨培新:《旧中国的通货膨胀》,三联书店1963年版。

杨端六编著:《清代货币金融史稿》,三联书店1962年版。

杨松等:《中国近代史资料选辑》,三联书店1954年版。

叶世昌等:《中国古近代金融史》,复旦大学出版社2001年版。

叶孝理:《现代城市管理手册》,经济科学出版社1990年版。

袁为鹏:《聚集与扩散:中国近代工业布局》,上海财经大学出版社2007年版。

张国辉:《中国金融通史》第2卷,中国金融出版社2003年版。

张杰:《中国金融制度的结构与变迁》,中国人民大学出版社2011年版。

张研等:《民国史料丛刊(经济金融)》,大象出版社2009年版。

张郁兰编:《中国银行业发展史》,上海人民出版社1957年版。

张仲礼:《近代上海城市研究》,上海人民出版社1990年版。

张忠民:《艰难的变迁——近代中国公司制度研究》,上海社会科学院出版社2002年版。

张仲敏:《城市建设经济学》,中国财政经济出版社1990年版。

《中国近代金融史》编写组:《中国近代金融史》,中国金融出版社1985年版。

中国人民银行金融研究所:《中国农民银行》,中国财政经济出版社1980年版。

中国人民银行金融研究所:《美国花旗银行在华史料》,中国金融出版社1990年版。

中国人民银行上海市分行金融研究所编:《金城银行史料》,上海人民出版社1983年版。

中国人民银行上海市分行金融研究所编:《上海商业储蓄银行史料》,上海人民出版社1990年版。

中国人民银行总行参事室金融史料组:《中国近代货币史资料》第一辑,中华书局1964年版。

中国社会科学院近代史研究所等:《阎锡山和山西省银行》,中国社会科学出版社1980年版。

中国通商银行:《五十年来之中国经济》,上海通商银行1947年。

中国银行总管理处经济研究室编:《全国银行年鉴》1934—1937年。

中央财政金融学院财政教研室:《中国财政简史》,中国财政经济出版社1980年版。

朱荫贵:《中国近代股份制企业研究》,上海财经大学出版社2008年版。

朱荫贵等:《近代中国:经济与社会研究》,复旦大学出版社2006年版。

邹依仁:《旧上海人口变迁的研究》,上海人民出版社1980年版。

三、论文

白兆渝:《刘湘与四川地方银行》,《文史杂志》2002年第6期。

戴鞍钢、严建宁:《中国近代工业地理分布、变化及其影响》,《中国历史地理论丛》2000年第1期。

杜恂诚:《发展民间组织与培育公德约束机制》,《上海社会科学院学术季刊》2001年第3期。

杜恂诚:《近代中国经济的悲剧——财政与银行合一》,《上海经济研究》1993 年第 4 期。

杜恂诚:《抗战前上海民营企业的资本集中》,《上海经济研究》1997 年第 9 期。

杜恂诚:《抗战前中国金融业的两种集中趋势》,《南京社会科学》1990 年第 4 期。

杜恂诚:《中国近代经济的政治性周期与逆向运作》,《史林》2001 年第 4 期。

郭太风:《王云五:金圆券风潮中的一个关键人物》(上下),《档案与史学》1999 年第 4、5 期。

何品:《从官办、官商合办到商办:浙江实业银行及其前身的制度变迁(1908—1937)》复旦大学博士学位论文,2006 年 10 月。

金东:《我国 20 世纪 40 年代县银行资本考论》,《西南金融》2010 年第 5 期。

金东:《20 世纪 40 年代县银行存贷款业务论析》,《宁夏大学学报(人文社会科学版)》2010 年 9 月。

李金铮:《旧中国通货膨胀的恶例——金圆券发行内幕初探》,《中国社会经济史研究》1999 年第 1 期。

李维安等:《商业银行公司治理:理论模式与我国的选择》,《南开学报(哲学社会科学版)》2003 年第 1 期。

李维安、钱先航:《地方官员治理与城市商业银行的信贷投放》,《经济学季刊》2012 年第 4 期。

陆兴龙:《对近代上海人口增长问题的思考》,《上海经济研究》1996 年第 4 期。

《上海商业储蓄银行二十年史初稿(二)》,《档案与史学》2000 年第 2 期。

马陵合:《地方银行在农村金融中的定位与作用——以民国时期安徽地方银行为例》,《中国农史》2010 年第 3 期。

时广东:《1905—1935:中国近代区域银行发展史研究——以聚兴诚银行、四川美丰银行为例》,四川大学博士学位论文,2005 年 4 月。

史继刚:《民国前期县地方银行的创设》,《四川师范大学学报(社会科学版)》1999 年 1 月。

史继刚:《县(市)银行与抗战时期西南、西北金融网建设》,《四川金融》1999 年第 2 期。

史继刚:《论抗战时期国民政府大力推广县(市)银行的原因》,《江西财经大学学报》2003 年第 3 期。

孙建华:《民国时期县银行的变迁、缺陷及启示》,《经济研究导刊》2011 年第 7 期。

万振凡、张开东:《论"政府主导模式"对近代地方银行发展的制约——以民国江西裕民银行为中心》,《江西师范大学学报(哲学社会科学版)》2009 年第 4 期等。

汪昌桥:《安徽地方银行史略》,《安徽史学》1991 年第 4 期。

汪华:《近代上海社会保障事业初探(1927—1937)》,《史林》2003 年第 6 期。

王玉茹、燕红忠、付红:《近代中国新式银行业的发展与实力变化》,《金融研究》2009 年第 9 期。

伍常安:《近代江西地方银行业的几个发展时期》,《历史档案》1990 年第 2 期。

萧良武:《贵州银行研究(1941—1949)》,《贵州文史丛刊》2007 年第 2 期。

辛子波等:《地方政府干预地方银行行为分析》,《财经问题研究》2001 年第 12 期。

杨亚琴:《旧中国地方银行的发展》,《上海金融》1997 年第 4 期。

张皓:《王云五与国民党政府金圆券币制改革》,《史学月刊》2008 年第 3 期。

张乃琴:《上海市银行研究(1929—1949)》复旦大学硕士学位论文,

2006年5月。

张秀莉:《金圆券改革研究》上海财经大学博士后研究工作报告,2012年12月。

张秀莉:《限制与利用:南京国民政府时期省银行发行权的沿革》,《史林》2010年第5期。

张朝晖、刘志英:《近代地方银行与政府之关系研究》,《财经论丛》2006年第6期。

张朝晖等:《民国时期浙江地方银行的农贷研究》,《杭州师范学院学报(社会科学版)》2007年第1期。

张朝晖等:《浙江地方银行与近代浙江工商业》,《中国社会经济史研究》2011年第1期。

周玮:《浙江地方银行研究》浙江大学硕士学位论文,2007年5月。